Die latente Testamentsvollstreckung

Europäische Hochschulschriften Recht

European University Studies in Law

Publications Universitaires Européennes de Droit

Band/Volume **6216**

Julian Klinger

Die latente Testamentsvollstreckung

PETER LANG

Bibliografische Information der Deutschen Nationalbibliothek
Die Deutsche Nationalbibliothek verzeichnet diese Publikation in der Deutschen Nationalbibliografie; detaillierte bibliografische Daten sind im Internet über http://dnb.d-nb.de abrufbar.

Zugl.: Bochum, Univ., Diss., 2020

D 294
ISSN 0531-7312
ISBN 978-3-631-83360-5 (Print)
E-ISBN 978-3-631-84179-2 (E-PDF)
E-ISBN 978-3-631-84180-8 (EPUB)
E-ISBN 978-3-631-84181-5 (MOBI)
DOI 10.3726/b17840

Peter Lang – Berlin · Bern · Bruxelles · New York · Oxford · Warszawa · Wien

Diese Publikation wurde begutachtet.

www.peterlang.com

Meiner Familie

Vorwort

Die vorliegende Arbeit wurde im Sommersemester 2020 von der Juristischen Fakultät der Ruhr-Universität Bochum als Dissertation angenommen. Gesetzgebung, Rechtsprechung und Literatur sind auf dem Stand Mai 2019.

Mein besonderer Dank gebührt meinem verehrten Doktorvater, Herrn Professor Dr. Karlheinz Muscheler für die Betreuung dieser Arbeit.

Frau Professorin Dr. Katharina Uffmann danke ich für die zügige Erstellung des Zweitgutachtens.

Herr Professor Dr. Wolfgang Reimann hat das Thema dieser Arbeit angeregt. In Verbundenheit danke ich ihm herzlich für die langjährige und motivierende Unterstützung. Er ist mir menschlich und fachlich ein Vorbild.

Die Arbeit widme ich meiner Ehefrau Andrea und meinen Kindern, die mich während des Promotionsverfahrens liebevoll unterstützt, mir den Rücken freigehalten und Familienzeit zur Fertigstellung dieser Arbeit gespendet haben.

Krailling, im August 2020
Julian Klinger

Inhaltsverzeichnis

Einleitung

§ 1 Anlass und Gegenstand der Untersuchung

Anlass zu dieser Untersuchung gibt die erbrechtliche Gestaltung, einen Testamentsvollstrecker unter einer aufschiebenden Bedingung zu ernennen.[1] Diese Gestaltung kommt beispielsweise dann zum Tragen, wenn der Erblasser einen Testamentsvollstrecker nur für die Erbteile noch minderjähriger Erben ernennt. In diesem Fall wird vorgeschlagen, die Aufgaben des Testamentsvollstreckers in folgender Weise zu bestimmen:

> *„Der Testamentsvollstrecker hat die Aufgabe, die Erbteile minderjähriger Erben während der Dauer der Minderjährigkeit zu verwalten. Erbe ist auch ein Ersatzerbe, auch der Nacherbe. Die Testamentsvollstreckung setzt sich im Falle der Erbteilung an den Surrogaten, die dem minderjährigen Erben zugeteilt werden, fort, solange die Minderjährigkeit besteht.“*[2]

Es stellt sich dann aber die Frage: Was soll in den Zeiten gelten, in denen kein minderjähriger Erbe vorhanden ist?

Jede kautelarjuristische Gestaltung setzt aufgrund des in der Kautelarjurisprudenz geltenden Vorsichtsprinzips[3] zwingend die Verbindung mit einer sie tragenden Theorie voraus. Denn eine Rechtsgestaltung ist nicht rechtssicher, wenn sie nicht theoriesicher ist.[4] Bei der Ernennung eines Testamentsvollstreckers unter einer aufschiebenden Bedingung entstehen Situationen der Latenz, die in ihrer ganzheitlichen Betrachtung wissenschaftlich noch nicht behandelt

---

1 Siehe nur Bengel/*Reimann*, HbTV, 6. A. (2017), § 2 Rn. 7, 92; *Ruby*, ZEV 2007, 18, (20 f.); *Winkler*, Der Testamentsvollstrecker, 22. A. (2016), Rn. 55.

2 Bengel/*Reimann*, HbTV, 6. A. (2017), § 2 Rn. 92.

3 Siehe etwa *Bergschneider*, Verträge in Familiensachen, 5. A. (2014), S. 38 f.

4 *Kant* hat dargelegt, dass sich Theorie und Praxis wechselseitig beeinflussen (siehe: Werke in zwölf Bänden, Band 11, Frankfurt am Main 1977, S. 127 ff.). Ihm wird der Satz zugerechnet: „Theorie ohne Praxis ist leer und Praxis ohne Theorie ist blind“ (siehe etwa *Arnold*, Logik des Entwerfens, 2018, S. 25). Es handelt sich hierbei um eine Umwandlung folgender Originalaussage *Kants*: „Gedanken ohne Inhalt sind leer, Anschauungen ohne Begriffe sind blind“ (siehe Kritik der Vernunft in: Immanuel Kant: Werke in zwölf Bänden, Band 3, Frankfurt am Main 1977, S. 97). Ferner macht *Muscheler* darauf aufmerksam, dass eine theorielose Praxis durchaus nicht so praktisch ist, wie manche Praktiker meinen (siehe Erbrecht (2010), Bd. II, Rn. 2721.).

worden sind.[5] Der Kautelarpraxis fehlt insoweit also das theoretische Fundament.

Ähnlich ist die Lage bei Konkurrenz- bzw. konkurrenzähnlichen Situationen, in denen der Testamentsvollstrecker auf eine andere Person trifft, die ebenfalls mit einer auf den Erben oder den Nachlass bezogenen Rechtsmacht ausgestattet ist. Denkbar ist das beispielsweise bei dem Aufeinandertreffen des Testamentsvollstreckers mit einem vom Erblasser Bevollmächtigten, den gesetzlichen Vertretern des Erben oder einem Insolvenzverwalter. Die Frage ist dann, ob das Amt des Testamentsvollstreckers latent ist und, sollte dies zutreffen, welche Folgen sich für die Testamentsvollstreckung und deren Wirkungen ergeben.

Latenz ist ein abstrakter Begriff und muss als solcher konkretisiert werden, damit deutlich wird, welche rechtliche Bedeutung er in dieser Untersuchung hat. Im allgemeinen Sprachgebrauch wird mit dem Begriff Latenz ein Zustand beschrieben, in dem eine Sache vorhanden, aber (noch) nicht in Erscheinung getreten ist.[6] Die Latenzzeit ist eine Schwebelage, ein Zustand der Unklarheit, der Unsicherheit und der Unentschiedenheit. Der Begriff der Latenz bezeichnet etwas Verborgenes oder dem Vorhandensein von etwas zeitweise oder grundsätzlich nicht Sichtbarem.[7] In der Regel handelt es sich um eine Zwischenlage, also eine Lage, bei der „etwas im Gange“, aber noch nicht abgeschlossen ist.[8]

In dieser Untersuchung beschreibt das Wort Latenz eine Situation, in der ein Testamentsvollstrecker ernannt ist, der das Amt auch ausüben möchte, es jedoch nicht kann, sei es, weil er das Amt zeitweise nicht ausüben darf oder weil er in seiner Rechtsmacht (zeitweise) beschränkt ist, so dass es bezüglich des Amtes zu einer Schwebelage kommt.

§ 2 Ziel der Untersuchung

Mit dieser Untersuchung soll eine Antwort auf die Frage gefunden werden, ob die wesentlichen Wirkungen der Testamentsvollstreckung (§§ 2205, 2209, 2211

5 Vgl. DNotI-Report 2013, 24 ff.

6 Dudenredaktion (o. J.): „Latenz“ auf Duden online. URL: https://www.duden.de/node/683074/revisions/1787754/view (Abrufdatum: 19.04.2019).

7 Vgl. Dudenredaktion (o. J.): „latent“ auf Duden online. URL https://www.duden.de/node/652883/revisions/1759136/view (Abrufdatum: 19.04.2019). Siehe dort auch zur Herkunft: „lateinisch latens (Genitiv: latentis), 1. Partizip von: latere = verborgen sein.“

8 Siehe etwa bei § 274 HGB (Latente Steuern).

Abs. 1, 2212, 2214 BGB)[9] in den Zeiten der Latenz gelten und, wenn ja, auf welcher Grundlage.

§ 3 Lösungsmethode

Zur Lösung der Aufgabe geht die Arbeit wie folgt vor: Da das Gesetz innerhalb des von ihm geregelten Bereichs keine explizite Regel parat hält, ist die Lösung der Aufgabe aus dem System des Gesetzes und den bisherigen Erkenntnissen der Rechtswissenschaft zu entwickeln. Hierzu werden zunächst die Grundsätze, Prinzipien und Wirkungen der Testamentsvollstreckung beschrieben. Im zweiten Schritt werden die Konstellationen der latenten Testamentsvollstreckung in Fallgruppen systematisiert und von anderen Sachverhalten abgegrenzt. Die dogmatische Erörterung der Einzelprobleme erfolgt in Schritt drei. Hier werden die in Schritt eins gewonnenen Erkenntnisse innerhalb der jeweiligen Fallgruppe angewandt und es wird das Endergebnis entwickelt.

§ 4 Aufbau der Untersuchung

Das **erste Kapitel** beleuchtet die Grundlagen und Prinzipien der Testamentsvollstreckung, wie sie in den §§ 2197 ff. BGB geregelt sind, unter Berücksichtigung der Interessen des Erblassers, des Erben und des Testamentsvollstreckers.

Das **zweite Kapitel** stellt die Wirkungen der Testamentsvollstreckung dar. In § 1 werden die Bestandteile der Rechtsmacht des Testamentsvollstreckers erläutert. Dazu spiegelbildlich wird in § 2 die Verdrängung des Erben aus seiner Rechtsmacht (§ 2211 Abs. 1 BGB) dargestellt. § 3 hat die Wirkung des § 2214 BGB (Abschirmwirkung) zum Inhalt. In § 4 werden das Verwaltungsobjekt und die hierauf bezogene Thematik der Surrogation beschrieben. Gegenstand von § 5 ist die Frage, ob und in welchem Umfang mit der Ernennung des Testamentsvollstreckers ein Sondervermögen entsteht. In § 6 geht es um den zeitlichen Rahmen der Testamentsvollstreckung.

Das **dritte Kapitel** veranschaulicht die Fallgruppen eines latenten Testamentsvollstreckeramtes (Latenzfälle). Abgegrenzt werden diese Fallgruppen von denjenigen Konstellationen, in denen das Amt des Testamentsvollstreckers ebenfalls in der Schwebe sein kann, die sich jedoch von den Latenzfällen unterscheiden.

Im **vierten Kapitel** wird untersucht, ob der Erblasser die Rechtsmacht des Testamentsvollstreckers latent ausgestalten kann, indem er die Rechtsmacht

9 Siehe hierzu Kapitel 2.

(insbesondere die Verfügungsmacht) des Testamentsvollstreckers beschränkt, und wie sich eine Beschränkung der Verfügungsmacht des Testamentsvollstreckers auswirkt. Dies ist erforderlich, um die Wirkungen und die möglichen Gestaltungen der Testamentsvollstreckung in der Latenzzeit zu analysieren. Geprüft werden in § 1 die Rechtsgrundlage, in § 2 die Wirkungen und in § 3 die Folgen einer Beschränkung der Rechte des Testamentsvollstreckers. In § 4 und § 5 wird die Frage erörtert, ob und, wenn ja, auf welcher Grundlage die Eigenverwaltung des Erben und die Fremdverwaltung des Testamentsvollstreckers zu einer kooperativen Verwaltung kombiniert werden können. Das Rechts- und Konkurrenzverhältnis zwischen Testamentsvollstrecker und Erbe wird dabei besonders berücksichtigt.

Das **fünfte Kapitel** enthält die Analyse der Frage, ob die Wirkungen der Testamentsvollstreckung in der Latenzzeit der aufschiebend bedingten oder befristeten Testamentsvollstreckung zum Tragen kommen und, falls ja, auf welcher Grundlage. Zudem werden die weiteren Rechtsfolgen einer aufschiebend bedingten Ernennung eines Testamentsvollstreckers sowie Besonderheiten bei der Einsetzung eines Nacherben untersucht.

Im **sechsten Kapitel** werden die Wirkungen der Testamentsvollstreckung in den Zeiten untersucht, in denen der Testamentsvollstrecker im Rahmen der Verwaltung des Nachlasses auf eine weitere Person trifft (§ 1 bis § 3 und § 5 bis § 7), die mit Wirkung für den Nachlass tätig wird. In § 4 wird der Sonderfall erörtert, dass der Testamentsvollstrecker mit einem weiteren Funktionsträger, der für den Erben oder den Nachlass tätig wird, personenidentisch ist. Zuletzt behandelt § 8 den Zeitraum nach der Erledigung aller Aufgaben des Testamentsvollstreckers.

Kapitel 1 Grundlagen der Testamentsvollstreckung

Dem Erblasser stehen verschiedene Gestaltungsmittel zur Verfügung, um sicherzustellen, dass die Herrschaft über sein Vermögen über seinen Tod hinaus[10] seinem Willen entsprechend ausgeübt wird. Er kann insbesondere durch letztwillige Verfügung einen Testamentsvollstrecker ernennen (§ 2197 Abs. 1 BGB). „Testamentsvollstrecker ist die durch Testament oder in einem Erbvertrag ernannte natürliche oder juristische Person, die den im Testament oder Erbvertrag enthaltenen Willen des Erblassers, sei es in Form der Abwicklungsvollstreckung oder der Verwaltungsvollstreckung, mit Zugang der Annahmeerklärung beim Nachlassgericht notfalls gegen den Willen der Erbbeteiligten zu vollziehen hat."[11]

Das BGB regelt das Recht des Testamentsvollstreckers[12] in den §§ 2197 bis 2228 BGB. Es unterscheidet zwei Testamentsvollstreckertypen: den Abwicklungsvollstrecker und den Verwaltungsvollstrecker.[13] Soweit der Erblasser nichts anderes bestimmt, hat der *Abwicklungsvollstrecker* die letztwilligen Verfügungen auszuführen und, wenn mehrere Erben vorhanden sind, die Auseinandersetzung unter ihnen zu bewirken (§§ 2203, 2204 BGB). Zur Erfüllung dieser Aufgaben hat der Abwicklungsvollstrecker das Recht zur Verwaltung des Nachlasses (§ 2205 BGB). Er vollstreckt einen auf sonstige Verfügungen bezogenen Erblasserwillen.[14] Der *Verwaltungsvollstrecker* (§ 2209 BGB) hat dagegen die Aufgabe, den Nachlass unabhängig von sonstigen Aufgaben zu verwalten.[15] Er vollstreckt einen auf ihn und seine Verwaltungsaufgaben bezogenen Erblasserwillen.[16] Der Verwaltungsvollstrecker setzt die vermögensrechtliche Herrschaft des Erblassers über den Tod hinaus fort. Bei der Verwaltungsvollstreckung ist die Verwaltung des Nachlasses Selbstzweck, bei der Abwicklungsvollstreckung

---

10 Siehe zu diesem Begriff *Lange/Kuchinke*, Erbrecht, 5. A. (2001), § 31 I 2.

11 *Muscheler*, Erbrecht (2010), Bd. II, Rn. 2699.

12 Siehe hierzu den Hinweis von *Muscheler* in: Erbrecht (2010), Bd. II, Rn. 2696, dass die Titelüberschrift vor den §§ 2197 ff. BGB personalisiert „Testamentsvollstreck*er*" und nicht „Testamentsvollstreck*ung*" lautet.

13 Siehe statt aller *Muscheler*, Erbrecht (2010), Bd. II, Rn. 2698.

14 Siehe statt aller *Muscheler*, Erbrecht (2010), Bd. II, Rn. 2698.

15 Siehe statt aller *Muscheler*, Erbrecht (2010), Bd. II, Rn. 2698.

16 Siehe statt aller *Muscheler*, Erbrecht (2010), Bd. II, Rn. 2698.

dagegen Mittel zum Zweck.[17] Das bestimmende Merkmal der Verwaltungsvollstreckung ist daher die Aufgabenzuweisung und nicht die Dauer, wie es die im Jahr 2001 eingeführte amtliche Überschrift „Dauervollstreckung“[18] vermuten ließe, auch wenn die Funktion dieser Form der Testamentsvollstreckung naturgemäß eine gewisse Dauer der Tätigkeit erfordert.[19] Der Abwicklungs- und der Verwaltungsvollstrecker haben – auch wenn sie unterschiedliche Zwecke verfolgen – eines gemeinsam: Ihre Rechtsmacht unterscheidet sich nach dem gesetzlichen Regelbild nicht; die in § 2205 BGB geregelten Befugnisse gelten vielmehr für beide Vollstreckertypen gleichermaßen.[20]

Das Recht des Testamentsvollstreckers (§§ 2197 bis 2228 BGB) beruht auf folgenden Prinzipien und Leitgedanken:[21]

- Der Testamentsvollstrecker ist sowohl bei der Abwicklungs- als auch bei der Verwaltungsvollstreckung Verwalter fremden Vermögens.[22] Er wird nicht zum (vorläufigen) materiellen Rechtsinhaber.[23] Durch die Ernennung eines Testamentsvollstreckers wird die rechtliche Zugehörigkeit des Nachlasses in der Weise aufgespalten,[24] dass der Erbe als Rechtsnachfolger zwar Träger der Nachlassrechte und -verbindlichkeiten wird, der Testamentsvollstrecker jedoch die tatsächliche und rechtliche Herrschaft über den Nachlass ausübt.[25]

---

17 Siehe statt aller *Muscheler*, Erbrecht (2010), Bd. II, Rn. 2698.

18 Die amtliche Überschrift wurde durch das Gesetz zur Modernisierung des Schuldrechts vom 26.11.2001 (BGBl. I S. 3138) eingeführt.

19 Staudinger/*Reimann*, BGB (Bearb. 2016), § 2209 Rn. 1.

20 Staudinger/*Reimann*, BGB (Bearb. 2016), § 2205 Rn. 4, § 2209 Rn. 19; *Bengel* in: Bengel/Reimann, HbTV, 6. A. (2017), § 1 Rn. 149.

21 Ausführliche und instruktive Gesamtdarstellung bei *Muscheler*, Erbrecht (2010), Bd. II, Rn. 2710 ff.

22 *Muscheler*, Erbrecht (2010), Bd. II, Rn. 2711; Staudinger/*Reimann*, BGB (Bearb. 2016), Vorbem. zu §§ 2197 ff. Rn. 5.

23 *Muscheler*, Erbrecht (2010), Bd. II, Rn. 2711; Staudinger/*Reimann*, BGB (Bearb. 2016), Vorbem. zu §§ 2197 ff. Rn. 5.

24 Nach dem Grundsatz der Universalsukzession gehen mit dem Tode des Erblassers alle Rechte kraft Gesetzes auf den Erben über (§ 1922 BGB) und damit im Grundsatz auch die Rechtsmacht. Die Testamentsvollstreckung stellt damit in gewisser Weise einen Fremdkörper im erbrechtlichen System der Gesamtrechtsfolge dar. Siehe dazu ausführlich *Muscheler*, Die Haftungsordnung der Testamentsvollstreckung, Habil. (1994), S. 28 ff. sowie MüKoBGB/*Zimmermann*, 7. A. (2017), vor § 2197 Rn. 1.

25 Palandt/*Weidlich*, BGB, 78. A. (2019), vor § 2197 Rn. 1; MüKoBGB/*Zimmermann*, 7. A. (2017), vor § 2197 Rn. 1 BGB.

- Der Erbe ist, solange und soweit der Testamentsvollstrecker Verwaltungsmacht besitzt, aus seiner Rechtsmacht verdrängt, obwohl er Rechtsinhaber ist (Verdrängungsprinzip)[26]. Der Testamentsvollstrecker hat das grundsätzlich unbeschränkte Recht, über die Nachlassgegenstände zu verfügen.[27]
- Es gilt das Prinzip der Privatheit, das heißt, der Gesetzgeber des BGB hat die Testamentsvollstreckung rein privat ausgestaltet.[28]
- Der Wille des Erblassers ist innerhalb der gesetzlichen Schranken –auch ohne explizite Anordnung – die oberste Richtschnur für Inhalt und Umfang der Aufgaben und Befugnisse (§§ 2203 bis 2206 BGB) des Testamentsvollstreckers.[29] Der Erblasser kann die in den §§ 2203 bis 2206 BGB bestimmten Rechte des Testamentsvollstreckers beschränken (siehe § 2208 BGB).
- Die Zweite BGB-Kommission war bestrebt, die Rechtsmacht des Testamentsvollstreckers in sachlicher und zeitlicher Hinsicht so weit wie möglich auszudehnen, damit dieser seine Verwaltungsaufgaben möglichst effektiv erledigen kann.[30]
- Die Kontroll- und Mitspracherechte des Erben sind im Gegensatz zur Rechtsmacht des Testamentsvollstreckers relativ schwach ausgeprägt.[31] Als Ausgleich hat der Gesetzgeber das Interesse des Erben anerkannt, von einer Haftung verschont zu bleiben.[32] Der Testamentsvollstrecker kann daher nur Nachlassverbindlichkeiten begründen, für die der Erbe die Haftung beschränken kann.[33]
- Die Nachlassgläubiger dürfen durch die Testamentsvollstreckung weder schlechter- noch bessergestellt werden als bei der Erbenselbstverwaltung.[34]

Auf der Grundlage der vorgenannten Prinzipien und Leitgedanken sind bei der Anwendung der §§ 2197 ff. BGB insbesondere folgende nachlassbezogene

26 *Muscheler*, Erbrecht (2010), Bd. II, Rn. 2715.
27 *Muscheler*, Die Haftungsordnung der Testamentsvollstreckung, Habil. (1994), S. 26 f.; *ders.* Erbrecht (2010), Bd. II, Rn. 2715.
28 *Muscheler*, Erbrecht (2010), Bd. II, Rn. 2712.
29 *RGZ* 74, 215 (218); 81, 168 (170).
30 *Muscheler*, Erbrecht (2010), Bd. II, Rn. 2713, mit dem Hinweis, dass in Zweifelsfällen gilt: „*in dubio pro executione*".
31 *Muscheler*, Erbrecht (2010), Bd. II, Rn. 2716.
32 *Muscheler*, Erbrecht (2010), Bd. II, Rn. 2716.
33 *Muscheler*, Erbrecht (2010), Bd. II, Rn. 2714 und 2716.
34 *Muscheler*, Erbrecht (2010), Bd. II, Rn. 2717.

Interessen des Erben, des Erblassers und des Testamentsvollstreckers zu berücksichtigen:[35]

- Der Erbe hat ein Interesse, die Fremdverwaltung des Nachlasses durch möglichst ausgedehnte Mitsprache- und Kontrollrechte beeinflussen zu können (Mitverwaltungsinteresse[36]). Ferner wird der Erbe daran interessiert sein, dass der Nachlass zumindest erhalten bleibt, besser noch vermehrt wird (Nachlasserhaltungs- und mehrungsinteresse[37]).
- Der Erblasser ist daran interessiert, dass die Testamentsvollstreckung gegenständlich, inhaltlich und zeitlich so weit wie nur möglich zulässig ist (Zulässigkeitsinteresse[38]). Und dass die Testamentsvollstreckung möglichst effektiv ist, der Testamentsvollstrecker ungestört nach den Richtlinien des Erblassers verwalten kann und dazu eine möglichst umfangreiche Rechtsmacht besitzt (Effektivitätsinteresse[39]), liegt nicht nur im Interesse des Erblassers, sondern auch des Testamentsvollstreckers.
- Darüber hinaus hat der Testamentsvollstrecker ein Interesse daran, dass er aus der Verwaltung des Nachlasses nicht persönlich in Anspruch genommen wird (Haftungsverschonungsinteresse[40]). Ein solches Haftungsverschonungsinteresse hat auch der Erbe dahin gehend, dass sein nicht aus Nachlassbestandteilen bestehendes Vermögen (Eigenvermögen)[41] gegen den Zugriff der Nachlassgläubiger geschützt wird.[42]

---

35 Vgl. im Folgenden die umfassende Darstellung der im Rahmen einer Testamentsvollstreckung berührten Interessen bei *Muscheler*, Die Haftungsordnung der Testamentsvollstreckung, Habil. (1994), S. 5 ff.

36 Der Begriff stammt von *Muscheler*, Die Haftungsordnung der Testamentsvollstreckung, Habil. (1994), S. 6.

37 Der Begriff stammt von *Muscheler*, Die Haftungsordnung der Testamentsvollstreckung, Habil. (1994), S. 6.

38 Der Begriff stammt von *Muscheler*, Die Haftungsordnung der Testamentsvollstreckung, Habil. (1994), S. 6.

39 Der Begriff stammt von *Muscheler*, Die Haftungsordnung der Testamentsvollstreckung, Habil. (1994), S. 6.

40 Der Begriff stammt von *Muscheler*, Die Haftungsordnung der Testamentsvollstreckung, Habil. (1994), S. 7.

41 Zum Begriff vgl. *Muscheler*, Die Haftungsordnung der Testamentsvollstreckung, Habil. (1994), S. 6.

42 *Muscheler*, Die Haftungsordnung der Testamentsvollstreckung, Habil. (1994), S. 6.

Der Gesetzgeber hat in den §§ 2197 ff. BGB nicht geregelt, welche rechtliche Stellung der Testamentsvollstrecker hat.[43] Diese zu bestimmen, hat er vielmehr der Wissenschaft überlassen.[44] Durchgesetzt hat sich die sog. Amtstheorie.[45] Danach ist der Testamentsvollstrecker Träger eines privaten Amtes.[46] Er handelt nicht als Privatperson, sondern als Amtswalter zur Wahrung fremder Interessen in einem fremden Rechtskreis.[47] Seine Stellung als Privatperson ist von der selbstständigen Rechtsstellung als Testamentsvollstrecker zu unterscheiden.[48]

Zum Testamentsvollstrecker kann grundsätzlich jede inländische oder ausländische natürliche oder juristische Person ernannt werden.[49] Die einzige materiellrechtliche Einschränkung enthält § 2201 BGB.[50] Danach ist die Ernennung des Testamentsvollstreckers unwirksam, wenn er zu der Zeit, zu welcher er das Amt anzutreten hat, geschäftsunfähig oder in der Geschäftsfähigkeit beschränkt ist oder nach § 1896 BGB zur Besorgung seiner Vermögensangelegenheiten einen Betreuer erhalten hat.

Der Erblasser kann mehrere Personen zum Testamentsvollstrecker ernennen (§§ 2197 Abs. 1, 2224 BGB). Er kann auch einen Dritten ermächtigen oder das Nachlassgericht ersuchen (§§ 2198, 2200 BGB) oder es dem Testamentsvollstrecker überlassen, einen oder mehrere Mitvollstrecker zu ernennen (§ 2199 Abs. 1 BGB). Eine gesetzliche Höchstzahl an Mittestamentsvollstreckern gibt es nicht.[51]

Strittig ist, ob der Alleinerbe zum alleinigen Testamentsvollstrecker ernannt werden kann (Erben-Testamentsvollstrecker). Die herrschende Meinung[52]

---

43 Siehe Vorbemerkung zu Titel 6 „Testamentsvollstrecker" in: *Mugdan*, Motive, V, S. 114. Eine umfassende Abhandlung zur Rechtsstellung des Testamentsvollstreckers findet sich bei *Muscheler*, Erbrecht (2010), Bd. II, Rn. 2721 ff.

44 Siehe Vorbemerkung zu Titel 6 „Testamentsvollstrecker" in: *Mugdan*, Motive, V, S. 114.

45 Statt aller *Muscheler*, Erbrecht (2010), Bd. II, Rn. 2721 f.

46 Siehe nur *BGHZ* 25, 275; *Muscheler*, Erbrecht (2010), Bd. II, Rn. 2721 ff.; Staudinger/*Reimann*, BGB (Bearb. 2016), Vorbem. zu §§ 2197 ff. Rn. 19.

47 *BGHZ* 25, 275; *Muscheler*, Erbrecht (2010), Bd. II, Rn. 2721 ff.

48 Staudinger/*Reimann*, BGB (Bearb. 2016), Vorbem. zu §§ 2197 ff. Rn. 56, spricht insoweit auch von getrennten „Sphären".

49 *Muscheler*, Erbrecht (2010), Bd. II, Rn. 2747 ff.; Bengel/*Reimann*, HbTV, 6. A. (2017), § 2 Rn. 200 ff.

50 Bengel/*Reimann*, HbTV, 6. A. (2017), § 2 Rn. 200.

51 MüKoBGB/*Zimmermann*, 7. A. (2017), § 2224 Rn. 2.

52 *RGZ* 77, 177 (178); *RGZ* 163, 57 (58); *KG*, OLGZ 1967, 358 (361); *BayObLG*, ZEV 2002, 24 (25); *BayObLG*, ZEV 2006, 455 (456); MüKoBGB/*Zimmermann*, BGB, 7. A. (2017),

verneint dies. Mit *Muscheler*[53] und *Adams*[54] ist dies jedoch zu bejahen. Auch nach Ansicht des BGH kann der Alleinerbe oder der alleinige Vorerbe Testamentsvollstrecker sein, jedoch nur, wenn sich die Testamentsvollstreckung auf die sofortige Erfüllung eines Vermächtnisses beschränkt und das Nachlassgericht bei groben Pflichtverstößen einen anderen Testamentsvollstrecker bestimmen kann.[55]

Unstreitig kann der Alleinerbe einer von mehreren Mittestamentsvollstreckern sein (§ 2224 Abs. 1 S. 1 Hs. 1 BGB).[56] Allerdings trifft diese Aussage auf der Basis der herrschenden Meinung, wonach ein Erbe nicht alleiniger Testamentsvollstrecker sein kann,[57] nur dann zu, wenn für diese Mehrheit von Testamentsvollstreckern eine Einschränkung gilt: Nach dem gesetzlichen Regelungsmodell führen mehrere Testamentsvollstrecker das Amt gemeinschaftlich (§ 2224 Abs. 1 S. 1 Hs. 1 BGB). Der Erblasser kann abweichende Anordnungen zur Amtsführung der Mittestamentsvollstrecker treffen (§ 2224 Abs. 1 S. 3 BGB). Er kann insbesondere jedem Testamentsvollstrecker einen bestimmten Wirkungskreis zuweisen, innerhalb dessen er ohne Mitwirkung der anderen selbstständig handeln kann (*Nebenvollstreckung* oder *Geschäftsordnungslösung*[58]).[59] Eine vom gesetzlichen Modell der Gesamttestamentsvollstreckung abweichende Gestaltung müsste nach der herrschenden Meinung folgerichtig ausgeschlossen sein, wenn der Erbe innerhalb seines Bereichs faktisch zum alleinigen Erben-Testamentsvollstrecker werden würde. Denn, so die herrschende Meinung, es vermag sich der Erbe aufgrund seiner freien Stellung nicht selbst zu beschränken.[60]

---

§ 2197 Rn. 11; Palandt/*Weidlich*, BGB, 78. A. (2019), § 2197 Rn. 5; Erman/*M. Schmidt*, BGB, 15. A. (2017), § 2197, Rn. 3; Bengel/*Reimann*, HbTV, 6. A. (2017), § 2 Rn. 207.

53 Erbrecht (2010), Bd. II, Rn. 2751.

54 Interessenkonflikte des Testamentsvollstreckers, Diss. (1997), *dies.*, ZEV 1998, 321 ff.

55 ZEV 2005, 204 (205).

56 *RGZ* 163, 57 (59); *KG*, OLGZ 1967, 358 (361); Staudinger/*Reimann*, BGB (Bearb. 2016), § 2197 Rn. 82.

57 *RGZ* 77, 177 (178); *RGZ* 163, 57 (58); *KG*, OLGZ 1967, 358 (361); *BayObLG*, ZEV 2002, 24 (25); *BayObLG*, ZEV 2006, 455 (456); MüKoBGB/*Zimmermann*, BGB, 7. A. (2017), § 2197 Rn. 11; Palandt/*Weidlich*, BGB, 78. A. (2019), § 2197 Rn. 5; Erman/*M. Schmidt*, BGB, 15. A. (2017), § 2197, Rn. 3; Bengel/*Reimann*, HbTV, 6. A. (2017), § 2 Rn. 207.

58 Zum Begriff siehe Staudinger/*Reimann*, BGB (Bearb. 2016), § 2224 Rn. 7.

59 *Muscheler*, Erbrecht (2010), Bd. II, Rn. 2752.

60 Zusammenfassend und im Ergebnis ablehnend *Muscheler*, Erbrecht (2010), Bd. II, Rn. 2750 f., m.w.N.

Unbestritten ist auch, dass ein Miterbe allein zum Testamentsvollstrecker ernannt werden kann.[61]

Das Amt des Testamentsvollstreckers beginnt – auch ohne Bekanntmachung nach außen – mit dem Zugang der Annahmeerklärung beim Nachlassgericht.[62] Gegenüber dem Rechtsverkehr erfolgt der Nachweis des Amtes über den Erbschein[63], das Europäische Nachlasszeugnis[64], im Grundbuch[65], im Handelsregister oder über das Testamentsvollstreckerzeugnis[66].

---

61 *KG*, JR 1952, 324; *BGH*, DNotZ 1959, 480; *Muscheler*, Erbrecht (2010), Bd. II, Rn. 2750; Bengel/*Reimann*, HbTV, 6. A. (2017), § 2 Rn. 210.

62 Bengel/*Reimann*, HbTV, 6. A. (2017), § 2 Rn. 255, 259, 275.

63 §§ 2353 ff. BGB i.V.m. §§ 352 ff. FamFG.

64 Art. 62 ff. EuErbVO.

65 § 52 GBO.

66 § 2368 BGB.

Kapitel 2 Die Wirkungen der Testamentsvollstreckung

§ 1 Zuweisung von Rechtsmacht an den Testamentsvollstrecker (§§ 2205, 2209 BGB)

I. Rechtsmacht und materielle Zuständigkeit

Das Gesetz instrumentalisiert die Verwaltungsmacht des Testamentsvollstreckers im Dienste der Verwaltungsaufgaben.[67] Die zentrale Aufgabenzuweisungsnorm ist § 2205 S. 1 BGB.[68] Danach hat der Testamentsvollstrecker den Nachlass zu verwalten. § 2205 S. 1 BGB verleiht somit dem Abwicklungs- bzw. Verwaltungsvollstrecker das Verwaltungsrecht. § 2205 S. 2 BGB präzisiert das Verwaltungsrecht, indem die Vorschrift beispielhaft zwei zu dessen Ausübung erforderliche Befugnisse nennt. Die Rechtsmacht des Testamentsvollstreckers bei der Dauervollstreckung (§ 2209 BGB) ist im Allgemeinen dieselbe wie bei der Abwicklungsvollstreckung (§§ 2203, 2204, 2205 BGB).[69]

Wenn von der Rechtsmacht des Testamentsvollstreckers die Rede sein soll, darf man nicht pauschal von „dem Verwaltungsrecht" oder „dem Verfügungsrecht" sprechen, ohne konkret zu sagen, auf welche Weise der Testamentsvollstrecker das Verwaltungsrecht ausübt. Man könnte sonst den Eindruck gewinnen, dass die genannten Begriffe zur Umschreibung der Rechtsmacht synonym sind. Betrachtet man jedoch die Rechtsmacht des Testamentsvollstreckers genauer, geht es um die Frage, welche rechtstechnischen Mittel dem Testamentsvollstrecker zur Umsetzung des Erblasserwillens zur Verfügung stehen und wie seine materielle Zuständigkeit am Nachlass ausgestaltet ist.

Zu den rechtstechnischen Mitteln des Testamentsvollstreckers gehören – entsprechend der allgemeinen zivilrechtlichen Dogmatik – Rechtsgeschäfte (Verpflichtungs- und Verfügungsgeschäfte), rechtsgeschäftsähnliche Handlungen und rein tatsächliche Handlungen.[70] Für Letztere findet sich in den Gesetzesmaterialien der Begriff „reine Verwaltungsakte", welche aus Sicht

---

67 *Muscheler*, Erbrecht (2010), Bd. II, Rn. 2764.

68 Vgl. Staudinger/*Reimann*, BGB (Bearb. 2016), § 2205 Rn. 1.

69 *KG*, DNotZ 1944, 9; MüKoBGB/*Zimmermann*, 7. A. (2017), § 2209 Rn. 10.

70 *Lange*, Erbrecht, 2. A. (2017), § 64 Rn. 103 ff.

der Ersten BGB-Kommission „ohne weiteres“ unter das Verwaltungsrecht des Testamentsvollstreckers fallen.[71]

Die materielle Zuständigkeit des Testamentsvollstreckers ist die Summe seiner rechtlichen Befugnisse in Bezug auf den Nachlass. Dem Testamentsvollstrecker stehen die rechtlichen Befugnisse in Form der Verpflichtungsmacht, der Verfügungsmacht sowie des Rechts zum Besitz zu.

Dem Testamentsvollstrecker stehen damit grundsätzlich die gleichen rechtstechnischen Mittel zur Verfügung wie dem Vermögensinhaber, soweit sie ihm vom Erblasser übertragen wurden. Durch die Ernennung eines Testamentsvollstreckers entstehen also keine neuen Befugnisse am Nachlass. Die Befugnisse werden vielmehr von dem materiell berechtigten Erben auf den Testamentsvollstrecker verlagert. Die rechtstechnischen Mittel des Testamentsvollstreckers können zudem keine anderen sein als die des materiell berechtigten Erben. Der Testamentsvollstrecker hat als Amtswalter auch kein subjektives Verwaltungsrecht am Nachlass.[72]

Im Verhältnis des Erben zum Testamentsvollstrecker gilt: Solange und soweit der Erblasser dem Testamentsvollstrecker Rechtsmacht zugewiesen hat und dieser sein Verwaltungsrecht ausübt, ist eine Eigenverwaltung durch den Erben ausgeschlossen.[73] Schon der historische Gesetzgeber hatte hinsichtlich der Machtkonkurrenz zwischen dem Erben und dem Testamentsvollstrecker einen klaren Standpunkt. In der Denkschrift zum BGB hat er folgende prinzipielle Aussage getroffen: Soweit das Verwaltungsrecht des Testamentsvollstreckers reicht, darf der Erbe sich nicht in der Lage befinden, seinerseits einzugreifen, da er sonst, entgegen dem Willen des Erblassers, die Erledigung der dem Testamentsvollstrecker zugewiesenen Aufgaben vereiteln könnte.[74]

II. Besitzrecht und Realakte

§ 2205 S. 2 BGB stellt in seiner ersten Aussage klar, dass das Verwaltungsrecht des Testamentsvollstreckers insbesondere das Recht umfasst, den Nachlass in

---

71 *Mugdan*, Motive, V, S. 122.

72 *Muscheler*, Erbrecht (2010), Bd. II, Rn. 2723.

73 *Muscheler*, Erbrecht (2010), Bd. II, Rn. 2715; Staudinger/*Reimann*, BGB (Bearb. 2016), § 2205 Rn. 10; MüKoBGB/*Zimmermann*, 7. A. (2017), § 2205 Rn. 4; a.A. nur *AG Kaiserslautern*, ZEV 2011, 584 und *Bonefeld*, ZErB 2007, 142, die dem Erben entgegen der gesetzlichen Kompetenzverteilung ein eigenständiges Auskunftsrecht einräumen wollen.

74 *Mugdan*, Denkschrift, V, S. 867.

Besitz zu nehmen. Dieses Recht mutiert im Rahmen der ordnungsmäßigen Verwaltung zur Pflicht, weil der Besitz bei den beweglichen Sachen Schutz davor bietet, dass ein Dritter vom nicht verfügungsberechtigten Erben nach § 2211 Abs. 2 BGB gutgläubig erwirbt.[75]

Unter dem gesetzlich nicht definierten Begriff des Besitzes versteht man die vom Rechtsverkehr anerkannte tatsächliche Herrschaft einer Person über eine Sache (von gewisser Dauer), getragen von einem natürlichen Sachherrschaftswillen.[76] Ein genereller Wille genügt für den Erwerb, ein aktueller ist für die Aufrechterhaltung nicht erforderlich.[77]

Beim Besitz handelt es sich um ein tatsächliches Verhältnis und nicht um ein subjektives Recht.[78] Der Besitzer hat das Recht auf den Schutz seines Besitzstandes (§§ 859 ff. BGB), der Besitz ist übertragbar (§§ 854 Abs. 2, 870 BGB) und vererblich (§ 857 BGB).

Das BGB unterscheidet hinsichtlich der Willensrichtung zwischen Eigenbesitz und Fremdbesitz.[79] Der Testamentsvollstrecker ist Fremdbesitzer, da er die Sache nicht als ihm gehörend besitzt (§ 872 BGB).

Nach dem Grad der Sachbeziehung ist weiter zwischen unmittelbarem und mittelbarem Besitz zu unterscheiden.[80] Der Testamentsvollstrecker kann unmittelbarer oder mittelbarer Besitzer sein, je nachdem, ob er die Sachherrschaft unmittelbar ausübt oder durch einen Besitzmittler, der aufgrund eines zeitlich begrenzten Rechtsverhältnisses die Sache unmittelbar besitzt (§ 868 BGB).[81] Das Besitzmittlungsverhältnis ist dabei das gesetzliche Schuldverhältnis, das im Rahmen der Testamentsvollstreckung zwischen dem Testamentsvollstrecker und dem Erben besteht.[82] Besitzmittler kann auch der Erbe oder der Vermächtnisnehmer sein. Der mittelbare Besitz kann auch gestuft sein (§ 871 BGB).[83] § 2205 S. 2 BGB erfasst sowohl den unmittelbaren Besitzer als auch den mittelbaren Besitz.[84] Für das Verwaltungsrecht des Testamentsvollstreckers

---

75 MüKoBGB/*Zimmermann*, 7. A. (2017), § 2205 Rn. 57.

76 Statt aller Palandt/*Weidlich*, BGB, 78. A. (2019), Überblick vor § 854 Rn. 1 und § 854 Rn. 4.

77 *BGH*, NJW 1987, 2812 (2813).

78 Siehe nur Palandt/*Weidlich*, BGB, 78. A. (2019), Überblick vor § 854 Rn. 1. Dass der Besitz kein subjektives Recht ist, ergibt sich bereits aus § 857 BGB.

79 Siehe nur Palandt/*Weidlich*, BGB, 78. A. (2019), Überblick vor § 854 Rn. 2.

80 Siehe nur Palandt/*Weidlich*, BGB, 78. A. (2019), Überblick vor § 854 Rn. 2.

81 Staudinger/*Reimann*, BGB (Bearb. 2016), § 2205 Rn. 53.

82 *BGHZ* 25, 275 (280); Soergel/*Damrau*, BGB, 13. A. (2002), § 2216 Rn. 2.

83 Staudinger/*Reimann*, BGB (Bearb. 2016), § 2205 Rn. 53.

84 Staudinger/*Reimann*, BGB (Bearb. 2016), § 2205 Rn. 53.

macht es daher keinen Unterschied, ob der Testamentsvollstrecker mittel- oder unmittelbarer Besitzer ist.

Mit dem Erbfall geht der Besitz des Erblassers auf den Erben über (§ 857 BGB). Daran ändert auch die Testamentsvollstreckung nichts.[85] Zwar werden durch die Ernennung eines Testamentsvollstreckers die Verfügungs- und Verwaltungsrechte des Erben bereits mit dem Erbfall beschränkt bzw. entzogen, die Besitzverhältnisse bleiben davon aufgrund der tatsächlichen Natur des Besitzes jedoch zunächst unberührt.[86] Der Testamentsvollstrecker wird erst dadurch Besitzer, dass er die Nachlassgegenstände in Besitz nimmt (§ 2205 S. 2 BGB). Er ist dann unmittelbarer Besitzer (§ 854 BGB), der Erbe ist mittelbarer Besitzer (§ 868 BGB). Hat der Erbe die Nachlassgegenstände noch nicht tatsächlich in Besitz genommen und hat auch kein Dritter sie in Besitz, so kann der Testamentsvollstrecker ohne Weiteres Besitz von ihnen ergreifen.

Ist der Erbe oder ein Dritter bereits Besitzer, hat der Testamentsvollstrecker gegen den Erben oder den Dritten einen Anspruch auf Besitzeinräumung (§ 2205 S. 2 Fall 1 BGB).[87] Solange die Voraussetzungen des Besitzschutzes nach § 859 BGB nicht vorliegen, darf der Testamentsvollstrecker sein Besitzrecht nicht eigenmächtig durchsetzen. Er ist insoweit auf eine klageweise Geltendmachung verwiesen.[88] Damit der Testamentsvollstrecker seinen Anspruch auf Einräumung des Besitzes vorbereiten und geltend machen kann, hat er gegen den Erben einen Auskunftsanspruch auf Benennung und Bezeichnung der Nachlassgegenstände.[89] Der Anspruch folgt aus § 2218 Abs. 1 i.V.m. § 666 i.V.m. § 260 Abs. 1 BGB. Ein Herausgabeanspruch des Testamentsvollstreckers gegen den Erben besteht nicht, wenn der Nachlassgegenstand nicht der Testamentsvollstreckung unterliegt, der Nachlassgegenstand nach § 2217 BGB freigegeben oder im Wege der Auseinandersetzung an den Besitzer vollstreckungsfrei zugeteilt werden müsste.[90]

In engem Zusammenhang mit dem Recht zur Inbesitznahme (§ 2205 S. 2 Fall 1 BGB) stehen die reinen Verwaltungsmaßnahmen. Die Inbesitznahme und die Ausübung des Besitzes einerseits und die reinen Verwaltungsmaßnahmen anderseits sind nicht deckungsgleich. Zu den reinen Verwaltungsmaßnahmen

---

85 *RGZ* 83, 223 (229).

86 MüKoBGB/*Zimmermann*, 7. A. (2017), § 2205 Rn. 57.

87 *Muscheler*, Erbrecht (2010), Bd. II, Rn. 2802.

88 Bengel/Reimann/*Schaub*, HbTV, 6. A. (2017), § 4 Rn. 8.

89 *Reimann*, WPK-Mitt. Sonderheft 1996, 1 (24); Bengel/Reimann/*Schaub*, HbTV, 6. A. (2017), § 4 Rn. 12; *Zimmermann*, Die Testamentsvollstreckung, 4. A. (2014), Rn. 365.

90 Staudinger/*Reimann*, BGB (Bearb. 2016), § 2205 Rn. 57.

gehören auch beispielsweise die Feststellung des Nachlasses sowie die Erstellung eines Nachlassverzeichnisses (§ 2215 BGB).[91] Danach hat der Testamentsvollstrecker dem Erben unverzüglich nach der Annahme des Amtes (§ 2202 BGB) ein Verzeichnis über die seiner Verwaltung unterliegenden Nachlassgegenstände und die bekannten Nachlassverbindlichkeiten mitzuteilen und ihm die zur Aufnahme des Inventars erforderliche Beihilfe zu leisten. Das Nachlassverzeichnis ist die Grundlage für die Durchführung der Testamentsvollstreckung.[92] Nur auf dieser Grundlage kann zwischen dem Eigenvermögen[93] des Erben und dem Nachlass unterschieden sowie erreicht werden, dass von den Wirkungen der §§ 2211, 2214 BGB ausschließlich die Nachlassgegenstände betroffen sind.

III. Verfügungsmacht

§ 2205 S. 2 BGB stellt des Weiteren klar, dass der Testamentsvollstrecker berechtigt ist, über die Nachlassgegenstände zu verfügen. Das BGB verwendet den Begriff der Verfügung inhaltlich und funktional unterschiedlich.[94] Eine Verfügung im Sinne des § 2205 S. 2 BGB ist ein Rechtsgeschäft, das unmittelbar darauf gerichtet ist, auf ein Recht einzuwirken, es zu verändern, zu übertragen oder aufzuheben.[95] Der Testamentsvollstrecker hat damit das Recht, auf den Inhalt, die Substanz oder den Bestand des seiner Verwaltung unterliegenden

---

91 Vgl. *Mugdan*, Motive, S. 122.

92 Bengel/Reimann/*Klumpp*, HbTV, 6. A. (2017), § 3 Rn. 14.

93 Vgl. *Muscheler*, Die Haftungsordnung der Testamentsvollstreckung, Habil. (1994), S. 6.

94 Vgl. nur § 185 BGB (Verfügung eines Nichtberechtigten/Wirksamwerden von Rechtsgeschäften; vgl. in diesem Kontext auch die Rückwirkung einer Genehmigung nach § 184 Abs. 2 BGB); § 816 Abs. 1 BGB (Verfügung eines Nichtberechtigten im bereicherungsrechtlich relevanten Sinne); §§ 893, 2367 BGB (Voraussetzung für Gutglaubensschutz); § 458 BGB (Beseitigung von Rechten Dritter); § 566b BGB (Verfügung über eine Leistung); §§ 1812, 1813 BGB (hier wird die Entgegennahme der geschuldeten Leistung durch den Gläubiger als Verfügung über die Forderung verstanden; anders bei § 816 Abs. 1 BGB, was sich auch aus § 816 Abs. 2 BGB ergibt; so auch *Berger*, Rechtsgeschäftliche Verfügungsbeschränkungen, Habil. (1997), S. 7 in Fn. 1); §§ 75, 135, 137 BGB (Verfügungsverbot/Wirksamkeit von Rechtshandlungen); §§ 83, 332 BGB (Verfügung von Todes wegen); § 110 BGB (Wirksamkeit eines Vertrags/Umfang einer Einwilligung); § 161 BGB (Wirksamkeit einer Verfügung); § 186 BGB (Handlung eines Gerichts); §§ 312f, 312i, 312j, 356b, 358 BGB (im Sinne von zur Verfügung stellen); nicht zuletzt die erbrechtlichen Verfügungen.

95 *BGHZ* 1, 304; 7, 274; 52, 269; 75, 226; 78, 177.

Rechts einzuwirken. Dafür muss er nicht zuvor den Besitz über das Verfügungsobjekt erlangen.[96]

Die Verfügungsbefugnis des Testamentsvollstreckers gilt nach dem gesetzlichen Regelungsmodell unbeschränkt, soweit kein anderer Wille des Erblassers anzunehmen ist (§ 2208 BGB). Die Einschränkung des § 2206 BGB („soweit … zur ordnungsmäßigen Verwaltung erforderlich“) gilt daher nicht für die Verfügungsmacht.[97] Eine Beschränkung des „Könnens“ im Außenverhältnis nach Maßgabe des „Dürfens“ im Innenverhältnis hat der Gesetzgeber aus Gründen der Verkehrssicherheit nicht vorgesehen.[98]

Gegenständlich erstreckt sich die Verfügungsbefugnis auf den gesamten der Fremdverwaltung unterworfenen Nachlass. Es handelt sich nicht um eine vermögensbezogene Befugnis.[99] Das heißt, das Verfügungsrecht des Testamentsvollstreckers bezieht sich nicht auf das Vermögen, also den Nachlass, schlechthin, sondern auf die einzelnen (wenn in der Regel auf alle) zum Nachlass gehörenden Gegenstände.

Anders ist dies beim übergeordneten Verwaltungsrecht (vgl. § 2205 S. 1 BGB). Bei der Untersuchung der nachlassbezogenen Rechtsmacht ist daher hinsichtlich des Verwaltungsgegenstandes zwischen dem Nachlass als Ganzem und dem einzelnen Nachlassgegenstand zu unterscheiden: Während das Verwaltungsrecht als auf den gesamten Nachlass bezogen verstanden werden muss, bezieht sich das Verfügungsrecht auf die einzelnen Nachlassgegenstände. Das Verfügungsrecht des Testamentsvollstreckers besteht also nicht am Nachlass als solchem.[100]

Im reibungslosen Regelfall ist das Recht, über die Nachlassgegenstände zu verfügen, zwischen dem Erben und dem Testamentsvollstrecker nach folgenden Grundsätzen verteilt:

- Dem Erben ist die Ausübung der Verfügungsmacht verwehrt, solange und „soweit“ (§ 2208 BGB) sie dem Testamentsvollstrecker übertragen ist.

---

96 *Muscheler*, Erbrecht (2010), Bd. II, Rn. 2804.

97 *Muscheler*, Erbrecht (2010), Bd. II, Rn. 2804.

98 Bamberger/Roth/*J. Mayer*, 3. A. (2012), § 2205 Rn. 13; MüKoBGB/*Zimmermann*, 7. A. (2017), § 2205 Rn. 59 und 67.

99 Vgl. den Wortlaut von § 2205 S. 2 BGB: „Er ist insbesondere berechtigt, den Nachlass in Besitz zu nehmen und über *die* Nachlassgegenstände zu verfügen.“

100 MüKoBGB/*Zimmermann*, 7. A. (2017), § 2205 Rn. 6; BeckOK-BGB/*Lange*, 49. Ed. 01.02.2019, § 2205 Rn. 5; Staudinger/*Reimann*, BGB (Bearb. 2016), § 2205 Rn. 63; Palandt/*Weidlich*, 77. A. (2018), § 2205 Rn. 23.

- Umgekehrt ist allein der Erbe befugt, über die Nachlassgegenstände zu verfügen, die nicht mehr (§ 2217 BGB) oder von Anfang an nicht der Verwaltung des Testamentsvollstreckers unterliegen (§ 2208 i.V.m. § 2205 BGB, gegenständlich beschränkte Testamentsvollstreckung[101]).

Erbe und Testamentsvollstrecker verdrängen sich im Normalfall gegenseitig aus der Verfügungsbefugnis, ein gleichberechtigtes Nebeneinander von Erbe und Testamentsvollstrecker sieht das gesetzliche Regelungsmodell nicht vor.

§ 2205 S. 2 BGB betrifft entgeltliche Verfügungen. Unentgeltliche Verfügungen sind von der Verfügungsmacht des Testamentsvollstreckers ausgenommen, außer sie entsprechen einer sittlichen Pflicht oder einer auf den Anstand zu nehmenden Rücksicht (§ 2205 S. 3 BGB). Problematisch sind in diesem Zusammenhang unentgeltliche Verträge, die einen der Testamentsvollstreckung unterliegenden Nachlassgegenstand faktisch derart entwerten, dass die durch den Vertrag geschaffene unentgeltliche Verpflichtung einer unentgeltlichen Verfügung gleichkommt. Hiervon betroffen sind obligatorische Rechtsgeschäfte, die über das Ende der Testamentsvollstreckung hinaus wirken und einem Dritten das Recht einräumen, Nachlassgegenstände unentgeltlich zu nutzen.[102] Der BGH hat eine Stellungnahme zu solchen „faktischen unentgeltlichen Verfügungen" bislang vermieden.[103] Unter strikter Anwendung des Abstraktionsprinzips sollte es allerdings bei der begrifflichen Abgrenzung bleiben, § 2205 S. 3 BGB sollte also bei schuldrechtlichen Verpflichtungen nicht angewendet werden.[104] Gleichwohl kann sich der vom Testamentsvollstrecker geschlossene Vertrag als nicht ordnungsmäßige Verwaltung i.S.d. § 2216 Abs. 1 BGB erweisen, mit der Folge, dass der Testamentsvollstrecker hierfür haftbar gemacht werden kann.[105] Sofern die Erfüllung des Vertrags auf einer Anordnung des Erblassers beruht, hat der Testamentsvollstrecker diese zu befolgen, es sei denn, sie wird vom Nachlassgericht auf Antrag des Testamentsvollstreckers oder eines anderen Beteiligten außer Kraft gesetzt, weil ihre Befolgung den Nachlass erheblich gefährden würde (§ 2216 Abs. 2 BGB).

---

101 Siehe hierzu unter Kapitel 4 § 1 II.

102 Siehe hierzu Staudinger/*Reimann*, BGB (Bearb. 2016), § 2205 Rn. 61, sowie *BGH*, FamRZ 2016, 709 mit Anm. *Reimann*.

103 *BGH*, FamRZ 2016, 709 mit Anm. *Reimann*.

104 So auch Staudinger/*Reimann*, BGB (Bearb. 2016), § 2205 Rn. 61, sowie *BGH*, FamRZ 2016, 709 mit Anm. *Reimann*.

105 Staudinger/*Reimann*, BGB (Bearb. 2016), § 2205 Rn. 61, 138 f.

IV. Verpflichtungsmacht

Der Testamentsvollstrecker hat weiterhin das Recht, Verbindlichkeiten für den Nachlass einzugehen, jedoch nur, soweit die Eingehung zur ordnungsmäßigen Verwaltung erforderlich ist (§ 2206 Abs. 1 BGB). Die Verpflichtungsbefugnis ist damit auf den Zweck der Verwaltung beschränkt. In der Variante der *Abwicklungsvollstreckung* (§§ 2203 und 2204 BGB) hat der Testamentsvollstrecker den Nachlass in Ausführung des letzten Erblasserwillens abzuwickeln und auseinanderzusetzen.[106] Im Rahmen der Abwicklung des Nachlasses ist es in der Regel nicht notwendig, dass der Testamentsvollstrecker immer wieder neue Geschäfte für den Nachlass abschließt. Neue Verpflichtungsgeschäfte muss und darf er nur zur Abwicklung schwebender Geschäfte und zur Bereitstellung flüssiger Mittel abschließen.[107] Der Erblasser muss es jedoch nicht bei der beschränkten Verpflichtungsmacht des Testamentsvollstreckers belassen. Er kann nach § 2207 BGB vielmehr anordnen, dass der Testamentsvollstrecker in der Eingehung von Verbindlichkeiten nicht beschränkt sein soll. Dem *Verwaltungsvollstrecker* (§ 2209 BGB) steht im Zweifel die erweiterte Verpflichtungsbefugnis nach § 2207 BGB zu (§ 2209 S. 2 BGB).

Die vom Testamentsvollstrecker abgeschlossenen Verpflichtungsgeschäfte wirken für und gegen den Erben als Rechtsträger des Nachlasses, im Falle des § 2209 S. 2 i.V.m. § 2207 BGB auch wenn sie über eine ordnungsmäßige Verwaltung hinausgehen.[108] Zudem wird hinsichtlich des Abwicklungs- und Vermächtnistestamentsvollstreckers im Fall eines Verschaffungsvermächtnisses (§§ 2169, 2170 BGB) angenommen, dass der Auftrag des Erblassers, ein Vermächtnis zu erfüllen, regelmäßig als Ermächtigung im Sinne des § 2207 BGB auszulegen sei, die zum Erwerb eines Vermächtnisgegenstandes unumgänglichen Verpflichtungen für den Nachlass einzugehen.[109]

Der gesetzliche Regelungskomplex zur Verpflichtungsbefugnis ist auch aufschlussreich hinsichtlich des Konkurrenzverhältnisses zwischen Erbe und Testamentsvollstrecker: Der Testamentsvollstrecker richtet die Ordnungsmäßigkeit seines Handelns vorrangig am Willen des Erblassers und nicht des

106 *Mugdan*, Protokolle, V, S. 662.

107 MüKoBGB/*Zimmermann*, 7. A. (2017), § 2205 Rn. 1.

108 Staudinger/*Reimann*, BGB (Bearb. 2016), § 2209 Rn. 23.

109 *RGZ* 85, 1 (7); MüKoBGB/*Zimmermann*, 7. A. (2017), § 2207 Rn. 4, mit dem Hinweis, dass sich die Eingehung solcher Verpflichtungen im Rahmen ordnungsmäßiger Verwaltung halten wird, so dass die Verpflichtungsbefugnis sich schon aus § 2206 Abs. 1 S. 1 BGB ergibt; Staudinger/*Reimann*, BGB (Bearb. 2016), § 2207 Rn. 2.

Erben aus. Die Einwilligung des Erben ist meist nicht relevant. Etwas anderes sieht § 2206 Abs. 2 BGB vor. Danach ist der Erbe verpflichtet, zur Eingehung von Verbindlichkeiten im Sinne des Absatzes 1 seine Einwilligung zu erteilen, unbeschadet des Rechts, die Beschränkung seiner Haftung für die Nachlassverbindlichkeiten geltend zu machen. Nach § 2206 Abs. 2 BGB soll Klarheit geschaffen werden, wenn Zweifel darüber bestehen, ob die Eingehung einer Verbindlichkeit zur ordnungsmäßigen Verwaltung erforderlich ist oder ob es sich um eine Verbindlichkeit zu einer Verfügung über einen Nachlassgegenstand handelt, zu welcher der Testamentsvollstrecker berechtigt ist.[110] Damit hat der Gesetzgeber im Falle einer Situation der Unsicherheit über den Umfang der Rechtsmacht des Testamentsvollstreckers die Möglichkeit der Zusammenarbeit zwischen Erbe und Testamentsvollstrecker installiert. Die zwischen ihnen bestehende Rechtsmachtkonkurrenz kann dadurch entschärft werden. Wenn der Erbe allerdings das Ziel hat, den Testamentsvollstrecker zu blockieren, bleibt nur ein streitiges Gerichtsverfahren. § 2206 Abs. 2 BGB normiert damit eine Pflicht des Erben, die der Testamentsvollstrecker nötigenfalls im Wege einer Klage auf Zustimmung durchsetzen kann. Demgegenüber kann der Erbe, wenn die Voraussetzungen des § 256 ZPO vorliegen, gegen den Testamentsvollstrecker Klage auf Feststellung der mangelnden Verpflichtungsbefugnis des Testamentsvollstreckers oder auf Feststellung der Unwirksamkeit der von ihm eingegangen Verpflichtung erheben.[111]

§ 2 Die Verdrängungswirkung des § 2211 Abs. 1 BGB

Der Erbe kann über einen der Verwaltung des Testamentsvollstreckers unterliegenden Nachlassgegenstand nicht verfügen (§ 2211 Abs. 1 BGB). Der Entzug der Verfügungsbefugnis des Erben[112] gemäß § 2211 Abs. 1 BGB ist Konterpart und Konsequenz[113] des Verwaltungsrechts des Testamentsvollstreckers nach

---

110 Staudinger/*Reimann*, BGB (Bearb. 2016), § 2209 Rn. 23; Palandt/*Weidlich*, BGB, 78. A. (2019), § 2206 Rn. 3 BGB, der jedoch nicht an das Merkmal der ordnungsmäßigen Verwaltung, sondern an den Umfang der Verfügungsmacht des Vollstreckers anknüpft.

111 Staudinger/*Reimann*, BGB (Bearb. 2016), § 2206 Rn. 14; Damrau/Tanck/*Bonefeld*, Erbrecht, 3. A. (2014), § 2206 Rn. 9; FAKommErbrecht/*Rott*, 2. A. (2008), § 2206 Rn. 11; Erman/*M. Schmidt*, 15. A. (2017), § 2206 Rn. 4.

112 *Muscheler*, Die Haftungsordnung der Testamentsvollstreckung, Habil. (1994), S. 33.

113 Siehe *Muscheler*, Die Haftungsordnung der Testamentsvollstreckung, Habil. (1994), S. 33.

§ 2205 und § 2209 BGB. § 2211 Abs. 1 BGB stellt in Ergänzung von § 2205 BGB und als Ausnahme von § 137 BGB klar, dass der Testamentsvollstrecker nicht nur die alleinige Verwaltung, sondern im Regelfall auch das ausschließliche Verfügungsrecht über die Nachlassgegenstände hat,[114] und ist damit Ausdruck des im Recht des Testamentsvollstreckers geltenden Verdrängungsprinzips[115]. Mit der Zuweisung von Rechtsmacht an den Testamentsvollstrecker korreliert ein Entzug der Verfügungsmacht des Erben. § 2211 Abs. 1 BGB ist kein gesetzliches Veräußerungsverbot im Sinne des § 135 BGB.[116]

Mit dem Entzug der Verfügungsbefugnis des Erben soll die Effektivität der Testamentsvollstreckung gewahrt und das selbstständige Verwaltungsrecht des Testamentsvollstreckers nach § 2209 geschützt werden.[117] Es wäre kontraproduktiv, wenn der Erbe parallel zum Testamentsvollstrecker über Nachlassgegenstände verfügen und damit die Verfügungsmacht des Testamentsvollstreckers sowie die Erledigung seiner Verwaltungsaufgaben vereiteln oder zumindest erschweren könnte.[118]

Die Verdrängungswirkung resultiert aus der Ernennung des Testamentsvollstreckers durch letztwillige Verfügung des Erblassers (§ 2197 Abs. 1 BGB). Ihr Entstehungsgrund ist damit rechtsgeschäftlicher Natur, auch wenn die Wirkungen kraft Gesetzes eintreten.

Eine Verfügung, die der Erbe trotz bestehender Beschränkung vornimmt, ist nicht nur gegenüber dem Testamentsvollstrecker, sondern gegenüber jedermann schwebend unwirksam.[119] § 2211 Abs. 1 BGB erfasst den gesamten Nachlass, soweit er der Verwaltung des Testamentsvollstreckers unterliegt. Die Verfügungsbeschränkung des § 2211 Abs. 1 BGB ist ein Fall einer Fremdbeschränkung.[120] Diese ist möglich, wenn bei einem Sukzessionsvorgang zwar das

---

114 Palandt/*Weidlich*, BGB, 78. A. (2019), § 2211 Rn. 1 m.w.N.; siehe im Falle einer Beschränkung der Verfügungsmacht des Testamentsvollstreckers unter Kapitel 4.

115 Siehe zu den Prinzipien der Testamentsvollstreckung Kapitel 1.

116 *RGZ* 87, 433; *BGHZ* 56, 275; Palandt/*Weidlich*, BGB, 78. A. (2019), § 2211 Rn. 1.

117 *Muscheler*, Die Haftungsordnung der Testamentsvollstreckung, Habil. (1994), S. 33.

118 Motive, V, S. 233 und Protokolle, V, S. 286.

119 RGZ 87, 433; Staudinger/*Kohler*, BGB (Bearb. 2011), § 135 Rn. 59; MüKoBGB/*Zimmermann*, 77. A. (2017), § 2211 Rn. 2; Staudinger/*Reimann*, BGB (Bearb. 2016), § 2211, Rn. 2; Palandt/*Weidlich*, BGB, 78. A. (2019), § 2211 Rn. 2.

120 Selbstbeschränkungen gelten wegen des damit verbundenen Freiheitsverlustes als problematischer als Fremdbeschränkungen, wenn dem Erwerber einer abgeleiteten Rechtsposition mit dem Recht nicht auch die (volle) Verfügungskompetenz gegeben wird. Siehe hierzu und zur Unterscheidung von Selbst- und Fremdbeschränkungen: *Berger*, Rechtsgeschäftliche Verfügungsbeschränkungen, Habil. (1997), S. 19.

Recht, nicht aber die volle Verfügungsmacht hierüber zugewendet und abgeleitet wird.[121] Dies ist bei der Testamentsvollstreckung der Fall.[122] Die Ernennung eines Testamentsvollstreckers durchbricht den Grundsatz, dass Rechtsinhaberschaft und Rechtsmacht bzw. rechtliche Zuständigkeit zusammenfallen, und trennt die Einheit von Recht und rechtlicher Zuständigkeit.[123]

Verwaltungshandlungen des Erben rein tatsächlicher Art fallen nach herrschender Meinung[124] nicht unter § 2211 Abs. 1 BGB. Innerhalb der herrschenden Meinung wird allerdings vorgeschlagen, dass dem Testamentsvollstrecker aufgrund seines allgemeinen Verwaltungsrechts (§ 2205 BGB) ein Verhinderungsrecht zusteht.[125] *Reimann*[126] tritt dieser herrschenden Meinung entgegen. Nach seiner Ansicht erfasst § 2211 Abs. 1 BGB auch Verwaltungsmaßnahmen tatsächlicher Art. § 2211 Abs. 1 BGB wäre damit Ausdruck des Verdrängungsprinzips der Testamentsvollstreckung, welches besagt, dass der Erbe, obwohl Rechtsinhaber, überall dort nicht handeln kann, wo der Testamentsvollstrecker Verwaltungsmacht besitzt,[127] auch nicht durch rein tatsächliche Maßnahmen, denn auch solche Maßnahmen gehören zum allgemeinen Verwaltungsrecht des Testamentsvollstreckers.[128]

Nach § 2211 Abs. 1 BGB ist die Verdrängungswirkung an zwei Tatbestandsmerkmale geknüpft. Erstens muss es sich um einen Nachlassgegenstand handeln. Zweitens muss dieser Nachlassgegenstand der Verwaltung des Testamentsvollstreckers unterliegen.

121 *Berger*, Rechtsgeschäftliche Verfügungsbeschränkungen, Habil. (1997), S. 19, m.w.N.

122 *Berger*, Rechtsgeschäftliche Verfügungsbeschränkungen, Habil. (1997), S. 19.

123 *Medicus/Petersen*, Bürgerliches Recht, 26. A. (2017), Rn. 24; *Berger*, Rechtsgeschäftliche Verfügungsbeschränkungen, Habil. (1997), S. 79.

124 Planck/*Flad*, § 2211 Anm. 2; MüKoBGB/*Zimmermann*, 7. A. (2017), § 2211 Rn. 4; Palandt/*Weidlich*, BGB, 78. A. (2019), § 2211 Rn. 3; NK/*Kroiß*, BGB, 5. A. (2018), § 2211 Rn. 2; *Winkler*, Der Testamentsvollstrecker, 22. A. (2016), Rn. 231; Soergel/*Damrau*, BGB, 13. A. (2002), BeckOK-BGB/*Lange*, 49. Ed. 01.02.2019, § 2211 Rn. 9; so in der 40. Ed. bereits auch *J. Mayer*.

125 So beispielsweise Bamberger/Roth/*J. Mayer*, BGB, 3. A. (2012), § 2211 BGB Rn. 9; BeckOK-BGB/*Lange*, 49. Ed. 01.02.2019, § 2211 Rn. 9 MüKoBGB/*Zimmermann*, § 2211 Rn. 4.

126 Staudinger/*Reimann*, BGB (Bearb. 2016), § 2211 Rn. 15.

127 *Muscheler*, Erbrecht (2010), Bd. II, Rn. 2715.

128 Siehe nur *Mugdan*, Motive, V, S. 122.

Ein Nachlassgegenstand ist ein einzelner Bestandteil der Gesamtheit des Erblasservermögens[129]. Hierzu zählen sämtliche Aktiva und Passiva unter Beachtung der Grundsätze der Surrogation.[130]

Das Tatbestandsmerkmal „der Verwaltung des Testamentsvollstreckers unterliegenden“[131] wird auch bei § 2214 BGB verwendet. Das BGB stellt in beiden Fällen auf das allgemeine Verwaltungsrecht des Testamentsvollstreckers ab. Das allgemeine Verwaltungsrecht (§ 2205 S. 1 BGB) erfasst sämtliche Bestandteile der Rechtsmacht des Testamentsvollstreckers. Hierzu zählen die tatsächliche Rechtsmacht, insbesondere die reinen Verwaltungsmaßnahmen (§ 2205 S. 1 BGB), die Verfügungsmacht (§ 2205 S. 2 BGB) und die Verpflichtungsmacht (§§ 2206, 2207 BGB).[132] Damit unterliegt ein Nachlassgegenstand der Verwaltung des Testamentsvollstreckers und der Erbe ist aus seiner Verfügungsmacht verdrängt, wenn der Erblasser dem Testamentsvollstrecker mindestens eines der vorgenannten Rechte zugewiesen hat. Das Verdrängungsprinzip gilt unabhängig davon, ob und in welchem Umfang der Testamentsvollstrecker befugt ist, über die Nachlassgegenstände zu verfügen. Der Umfang des Verwaltungsrechts nach § 2205 BGB ist damit nicht zwingend ein Spiegelbild der Verdrängung des Erben nach § 2211 Abs. 1 BGB.

§ 3 Die Abschirmwirkung des § 2214 BGB

Gemäß § 2214 BGB können die Gläubiger des Erben, die nicht zu den Nachlassgläubigern gehören, sich nicht an die der Verwaltung des Testamentsvollstreckers unterliegenden Nachlassgegenstände halten. Eine § 2214 BGB zuwiderlaufende Zwangsvollstreckung ist unzulässig. § 2214 BGB wurde von der Zweiten BGB-Kommission aufgenommen[133] und beruht auf der Erwägung, dass der Testamentsvollstrecker seine Aufgabe nicht ungestört erfüllen könnte, wenn er jeden Augenblick genötigt wäre, den Eigengläubigern des Erben den

---

129 Zur Gesamtheit des Übergangsobjekts siehe *Muscheler*, Universalsukzession und Vonselbsterwerb, 2002, S. 5 ff.

130 Siehe nur Palandt/*Weidlich*, BGB, 78. A. (2019), Einl. v. § 1922 Rn. 1 und § 1922 Rn. 7.

131 § 1901 Entwurf I lautete demgegenüber noch: *„Der Erbe kann über einen zum Nachlasse gehörenden Gegenstand, so lange in Ansehung des letzteren das Amt des Testamentsvollstreckers besteht, nicht wirksam verfügen“*. Anknüpfungspunkt war demnach das Amt des Testamentsvollstreckers. Erst § 2081 Entwurf II entspricht § 2211 Abs. 1 BGB.

132 Siehe Kapitel 2 § 1.

133 Siehe § 2083 Abs. 3 der BGB-II-Entwürfe.

Bestand des Nachlasses klarzulegen und eine Wahrscheinlichkeitsrechnung darüber zu erstellen, ob nach der Deckung der Nachlassverbindlichkeiten für den Erben und dessen Gläubiger noch ein Rest bleiben werde.[134] Das Regelungsziel des § 2214 BGB ist damit die Stärkung der Rechtsstellung des Testamentsvollstreckers. Das Verwaltungsrecht des Testamentsvollstreckers[135] soll geschützt werden.[136] Der Testamentsvollstrecker soll bei der Ausübung seines Amtes vor den Eigengläubigern des Erben abgeschirmt sein.

Über diesen Normzweck der ungestörten Aufgabenerfüllung des Testamentsvollstreckers hinaus wird der Nachlass in seinem Bestand vor den Eigengläubigern des Erben geschützt. Damit werden mittelbar auch die Nachlassgläubiger vor den Privatgläubigern des Erben abgeschirmt. Diese hätten ohne Testamentsvollstreckung unbeschränkten Zugriff auf den Nachlass. Eine Bevorzugung der Nachlassgläubiger ist nach dem Zweck der Norm nicht gewollt.[137] Der mittelbare Vorteil der Nachlassgläubiger erweist sich vielmehr als bloßer Reflex des primären Ziels des Gesetzgebers[138] und, bei der Dauertestamentsvollstreckung, als Konsequenz des § 2209 BGB[139]. Der durch § 2214 BGB eintretende Schutz des Nachlasses vor den Eigengläubigern des Erben ist daher folgerichtig ebenfalls als bloßer Reflex anzusehen.

In der Kautelarjurisprudenz ist zu beobachten, dass der mit der mittelbaren Besserstellung der Nachlassgläubiger einhergehende Nachlassschutz zunehmend zum Hauptziel des Gesetzesanwenders erklärt wird.[140] Die Testamentsvollstreckung erlangt dort vor allem bei „Problemerben" Bedeutung. Problemerben sind Erbanwärter, die in Vermögensverfall geraten sind oder

---

134 *Mugdan*, Protokolle, V, S. 675; MüKoBGB/*Zimmermann*, 7. A. (2017), § 2014 Rn. 1; Staudinger/*Reimann*, BGB (Bearb. 2016), § 2014 Rn. 1; *Muscheler*, Erbrecht (2010), Bd. II, Rn. 2717; *RG*, LZ 1916, 1473; *BGHZ* 48, 214 (219); *BGH*, NJW 2006, 2698 (2699).

135 Sowohl das selbstständige des Verwaltungsvollstreckers als auch das „unselbstständige" des § 2205 BGB des Abwicklungsvollstreckers.

136 *Muscheler*, Die Haftungsordnung der Testamentsvollstreckung, Habil. (1994), S. 33, mit umfangreicher Darstellung der historischen Entwicklung.

137 *Muscheler*, Erbrecht (2010), Bd. II, Rn. 2717 f.

138 *Muscheler*, Erbrecht (2010), Bd. II, Rn. 2717.

139 *Muscheler*, Die Haftungsordnung der Testamentsvollstreckung, Habil. (1994), S. 33.

140 Man betrachte nur die Empfehlungen zur Gestaltung von Verfügungen von Todes wegen bei behinderten oder überschuldeten Abkömmlingen. Statt vieler: Reimann/Bengel/J. Mayer/*Bengel*/*Dietz*, Testament und Erbvertrag, Teil I Syst. A. Rn. 752 ff., oder die Gestaltungen im Rahmen von „Asset Protection", vgl. nur Nieder/Kössinger/*R. Kössinger*, Rn. 63 ff.

geraten könnten,[141] wenn Vollstreckungsmaßnahmen wegen eines Zugewinnausgleichs aus Anlass einer Ehescheidung zu befürchten sind.[142] Von besonderer Bedeutung ist die Ernennung eines Testamentsvollstreckers beim sogenannten Behindertentestament.[143]

Die Tatbestandsmerkmale des § 2214 BGB „Nachlassgegenstand“ und „der Verwaltung des Testamentsvolltreckers unterliegenden“ sind genauso zu verstehen wie bei § 2211 Abs. 1 BGB.[144] Das Gesetz stellt hier wie dort auf das allgemeine Verwaltungsrecht des Testamentsvollstreckers ab (§ 2205 BGB). Dieses erfasst sämtliche Bestandteile der Rechtsmacht des Testamentsvollstreckers.[145] Das heißt, die Abschirmwirkung des § 2214 BGB greift auch dann, wenn der Testamentsvollstrecker zwar ein Verwaltungsrecht, aber kein Verfügungsrecht hat. Die Lage entspricht der Verdrängung des Erben aus seiner Verfügungsmacht nach § 2211 Abs. 1 BGB. Ein Zugriff der Gläubiger des Erben ist nur dann möglich, wenn der Nachlassgegenstand nicht dem Verwaltungsrecht des Testamentsvollstreckers unterliegt (z.B. bei § 2217 Abs. 1 BGB).

§ 4 Die Surrogation

Der Nachlass ist keine starre Vermögensmasse. Er kann sich verändern.[146] Er verändert sich insbesondere und regelmäßig im Fall der auf Dauer angelegten Verwaltungsvollstreckung gemäß § 2209 BGB. Uneinheitlich wird die Frage beantwortet, wie sich diese Veränderungen auf den Nachlass und damit auf das Verwaltungsobjekt des Testamentsvollstreckers auswirken. Unter dem Schlagwort „Surrogation“ werden verschiedene Herangehensweisen und Meinungen vertreten.

Nach der herrschenden Meinung tritt im Rahmen der Testamentsvollstreckung analog § 2041 BGB eine dingliche Surrogation ein.[147] Wie bei der

---

141 Tanck/Krug/*Uricher*, Testamente, 5. A. (2015), § 21.

142 Staudinger/*Reimann*, BGB (Bearb. 2016), § 2214 Rn. 9.

143 Reimann/Bengel/J. Mayer/*Bengel/Dietz*, Testament und Erbvertrag, 6. A. (2015), Teil I Syst. A. Rn. 752 ff; *Ruby/Schindler*, Das Behindertentestament, 3. A. (2018), § 3 Rn. 16 f.

144 Siehe Kapitel 2 § 2.

145 Siehe Kapitel 2 § 1.

146 Hierzu *Muscheler*, Die Haftungsordnung der Testamentsvollstreckung, Habil. (1994), S. 265; *Reimann*, ZEV, 2010, 8.

147 *RGZ* 138, 134; *BGH*, MDR 1958, 670; *BGH*, FamRZ 2003, 92 (93); *OLG Hamm*, ZEV 2001, 175; *BayObLG*, DNotZ 1993, 399 (401); Staudinger/*Reimann*, BGB (Bearb. 2016), § 2205 Rn. 40; *Bengel*/Reimann, HbTV, 6. A. (2017) § 1, Rn. 79; Palandt/*Weidlich*, BGB, 78. A. (2019), § 2205 Rn. 5; MüKoBGB/*Zimmermann*, 7. A. (2017),

Erbengemeinschaft unterliege auch dem Verwaltungsrecht des Testamentsvollstreckers, was dieser aufgrund eines zum Nachlass gehörenden Rechts oder als Ersatz für die Zerstörung, Beschädigung oder Entziehung eines Nachlassgegenstands oder durch ein Rechtsgeschäft erwirbt, das sich auf den Nachlass bezieht.[148] Diese dingliche Surrogationswirkung soll sowohl bei der Abwicklungs- als auch bei der Verwaltungsvollstreckung gelten.[149]

Muscheler hat hingegen dargelegt, dass es bei der Testamentsvollstreckung in Wirklichkeit um zwei verschiedene Rechtserscheinungen[150] der Surrogation geht.[151] Er hat hierfür die Begriffe der „Kompetenzsurrogation" und der „materiellen Surrogation" entwickelt.[152] Bei der *Kompetenzsurrogation* geht es um die Frage, ob das, was der Testamentsvollstrecker an Sachen und Rechten während seiner Verwaltung erwirbt, erneut seiner, den Erben ausschließenden, Verwaltungskompetenz unterliegt.[153] Bei der *materiellen Surrogation* geht es darum, ob ein Erwerb, der ohne Surrogationsvorschrift dem Testamentsvollstrecker persönlich anfallen würde, unmittelbar, also ohne Durchgangserwerb, und ohne Rücksicht auf den Willen der am Rechtsgeschäft Beteiligten materiell dem Nachlass zuzurechnen ist.[154] Für eine materielle Surrogation besteht zwar grundsätzlich ein Bedürfnis, sie ist jedoch unzulässig und nicht erforderlich, wenn der Testamentsvollstrecker unter Offenlegung seines Amtes tätig wird.[155]

Muschelers Argumentation ist zuzustimmen. Nur seine differenziertere Sichtweise wird der Struktur der Testamentsvollstreckung gerecht, denn diese ist dadurch gekennzeichnet, dass die materielle Berechtigung des Erben am Nachlass und die Handlungszuständigkeit bezüglich des Nachlasses auseinanderfallen. Die §§ 2197 ff. BGB selbst enthalten keine Regelung, die eine

§ 2205 Rn. 6. Umfangreiche Darstellung und weitere Nachweise bei *Muscheler*, Die Haftungsordnung der Testamentsvollstreckung, Habil. (1994), S. 257 ff. und *dems.* Erbrecht (2010), Bd. II, Rn. 2773 ff.

148 Siehe etwa *RGZ* 138, 132 (134); *BGH*, NJW 1991, 842.

149 Staudinger/*Reimann*, BGB (Bearb. 2016), § 2214 Rn. 41.

150 *Strauch*, Mehrheitlicher Rechtsersatz, S. 49; Schlegelberger/*Wengler*, Rvgl. Hwb. VI, Surrogation, S. 461.

151 Die Haftungsordnung der Testamentsvollstreckung, Habil. (1994), S. 257 ff.; Erbrecht (2010), Bd. II, Rn. 2773 ff.

152 Die Haftungsordnung der Testamentsvollstreckung, Habil. (1994), S. 257 ff.; Erbrecht (2010), Bd. II, Rn. 2773 ff.

153 *Muscheler*, Die Haftungsordnung der Testamentsvollstreckung, Habil. (1994), S. 257.

154 *Muscheler*, Die Haftungsordnung der Testamentsvollstreckung, Habil. (1994), S. 257.

155 Ausführlich *Muscheler*, Die Haftungsordnung der Testamentsvollstreckung, Habil. (1994), S. 262 ff.

Surrogation anordnet. Auch den erbrechtlichen Vorschriften des BGB kann kein einheitliches Surrogationsprinzip entnommen werden. Der Gesetzgeber hat sich darauf beschränkt, vier Surrogationstatbestände zu schaffen:

- § 2019 BGB (Nachlass in der Hand des Erbschaftsbesitzers)
- § 2041 BGB (Nachlass in der Hand der Erbengemeinschaft)
- § 2111 BGB (Nachlass unterliegt Vorerbschaft)
- § 2374 BGB (Nachlass bei Erbschaftskauf).

Die herrschende Meinung begründet ihre Surrogationsthese, wie gezeigt, mit einer analogen Anwendung von § 2041 BGB,[156] und zwar sowohl bei einer Mehrheit von Erben als auch bei einem Alleinerben.[157] Teilweise wird – ohne inhaltliche Auswirkungen – auch auf § 2111 BGB als Analogiebasis zurückgegriffen.[158]

Nach *Muscheler* ist dagegen § 1638 Abs. 2 BGB die zutreffende Analogiebasis für eine Surrogation in Form der Kompetenzsurrogation.[159] Nach § 1638 Abs. 1 BGB erstreckt sich die Vermögenssorge nicht auf das Vermögen, welches das Kind von Todes wegen erwirbt oder welches ihm unter Lebenden unentgeltlich zugewendet wird, wenn der Erblasser durch letztwillige Verfügung, der Zuwendende bei der Zuwendung bestimmt hat, dass die Eltern das Vermögen nicht verwalten sollen. Nach § 1638 Abs. 2 BGB gilt der Ausschluss des Verwaltungsrechts der gesetzlichen Vertreter auch für dasjenige, was das Kind aufgrund eines zu einem solchen Vermögen gehörenden Rechts oder als Ersatz für die Zerstörung, Beschädigung oder Entziehung eines zu dem Vermögen gehörenden Gegenstandes oder durch ein Rechtsgeschäft erwirbt, das sich auf das Vermögen bezieht. Hierbei handelt es um den Fall einer echten Kompetenzsurrogation.[160] Bereits deshalb ist § 1638 Abs. 2 BGB die geeignete

---

156 *RGZ* 138, 134; *BGH*, MDR 1958, 670; *BGH*, FamRZ 2003, 92 (93); *OLG Hamm*, ZEV 2001, 175; *BayObLG*, DNotZ 1993, 399 (401); Staudinger/*Reimann*, BGB (Bearb. 2016), § 2205 Rn. 40; *Bengel*/Reimann, HbTV, 6. A. (2017) § 1, Rn. 79; Palandt/*Weidlich*, BGB, 78. A. (2019), § 2205 Rn. 5; MüKoBGB/*Zimmermann*, 7. A. (2017), § 2205 Rn. 6.

157 Hierzu ausführlich *Muscheler*, Die Haftungsordnung der Testamentsvollstreckung, Habil. (1994), S. 257 ff. sowie *ders.*, Erbrecht (2010), Bd. II, Rn. 2773 ff.

158 *Lange*/*Kuchinke*, Erbrecht, 5. A. (2001), § 41 VI 3; *Hartmann*, RNotZ 2008, 150 (153).

159 *Muscheler*, Die Haftungsordnung der Testamentsvollstreckung, Habil. (1994), S. 258 ff., sowie *ders.*, Erbrecht (2010), Bd. II, Rn. 2774 ff.; jeweils mit einer ausführlichen Darstellung des Meinungsstreits.

160 *Muscheler*, Die Haftungsordnung der Testamentsvollstreckung, Habil. (1994), S. 259 sowie *ders.*, Erbrecht (2010), Bd. II, Rn. 2778.

Analogiebasis. Zudem bietet sie den Vorteil, dass der Erblasser den Umfang der Kompetenzsurrogation im Falle einer Ernennung eines Testamentsvollstreckers frei bestimmen kann.[161]

Für diese Untersuchung ist weiter entscheidend, *wann* eine Surrogationswirkung überhaupt eintreten kann. Die Antwort ergibt sich aus § 2211 Abs. 1 und § 2214 BGB. Die beiden Vorschriften zeigen, dass die Wirkungen der Testamentsvollstreckung nur dann eintreten, wenn der Nachlassgegenstand bzw. die Nachlassgegenstände der Verwaltung des Testamentsvollstreckers unterliegen. Daher kann auch eine Surrogationswirkung überhaupt nur dann eintreten, wenn das Verwaltungsrecht des Testamentsvollstreckers im Surrogationszeitpunkt bestanden hat.[162]

§ 5 Entstehung von Sondervermögen

I. Allgemeines

Der Begriff „Sondervermögen" ist im Recht des Testamentsvollstreckers prominent. Regelmäßig wird er im Kontext der Verfügungsbeschränkung des Erben und der Abschirmwirkung der Testamentsvollstreckung (§ 2214 BGB) verwendet.[163] Gekürzt lautet die gängige Formel: Der Nachlass bildet bei angeordneter Testamentsvollstreckung ein Sondervermögen, da der Erbe in seiner Verfügungsbefugnis beschränkt ist; die Wirkung des § 2214 BGB bildet insoweit die Kehrseite des § 2211 Abs. 1 BGB.[164] Die Aussage ist für sich betrachtet korrekt. Es stellt sich allerdings die Frage, wie das Sondervermögen konkret entsteht und ob die Entstehung des Sondervermögens in den Kontext der Fremdverwaltung insgesamt zu stellen ist. Oder muss man die Entstehung des Sondervermögens auf den Fall einer unbeschränkten Verfügungsbefugnis

---

161 *Muscheler*, Die Haftungsordnung der Testamentsvollstreckung, Habil. (1994), S. 260 f. sowie *ders.*, Erbrecht (2010), Bd. II, Rn. 2781 ff., mit dem Hinweis, dass die Surrogation nach § 2041 BGB demgegenüber zwingend wirken würde.

162 *Muscheler*, Die Haftungsordnung der Testamentsvollstreckung, Habil. (1994), S. 264 m.w.N.

163 Staudinger/*Reimann*, BGB (Bearb. 2016), § 2214 Rn. 1; MüKoBGB/*Zimmermann*, 7. A. (2017), § 2214 Rn. 1 und § 2211 Rn. 2; Palandt/*Weidlich*, BGB, 78. A. (2019); BeckOK-BGB/*Lange*, 49. Ed. 01.02.2019, § 2214 Rn. 1; aus der Rspr. Vgl. nur *BGHZ* 174, 346; *BGH*, ZEV 2012, 103; *OLG Köln*, NZI 2005, 268.

164 Vgl. etwa BeckOGK-BGB/*Grotheer*, Stand 01.06.2020, § 2197 Rn. 55 f.; MüKoBGB/*Zimmermann*, 7. A. (2017); § 2205 Rn. 1, Bengel/Reimann/*Klumpp*, HbTV, 6. A. (2017), § 3 Rn. 2.

des Testamentsvollstreckers reduzieren? Ließe man die Entstehung des Sondervermögens jedoch nur dann zu, wenn der Testamentsvollstrecker in seiner Verfügungsbefugnis unbeschränkt ist (§ 2208 BGB)[165], würde dies womöglich die ungestörte Aufgabenerfüllung des Testamentsvollstreckers und damit die Effektivität der Testamentsvollstreckung gefährden. Letztlich wäre der Nachlass in Zeiten der (verfügungs-) beschränkten Testamentsvollstreckung ohne den durch die §§ 2211 Abs. 1, 2214 BGB vermittelten Schutz.

Das BGB verwendet den Begriff des Sondervermögens nicht. Es sind vielmehr Rechtsanwender, die ihn in verschiedenen Zusammenhängen nutzen.[166] So beispielsweise im Fall von Nachlassverwaltung und Nachlassinsolvenz (§ 1975 BGB), bei der Einsetzung eines Nacherben (§ 2100 BGB), im Fall des gemeinschaftlichen Vermögens mehrerer Erben (§ 2032 Abs. 1 BGB), beim Sondergut und Vorbehaltsgut im Rahmen der Gütergemeinschaft (§§ 1416 ff. BGB), beim nicht der elterlichen Sorge unterliegenden Kindesvermögen (§§ 1638, 1909 BGB) und bei der Insolvenzmasse (§§ 80 ff. InsO).

Hinsichtlich der Frage, was genau unter dem Sondervermögen zu verstehen ist, besteht ein Theoriedefizit.[167] Bereits 1907 stellte *Martin* fest: „Seit langem pflegt man in der Wissenschaft gewisse typische Rechtserscheinungen, die sich der juristischen Begriffswelt nicht völlig einfügen lassen, durch die Annahme eines ‚Sondervermögens' gewissermaßen zu entschuldigen".[168]

Legt man den allgemeinen Sprachgebrauch von „Sonder…" als Erstglied eines Substantivs zugrunde, dann liegt das Verständnis nahe, dass es sich beim „Sondervermögen" um ein gesondertes, das heißt getrenntes Vermögen handelt. Das Merkmal der Trennung steht dann im Vordergrund. Dieses Verständnis ist auch der rechtliche Anknüpfungspunkt in dieser Untersuchung.

Fest steht, dass der Nachlass per se noch kein Sondervermögen ist. Nach § 1922 Abs. 1 BGB geht die Erbschaft „als Ganzes" auf den Erben über und zwar unabhängig von der Anzahl der Erben. Gibt es nur einen Erben, so verschmilzt der Nachlass grundsätzlich mit dem bisherigen Vermögen, dem Eigenvermögen[169], des Erben zu einem Gesamtvermögen (*confusio*

---

165 Siehe hierzu Kapitel 4.

166 *Martin*, AcP 102 (1907), 444 ff.; *Dauner-Lieb*, Unternehmen in Sondervermögen, Habil. (1998), S. 37.

167 Siehe hierzu *Dauner-Lieb*, Unternehmen in Sondervermögen, Habil. (1998), S. 38; *Martin*, AcP 102 (1907), 444.

168 AcP 102 (1907), 444.

169 Siehe *Muscheler*, Die Haftungsordnung der Testamentsvollstreckung, Habil. (1994), S. 6.

bonorum[170]). Diese rechtliche Wirkung tritt von Gesetzes wegen ein, ohne dass der Erbe hierauf Einfluss nehmen kann. Der Erbe kann daher eine Vermögenssonderung nicht dadurch herbeiführen, dass er sein Eigenvermögen[171] getrennt vom Nachlass aufbewahrt und verwaltet.

II. Systematisierende Ansätze in der Literatur

Zum Begriff des Sondervermögens haben vor allem *J. Schröder*, *Coing*, *Larenz* und *Dauner-Lieb* Stellung genommen.

Nach der Auffassung von *J. Schröder* liegt ein Sondervermögen vor, wenn ein Inbegriff von Rechten und Pflichten so behandelt wird, als sei er seinem Träger als einem besonderen Rechtssubjekt zugeordnet.[172] Das Rechtssubjekt sei Träger des Hauptvermögens und separat Träger des Sondervermögens. *J. Schröder* geht sogar so weit, dass aufgrund der „zweifachen Subjektrolle" selbstständige Rechtsbeziehungen zwischen dem Haupt- und dem Sondervermögen bestehen können. Man könne daher zwischen dem Rechtssubjekt als Rechtsträger des Hauptvermögens und dem Rechtssubjekt als Rechtsträger des Sondervermögens unterscheiden, wenngleich es sich um ein und dieselbe Person handelt.[173]

Coing fokussiert sich auf den Bereich der Treuhand und stellt darauf ab, dass ein Teil der Rechte einer Person an bestimmte „Sonderzwecke" geknüpft wird, an die der Rechtsträger gebunden ist. Die Person könne mit dem ihm anvertrauten Recht nur im Interesse der festgelegten Zwecke verfahren, ohne dass es formell zu einer Änderung der Rechtsträgerschaft komme.[174] *Coing* setzt sich damit von der „zweifachen Subjektrolle" *J. Schröders* ab und konzentriert sich auf den Zweck eines Vermögens. Dieser „Sonderzweck" soll das Vermögen zu einem „Sondervermögen" machen. Bei dieser Sichtweise bleibt der rechtliche Charakter des Vermögens unberührt. Auch wenn das Vermögen das Etikett „Sondervermögen" bekommt, bleibt es im Gesamtvermögen des Rechtsträgers. Dieser darf das Sondervermögen jedoch nur für bestimmte Zwecke, das heißt unter Auflagen, verwenden. Die Rechtsmacht wird durch diese inhaltlichen Bestimmungen zunächst nicht berührt. Auch eine Vermögenstrennung ist mit der Zweckbestimmung noch nicht verbunden. Erst wenn der Rechtsinhaber

---

170 Siehe hierzu *Muscheler*, Universalsukzession und Vonselbsterwerb, 2002, S. 47.

171 Siehe *Muscheler*, Die Haftungsordnung der Testamentsvollstreckung, Habil. (1994), S. 6.

172 JZ 1978, 379 (379 ff.).

173 JZ 1978, 379 (379 ff.).

174 *Coing*, Die Treuhand kraft privaten Rechtsgeschäfts, S. 58 ff.

zur Verfolgung der (Sonder-)Zwecke in der Rechtsmacht eingeschränkt ist, entsteht ein Sondervermögen.

Larenz nähert sich dem Begriff des Sondervermögens in einem ersten Schritt über die Anzahl der Zurechnungssubjekte an. Aus seiner Sicht ist zu unterscheiden zwischen solchen Sondervermögen, die einer Person, und solchen, die mehreren Personen zugeordnet sind (Gesamthandsvermögen).[175] In einem zweiten Schritt unterteilt er nach der Funktion des Sondervermögens.[176] Hierbei unterscheidet *Larenz* drei Fallgruppen: Zur ersten Gruppe gehört das Vermögen, das ausschließlich zur Befriedigung von Gläubigern reserviert ist.[177] In der zweiten Gruppe soll ein Vermögen seine „Sonderung“ dadurch erfahren, dass es für einen bestimmten Zweck verwendet oder erhalten wird.[178] Hierzu zählt *Larenz* ausdrücklich die Testamentsvollstreckung und die Einsetzung eines Nacherben.[179] Zur dritten Gruppe gehört die Vermögenssonderung aufgrund familienrechtlicher Normen. *Larenz* setzt sich damit ebenfalls von der „zweifachen Subjektrolle“ *J. Schröders* ab und stellt den Zweck eines Vermögens in den Mittelpunkt seiner Betrachtung. Dieser Systematisierungsansatz liefert allerdings keine rechtliche Erklärung dafür, warum Sondervermögen entstehen. *Larenz* setzt das jeweilige Sondervermögen vielmehr als bestehend voraus und bildet darauf aufbauend Fallgruppen.

Die Ansicht von *Dauner-Lieb*[180] basiert ebenfalls auf dem Ansatz der Zweckbindung. Sie nimmt an, dass Einigkeit darüber bestehe, dass alle Formen der Vermögenssonderung die Funktion haben, bestimmte Teile des Vermögens eines Rechtsträgers für einen Zweck dienstbar zu machen, der über seine rein persönlichen und „egoistischen“ Interessen hinausgeht.[181] Es handele sich deshalb um einen fremdbestimmten Zweck.

III. Sondervermögen bei angeordneter Testamentsvollstreckung

Bei einem Vermögen handelt es sich um die Gesamtheit aller Rechte eines Rechtssubjekts. Geht man von dieser Annahme aus, dann entsteht ein gesondertes Vermögen, wenn es entweder hinsichtlich der unmittelbaren

---

175 *Larenz*, Allgemeiner Teil, 10. A. (2012), § 17 III a, Rn. 310 ff.
176 *Larenz*, Allgemeiner Teil, 10. A. (2012), § 17 III a, Rn. 310 ff.
177 *Larenz*, Allgemeiner Teil, 10. A. (2012), § 17 III a, Rn. 310 ff.
178 *Larenz*, Allgemeiner Teil, 10. A. (2012), § 17 III a, Rn. 310 ff.
179 *Larenz*, Allgemeiner Teil, 10. A. (2012), § 17 III a, Rn. 311.
180 *Dauner-Lieb*, Unternehmen in Sondervermögen, Habil. (1998), S. 37 ff.
181 *Dauner-Lieb*, Unternehmen in Sondervermögen, Habil. (1998), S. 41 ff. und 46.

Rechtsträgerschaft (Rechtsträgersonderung) oder hinsichtlich der Ausübung der Rechtsmacht (Ausübungssonderung) vom gesetzlichen Regelbild abweicht. Sondervermögen entsteht jedenfalls nicht, weil der Rechtsträger oder ein Dritter Vermögen als „Sondervermögen" bezeichnet. Sondervermögen kann nur kraft gesetzlicher Anordnung innerhalb eines bestimmten normativen Systems entstehen. Eine systemübergreifende Sonderung von Rechten (Rechtssonderung) kennt das Gesetz nicht.

Durch die Ernennung des Testamentsvollstreckers wird der Erbe in seiner Rechtsausübung eingeschränkt, er bleibt aber Rechtsinhaber. Für die Frage der Nachlasssonderung im Bereich der Testamentsvollstreckung bedeutet dies: Die Vermögenssonderung ist eine Rechts*ausübungs*sonderung und keine Rechts*trägers*onderung. Da die Ausübung der Rechtmacht durch den Testamentsvollstrecker im Rahmen seiner Verwaltung erfolgt, erscheint der Begriff der *Verwaltungssonderung* griffiger.

Die Verwaltungssonderung lässt sich mit Blick auf die einzelnen rechtstechnischen Mittel der Rechtsmacht[182] weiter untergliedern. Die Verwaltungssonderung kommt in Betracht hinsichtlich

- der Verfügungsmacht,
- der Verpflichtungsmacht sowie
- der realen Verwaltungsmaßnahmen.

Rechtsprechung und Literatur differenzieren jedoch insoweit nicht, sondern nehmen eine pauschale Absonderung des Nachlasses vom Privatvermögen des Erben an.[183] Eine Konkretisierung erfährt der Begriff des Sondervermögens im Bereich der Testamentsvollstreckung nur, wenn er in den Kontext der materiellen Berechtigung und der Rechtsmacht gesetzt wird.

Der Begriff der Vermögenssonderung im Bereich der Testamentsvollstreckung ist nach der hier vertretenen Ansicht im Ergebnis dadurch gekennzeichnet, dass es zu einer Sonderung der Ausübung der Rechtsmacht (*Verwaltungssonderung*) kommt. Die Verwaltungssonderung kann grundsätzlich weiter unterschieden werden in die *Verfügungssonderung*, die *Verpflichtungssonderung* und in die *Verwaltungssonderung im engeren Sinne* (betreffend Realakte und reine Verwaltungsmaßnahmen). Zu einer unmittelbaren Haftungssonderung

182 Siehe hierzu oben Kapitel 2 § 1.

183 *BGHZ* 48, 214 (219); *BGH*, NJW 1983, 2247 (2249); Bengel/Reimann/Dietz, HbTV, 6. A. (2017), § 1 Rn. 3; MüKoBGB/*Zimmermann*, 7. A. (2017), Vorbem. § 2197 Rn. 2; Nieder/*R. Kössinger*, Testamentsgestaltung, 5. A. (2015), 2. Teil. § 15 Rn. 77; BeckOK-BGB/*Lange*, 49. Ed. 01.02.2019, § 2197 Rn. 2.

kommt es hingegen nicht. Insbesondere bewirkt die Testamentsvollstreckung als solche keine automatische Haftungsbeschränkung zugunsten des Erben.[184]

Die Vermögenssonderung ist eines der wesentlichen Merkmale einer jeden Testamentsvollstreckung. Ohne sie kann es keine Testamentsvollstreckung geben. Die Verdrängungswirkung nach § 2211 Abs. 1 BGB und die Abschirmwirkung nach § 2214 BGB folgen diesem Prinzip bzw. sind dessen konsequente Umsetzung und setzen diese daher voraus. Es kann somit festgehalten werden, dass das erbrechtliche Sondervermögen aufgrund einer Testamentsvollstreckung immer dann entsteht, wenn der Testamentsvollstrecker mit rechtstechnischen Mitteln für den Nachlass tätig wird. Dies ist wiederum nur möglich, wenn die der Verwaltung unterliegenden Nachlassgegenstände sich nicht mit dem Vermögen des Erben vermischen. Das Eigenvermögen[185] und die der Verwaltung des Testamentsvollstreckers unterliegenden Nachlassgegenstände sind strukturell getrennt.

§ 6 Beginn, Dauer und Ende der Wirkungen der Testamentsvollstreckung

I. Beginn

Hinsichtlich der Frage, ab wann die Wirkungen der Testamentsvollstreckung eintreten, sind zwei Zeitpunkte denkbar. Der frühestmögliche Zeitpunkt ist der Erbfall. Ein späterer Zeitpunkt ist die Annahme des Amtes durch den Testamentsvollstrecker. Das Amt des Testamentsvollstreckers beginnt nicht automatisch mit dem Erbfall (vgl. § 2202 BGB). Nach dem Gesetz steht dem Testamentsvollstrecker seine Rechtsmacht erst ab der Annahme des Amtes zu (§ 2202 BGB).[186] Das Prinzip des Vonselbsterwerbs gilt nicht.[187] Damit erzeugt die Annahme des Amtes die Rechtsmacht des konkreten Testamentsvollstreckers aus einer bis dahin „verhaltenen“[188] Rechtsposition.[189] Allerdings messen

184 Siehe hierzu *Muscheler*, Die Haftungsordnung der Testamentsvollstreckung, Habil. (1993), S. 8, 10 f., 103 ff., sowie *ders.*, Erbrecht (2010), Bd. II, Rn. 2716.

185 Siehe *Muscheler*, Die Haftungsordnung der Testamentsvollstreckung, Habil. (1994), S. 6.

186 Siehe etwa BeckOK-BGB/*J. Mayer*, Edition 36, Stand 01.08.2015, § 2205 Rn. 3; BeckOK-BGB/*Lange*, 49. Ed. 01.02.2019, § 2205, Rn. 3; *Kroiß*/Ann/Mayer, BGB, 4. A. (2014), Erbrecht, § 2205 Rn. 7.

187 *Mugdan*, Motive, V, S. 116; *Muscheler*, Erbrecht (2010), Bd. II, Rn. 2734.

188 Vgl. *Muscheler*, Erbrecht (2010), Bd. II, Rn. 2697.

189 *Muscheler*, Erbrecht (2010), Bd. II, Rn. 2697.

die nunmehr vorherrschende Lehre[190] und Rechtsprechung[191] einer (unbedingten) Ernennung des Testamentsvollstreckers die Verdrängungswirkung (§ 2211 Abs. 1 BGB)[192], die Abschirmwirkung (§ 2214 BGB)[193] und die Surrogationswirkung (§ 1638 Abs. 2 bzw. § 2111 bzw. § 2041 BGB, jeweils analog)[194] bereits mit Eintritt des Erbfalls (*ipso iure* und *ipso morte*)[195] bei, ohne dass der Testamentsvollstrecker sein Amt bereits angenommen haben muss. Die Befürchtung, der Erbe könnte die Testamentsvollstreckung allzu leicht vereiteln, wenn er zwischen dem Erbfall und der Annahme des Amts des Testamentsvollstreckers bereits frei über den Nachlass verfügen könnte, ist nicht von der Hand zu weisen.

II. Dauer

Die Dauer der Testamentsvollstreckung insgesamt ist von der Dauer des konkreten Testamentsvollstreckeramtes zu unterscheiden. Für die Dauer der Wirkungen der Testamentsvollstreckung ist Erstere maßgebend. Die Dauer sowohl der Testamentsvollstreckung insgesamt als auch des konkreten Testamentsvollstreckeramtes richtet sich grundsätzlich nach den Anordnungen des Erblassers.[196] Das Gesetz sieht – abgesehen von § 2210 BGB – keine besonderen

---

190 *Muscheler*, Erbrecht (2010), Bd. II, Rn. 2715 und 2734; *Strohal*, Erbrecht, 3. A., Band 1 (1903); Palandt/*Weidlich*, BGB, 78. A. (2019), § 2211 Rn. 2; *Lange/Kuchinke*, Erbrecht, 5. A. (2001), § 31 V 4; MüKoBGB/*Zimmermann*, 7. A. (2017), § 2211 Rn. 6; Staudinger/*Reimann*, BGB (Bearb. 2016), § 2211 Rn. 6 und § 2214 Rn. 5; *Kroiß*/Ann/Mayer, Erbrecht, 4. A. (2014), § 2197 BGB Rn. 2.

191 *BGHZ* 25, 275; 48, 214; *KG*, DNotZ 1929, 119; *KGJ* 40 A 196.

192 A.A. noch Staudinger/*Herzfelder*, 2. A. (1908), § 2202 S. 487; *Leonhard*, Erbrecht (1912), S. 353; *Boehm*, Erbrecht (1900), S. 189 f.; Planck/*Flad*, BGB, 4. A. (1930), § 2211 Anm. 3. Die Ausführungen in den Motiven zum ersten BGB-Entwurf zeigen, dass die Wirkungen der Testamentsvollstreckung an das konkrete Amt geknüpft waren. Eine Koppelung der Begrenzung der Rechtsmacht des Erben an die Ernennung des Testamentsvollstreckers war damals nicht gewollt. Dies galt insbesondere für die dingliche Verfügungsbeschränkung (vgl. § 1901 Entwurf I).

193 *Muscheler*, Erbrecht (2010), Bd. II, Rn. 2697 u. 2734; *Strohal*, Erbrecht, 3. A., Band 1 (1903); Palandt/*Weidlich*, BGB, 78. A. (2019), § 2214 Rn. 1; *Lange/Kuchinke*, Erbrecht, 5. A. (2001), § 31 V 4; MüKoBGB/*Zimmermann*, 7. A. (2017), § 2214 Rn. 2; Staudinger/*Reimann*, BGB (Bearb. 2016), § 2214 Rn. 5.

194 Siehe hierzu oben Kapitel 2 § 4.

195 Die Begriffe stammen von *Muscheler*, Erbrecht (2010), Bd. II, Rn. 2734.

196 *Reimann* in Bengel/Reimann, HbTV, 6. A. (2017), § 2 Rn. 115, sowie *Reimann/J. Klinger* in: Bengel/Reimann, HbTV, 6. A. (2017), § 7 Rn. 4 und 43.

Tatbestände für die Beendigung der Testamentsvollstreckung insgesamt vor, die §§ 2225 bis 2227 BGB regeln lediglich die Beendigung des konkreten Testamentsvollstreckeramtes. Eine Vereinbarung darüber zwischen Erbe und Testamentsvollstrecker – egal, ob offen oder verdeckt[197] – ist nach der überwiegenden Meinung zwar zulässig,[198] jedoch grundsätzlich nicht geeignet, die Testamentsvollstreckung insgesamt zu beenden.[199] Eine solche Vereinbarung kann sich zudem nur darauf beziehen, dass der Testamentsvollstrecker sein Amt nach § 2226 BGB kündigt.[200]

Nach § 2210 S. 1 BGB wird eine Verwaltungsvollstreckung unwirksam, wenn seit dem Erbfall 30 Jahre verstrichen sind. Die Regelung enthält damit für eine privatautonome Gestaltung eine Unwirksamkeitsanordnung, die vom Bundesverfassungsgericht als Inhalts- und Schrankenbestimmung gebilligt wurde.[201] Nach dem Wortlaut gilt die Begrenzung des § 2210 BGB eindeutig für jedwede Verwaltungsanordnung nach § 2209 BGB, nicht jedoch für die Abwicklungsvollstreckung.[202] § 2210 S. 2 BGB enthält drei Optionen, die eine deutliche Verlängerung der Testamentsvollstreckung über den 30-Jahres-Zeitraum zulassen.[203]. Danach kann der Erblasser anordnen, dass die Verwaltung bis zum Tode des Erben oder des Testamentsvollstreckers oder bis zum Eintritt eines anderen Ereignisses in der Person des einen oder des anderen fortdauern soll (§ 2210 S. 2 BGB). Die letztwillige Verfügung des Erblassers muss sich in den drei vorgegebenen Varianten bewegen. Abweichende Anordnungen wirken

---

197 Siehe hierzu *Reimann*, NJW 2005, 789 (790 ff.).

198 *RGZ* 156, 75; *BGHZ* 25, 275 (281); *BGH*, NJW 1962, 912 (913); *OLG Hamm*, NJW-RR 2008, 1687; *Johannsen* LM § 2205 Nr. 2; *Winkler*, Der Testamentsvollstrecker, 22. A. (2016), Rn. 790; Staudinger/*Reimann*, BGB (Bearb. 2016), § 2226 Rn. 3; MüKoBGB/*Zimmermann*, 7. A. (2017), § 2226 Rn. 5; Soergel/*Damrau*, 13. A. (2002), § 2226 Rn. 5; RGRK-BGB/*Kregel*, 12. A. (1975), § 2226 Rn. 1; *Werner*, ZEV 2010, 126; a.A. *Kipp/Coing*, Erbrecht, 14. A. (1990), § 75 VI; dazu *Kühn*, ZErb 2009, 140.

199 Hierzu ausführlich *Reimann*, NJW 2005, 789 ff.

200 *RGZ* 156, 75; *BGHZ* 25, 275 (281); *BGH*, NJW 1962, 912 (913); *BGH*, FamRZ 1966, 140. Umstritten ist, ob die Vereinbarung zwischen dem Erben und dem Testamentsvollstrecker einen einklagbaren Anspruch begründet (so die h.M.: BGH, NJW 1966, 652; OLG Hamm, NJW-RR 2008, 1687; Erman/M. Schmidt, BGB, 15. A. (2017), § 2226 Rn. 4) oder ob die Nichterfüllung der Pflicht lediglich einen Schadensersatzanspruch begründet (so *Muscheler*, NJW 2009, 2081 (2086 f.)).

201 *BVerfG*, NJW-RR 2010, 156; Staudinger/*Reimann*, BGB (Bearb. 2016), § 2210 Rn. 9.

202 Siehe nur Palandt/*Weidlich*, BGB, 78. A. (2019), § 2210 Rn. 1.

203 Palandt/*Weidlich*, BGB, 78. A. (2019), § 2210 Rn. 2; Bengel/*Reimann*/*J. Klinger*, HbTV, 6. A. (2017), § 7 Rn. 79 ff.

sich nicht aus. Bei der gesetzlichen Limitierung des § 2210 S. 1 BGB handelt es sich um einen Automatismus, der ohne Rücksicht darauf eintritt, ob dies im Sinne des Erblassers ist.

Bei der aufgabenbezogenen Abwicklungs- und Vermächtnisvollstreckung geht die herrschende Meinung davon aus, dass die Testamentsvollstreckung insgesamt durch vollständige Erledigung aller dem Testamentsvollstrecker zugewiesenen Aufgaben beendet wird.[204]

III. Ende

Bezüglich der Dauer der Wirkungen der Testamentsvollstreckung ist zwischen dem Ende der Testamentsvollstreckung als solcher und dem Ende des Amtes eines bestimmten Testamentsvollstreckers zu unterscheiden.[205] Die Verdrängungswirkung (§ 2211 Abs. 1 BGB), die Abschirmwirkung (§ 2214 BGB) und die Surrogationswirkung (§ 1638 Abs. 2 bzw. § 2111 bzw. § 2041 BGB, jeweils analog)[206] enden, sobald die Testamentsvollstreckung als solche endet, also entweder insgesamt für den Nachlass oder für einzelne Nachlassgegenstände (z.B. wegen § 2217 BGB).[207] Das Verwaltungsrecht des Testamentsvollstreckers endet mit dem Ende seines Amtes (§§ 2225 bis 2227 BGB).

§ 7 Fazit

Die wesentlichen Wirkungen der Testamentsvollstreckung sind:

- die Zuweisung von Rechtsmacht an den Testamentsvollstrecker in Form des allgemeinen Verwaltungsrechts (§§ 2205, 2209 BGB) und/oder der Verfügungsbefugnis und/oder der Verpflichtungsmacht und/oder des Rechts zum Besitz,
- die Verdrängung des Erben aus seiner Rechts-, insbesondere Verfügungsmacht (§ 2211 Abs. 1 BGB),

---

204 *RGZ* 81, 166; *BGH*, NJW 1964, 1316 (1317 f.); *BayObLGZ* 1953, 357 (360); *BayObLG*, ZEV 1995, 370; Staudinger/*Reimann*, BGB (Berb. 2016), § 2210 Rn. 5; BeckOK-BGB/*Lange*, 49. Ed. 01.02.2019, § 2225 Rn. 2; *Muscheler*, Erbrecht (2010), Bd. II, Rn. 2761 („Kaltes Ende").

205 *Muscheler*, Erbrecht (2010), Bd. II, Rn. 2760; MüKoBGB/*Zimmermann*, 7. A. (2017), § 2225 Rn. 1; Bengel/*Reimann*/*J. Klinger*, HbTV, 6. A. (2017), § 7 Rn. 1.

206 Siehe hierzu oben Kapitel 2 § 4.

207 Siehe etwa Staudinger/*Reimann*, BGB (Bearb. 2016), § 2211 Rn. 7 und MüKoBGB/*Zimmermann*, 7. A. (2017), § 2214 Rn. 2.

- die Abschirmung des Nachlasses vor den Privatgläubigern des Erben (§ 2214 BGB) und
- die Kompetenzsurrogation nach § 1638 Abs. 2 bzw. §§ 2041, 2111 BGB.

Die Zuweisung der Rechtsmacht an den Testamentsvollstrecker und die Verdrängung des Erben aus seiner Rechtsmacht führen zu einer Verwaltungssonderung. Die wesentlichen Wirkungen der Testamentsvollstreckung und die Verwaltungssonderung sind Konsequenzen der in sachlicher und zeitlicher Hinsicht weiten Rechtsmacht, die dem Testamentsvollstrecker nach den Regelungen der §§ 2197 ff. BGB zusteht. Der Hauptzweck der wesentlichen Wirkungen ist der Schutz des Verwaltungsrechts des Testamentsvollstreckers (§§ 2205, 2209 BGB). Die zentrale Voraussetzung sämtlicher Wirkungen ist der Bestand des Verwaltungsrechts des Testamentsvollstreckers. In der Praxis werden die wesentlichen Wirkungen der Testamentsvollstreckung über den primären Zweck hinaus zum Schutz des Nachlasses nutzbar gemacht.

Kapitel 3 Die Latenzfälle der Testamentsvollstreckung

§ 1 Latenzfälle im BGB

Im BGB findet sich die Wortbasis „Schwebe“ bei folgenden Paragrafen: den §§ 49 Abs. 1 S. 3, 160, 161, 203, 730 Abs. 2, 740, 2179.

Bei den §§ 49 Abs. 1 S. 2, 730 Abs. 2, 740 BGB findet sie sich in Zusammenhang mit „schwebenden Geschäften“ und bei § 203 BGB mit „schwebenden Verhandlungen“. Mit schwebenden Verhandlungen bzw. Geschäften werden Situationen im Vorfeld eines Vertragsschlusses bzw. vor der vollständigen Abwicklung eines Vertrags beschrieben. Es geht um Situationen, in denen ein zweiseitiger rechtlicher Vorgang noch nicht abgeschlossen ist. Die vorgenannten Regelungen haben gemeinsam, dass sie ihrer Natur nach Schuldverhältnisse zum Gegenstand haben.[208]

Gesetzlich nicht ausgesprochene, aber faktisch vorhandene Schwebezustände mit dinglichem Charakter finden sich vor allem bei mehraktigen Erwerbstatbeständen wie der Übertragung einer Liegenschaft nach §§ 873, 925 BGB, bei der zwischen der Einleitung und der Vollendung des Vollrechtserwerbs eine gewisse Zeitspanne liegt. Je nachdem, in welcher Vorstufe sich der Entstehungstatbestand befindet, erlangt der Erwerber einen gewissen Grad an rechtlicher Sicherung. Sind von dem mehraktigen Entstehungstatbestand eines Rechts schon so viele Erfordernisse erfüllt, dass der Veräußerer die Rechtsposition des Erwerbers nicht mehr durch einseitige Erklärung zerstören kann, spricht man von einem sogenannten Anwartschaftsrecht.[209]

Bei den §§ 160, 161 BGB geht es um bedingte Rechtsgeschäfte. Diese sind tatbestandlich vollendet und voll gültig, nur ihre Rechtswirkungen sind bis zum Eintritt oder Ausfall der Bedingung in der Schwebe.[210] Der für die Zukunft vorgesehene Rechtszustand äußert bereits Vorwirkungen. Die §§ 160 ff. BGB

---

208 Besonders deutlich wird dies bei § 203 BGB, der ausdrücklich von *Schuldner* und *Gläubiger* spricht.

209 *BGH*, NJW 1955, 544; *Westermann*/Eickmann/Gursky, Sachenrecht 8. A. (2011), § 5 III 4 a); *Raiser*, Dingliche Anwartschaften, Diss. (1961), S. 3; Staudinger/*Bork*, BGB (Bearb. 2010), Vor §§ 158 ff. Rn. 53; Bamberger/Roth/*Rövekamp*, BGB, 3. A. (2012), § 158 Rn. 25.

210 *BGH*, NJW 1994, 3228.

enthalten einen Schutzmechanismus zugunsten des bedingt Berechtigten. Denn dieser läuft auch dann, wenn die Bedingung eintritt, Gefahr, dass sein Anspruch zwischenzeitlich vereitelt wird bzw. die zu seinen Gunsten getroffene Verfügung nicht mehr zum Erfolg führen kann.[211] Für diesen Fall regelt § 160 BGB die Haftung des bedingt verpflichteten bzw. verfügenden Geschäftspartners. § 161 BGB schützt den bedingt Berechtigten in der Schwebezeit vor Zwischenverfügungen des noch Berechtigten.

Der Begriff der Schwebezeit findet sich zudem in der amtlichen Überschrift von § 2179 BGB. Hier ist der Zeitraum zwischen dem Erbfall und dem Anfall eines bedingten bzw. befristeten Vermächtnisses gemeint. Der Gesetzgeber hat für die Schwebezeit die Vorschriften der §§ 158 ff. BGB für entsprechend anwendbar erklärt.

Während die Schwebezustände in den §§ 49 Abs. 1 S. 2, 730 Abs. 2, 740 BGB vornehmlich Schuldverhältnisse zum Gegenstand haben, erfasst § 158 BGB sämtliche Rechtsgeschäfte. Eine Ausnahme bildet die Schutznorm des § 161 BGB, sie betrifft nur Zwischenverfügungen, nicht das zugrunde liegende Verpflichtungsgeschäft.[212]

Den vorgenannten Vorschriften kann entnommen werden, dass der Gesetzgeber die Existenz von Schwebezuständen kennt. Er hat auch erkannt, dass in Schwebezuständen ein gesteigertes (Vermögens-)Schutzbedürfnis besteht, insbesondere bei Verfügungen.

§ 2 Fallgruppen eines latenten Testamentsvollstreckeramtes

Es sind Gestaltungen denkbar, in denen das Amt des Testamentsvollstreckers lediglich „latent" vorhanden bzw. „in der Schwebe" ist. Dies ist zum einen der Fall, wenn der Erblasser die Testamentsvollstreckung bedingt oder befristet angeordnet hat, zum anderen dann, wenn das Amt des Testamentsvollstreckers bereits begonnen hat, aber unterbrochen wurde oder ruht und zu einem späteren Zeitpunkt wieder auflebt.

I. Latenzfall 1: Bedingungen und Zeitbestimmungen

In der ersten Fallgruppe ernennt der Erblasser den Testamentsvollstrecker unter einer Bedingung oder Zeitbestimmung. Die Kautelarpraxis trägt eine

211 MüKoBGB/*Westermann*, 8. A. (2018), § 160 Rn. 1.

212 *BGH*, NJW 1962, 800.

aufschiebend bedingte Ernennung eines Testamentsvollstreckers beispielsweise für folgende Konstellationen an Erblasser heran:

- Der Testamentsvollstrecker wird aufschiebend bedingt für Zeiträume ernannt, in denen die Erben (auch Ersatz- und Nacherben) ein bestimmtes Lebensalter noch nicht erreicht haben; erreicht der Erbe die Altersgrenze, die vom Erblasser für die Testamentsvollstreckung festgesetzt war, wird der Nachlass testamentsvollstreckungsfrei. Stirbt aber etwa der Erbe und tritt Nacherbfolge oder Ersatzerbfolge ein, soll die ursprüngliche Testamentsvollstreckung wieder aufleben und so lange fortdauern, bis der nunmehrige Erbe das vom Erblasser festgesetzte Alter überschritten hat.[213]
- Der Erblasser möchte seinen Erben die Möglichkeit einräumen, sich einvernehmlich auseinanderzusetzen. Für den Fall eines Streits unter den Erben wünscht sich der Erblasser, dass ein Abwicklungsvollstrecker die Auseinandersetzung unter ihnen bewirkt.[214]
- Der erstversterbende Ehegatte wünscht im Rahmen einer Wiederverheiratungsklausel, dass bei einer Wiederverheiratung die Vollerbenstellung zwar nicht beendet sein, der verbleibende Erbe jedoch seine freie Verfügungsbefugnis verlieren soll.[215]
- Die Erblasserin ist Mutter eines chronisch kranken, aber noch geschäftsfähigen Sohnes, der irgendwann in einem Heim leben wird. Sie möchte daher ein sogenanntes Behindertentestament[216] errichten. Ihr Sohn soll für den Zeitraum, in dem er (noch) nicht in einem Heim lebt, aber so wenig wie möglich beschränkt werden.[217]
- Bei angeordneter Vor- und Nacherbschaft soll die Ernennung des Testamentsvollstreckers nur für den Nacherben gelten.[218]
- Die Eltern eines noch minderjährigen Sohnes haben einen Vormund bestimmt, der aufschiebend bedingt mit Erreichen der Volljährigkeit als

---

213 Bengel/*Reimann*, HbTV, 6. A. (2017), § 2 Rn. 92, und Staudinger/*Reimann*, BGB (Bearb. 2016), § 2197 Rn. 68.

214 Siehe *Ruby*, ZEV 2007, 18 (20 f.).

215 Vgl. etwa *Winkler*, Der Testamentsvollstrecker, 22. A. (2016), Rn. 55.

216 *Reimann*/Bengel/J. Mayer, Testament und Erbvertrag, Teil I Syst. A. Rn. 69 m.w.N., und ebd. *Bengel*/*Dietz*, Rn. 752 ff.

217 Siehe DNotI-Report 2013, 24.

218 Staudinger/*Reimann*, BGB (Bearb. 2016), § 2222 Rn. 1; *Hartmann*, RNotZ 2008, 150 (151).

Testamentsvollstrecker den Nachlass verwalten soll, bis ihr Sohn das 25. Lebensjahr vollendet hat.[219]

- Ein Erblasser ernennt einen Verwaltungsvollstrecker in den Zeiträumen, in denen seine Erben noch nicht das 25. Lebensjahr vollendet haben. Erreicht ein Erbe das Lebensalter, soll die Verwaltungsvollstreckung ruhen und erst wieder aufleben, wenn seine Erben oder Vermächtnisnehmer die Nachfolge in das vererbte Vermögen antreten und ihrerseits nicht das 25. Lebensjahr vollendet haben. In der Zwischenzeit soll der Testamentsvollstrecker in seiner Rechtsmacht beschränkt sein.[220]

In den vorgenannten Konstellationen ist unklar, was in der Zeit gelten soll, bis die Bedingung eingetreten ist. Die Rechtslage bis zum Eintritt der Bedingung und die aus der aufschiebend bedingten Ernennung resultierenden praktischen Probleme sind bislang ungelöst.[221] Die Analyse der Frage, ob die Wirkungen der Testamentsvollstreckung in der Latenzzeit der aufschiebend bedingten oder befristeten Testamentsvollstreckung zum Tragen kommen und, falls ja, auf welcher Grundlage, enthält Kapitel sechs. Die für Kapitel sechs grundlegende Frage, ob die Rechtsmacht des Testamentsvollstreckers in der Schwebezeit latent ausgestaltet werden kann, wird zuvor in Kapitel fünf behandelt.

II. Latenzfall 2: Ämterkonkurrenz und konkurrenzähnliche Situationen

Bei der zweiten Fallgruppe besteht hinsichtlich der Ernennung des Testamentsvollstreckers Klarheit. Auch das Amt des Testamentsvollstreckers hat bereits begonnen. Der Testamentsvollstrecker trifft jedoch bei der Ausübung seines Amtes auf eine Person, die ebenfalls mit Wirkung für den Nachlass bzw. für den Erben tätig wird. Zu denken ist hier beispielsweise an den Fall, dass der Testamentsvollstrecker auf einen vom Erblasser Bevollmächtigten, auf die gesetzlichen Vertreter des Erben oder auf einen Insolvenzverwalter trifft. Es stellt sich dann die Frage, ob das Amt des Testamentsvollstreckers und die Wirkungen der Testamentsvollstreckung ruhen (ohne dass der Erblasser das Ruhen angeordnet hat)[222] oder ob beide Personen nebeneinander mit

---

219 *Hartmann*, RNotZ 2008, 150 (151). Siehe hierzu auch Bengel/*Reimann*, HbTV, 6. A. (2017), § 2 Rn. 7.

220 Siehe etwa Bengel/*Reimann*, HbTV, 6. A. (2017), § 2 Rn. 7.

221 Siehe *Litzenburger*, ZEV 2015, 279 (280); DNotI-Report 2013, 24 ff.

222 Siehe etwa den Formulierungsvorschlag bei Bengel/*Reimann*, HbTV, 6. A. (2017), § 2 Rn. 7.

unterschiedlichen Machtbereichen tätig werden. Die gleiche Frage stellt sich, wenn der zum Testamentsvollstrecker Ernannte zugleich der gesetzliche Vertreter oder der Ergänzungspfleger des Erben sein soll (Personenidentität). Die Analyse der Konkurrenzsituationen bzw. konkurrenzähnlichen Situationen erfolgt in Kapitel sechs.

§ 3 Abgrenzungen

I. Amtsvakanz

Von einem latenten Testamentsvollstreckeramt ist der Fall des unbesetzten Testamentsvollstreckeramtes[223] abzugrenzen. Bei diesem ist die Testamentsvollstreckung unbedingt angeordnet, es fehlt lediglich der Testamentsvollstrecker, mit der Folge, dass eine Art „Interregnum“[224] bzw. ein „Macht- und Schutzvakuum“[225] entsteht. Das Amt des Testamentsvollstreckers ist insbesondere zwischen dem Erbfall und der Annahme des Amtes durch den vom Erblasser (§ 2197 BGB) oder einem Dritten (§ 2198 BGB) ernannten Testamentsvollstrecker vakant (anfängliche Amtsvakanz). Es kann auch deshalb unbesetzt sein, weil das Amt des Vorgängers zwischenzeitlich erloschen ist (§ 2225 BGB), der Amtsvorgänger das Amt gekündigt hat (§ 2226 BGB) oder der Amtsvorgänger vom Nachlassgericht (§ 2227 BGB) entlassen wurde (nachträgliche Amtsvakanz). Es handelt sich sowohl bei der anfänglichen als auch bei der nachträglichen Amtsvakanz nicht um einen testamentsvollstreckungsfreien Zeitraum. Denn die Testamentsvollstreckung ist zumindest in der Form existent, dass sie unbedingt angeordnet ist.

Der BGB-Gesetzgeber bezeichnete die Zeit vor der Annahme des Amtes durch den Testamentsvollstrecker als „Zwischenraum“.[226] Hinsichtlich der Wirkungen der Testamentsvollstreckung in diesem „Zwischenraum“ besteht jedoch Einigkeit, dass die Verdrängungswirkung (§ 2211 Abs. 1 BGB)[227], die

---

223 Siehe hierzu umfassend *Schild*, Das unbesetzte Testamentsvollstreckeramt, Diss. (1998), S. 1 ff.

224 Vgl. *Muscheler*, Erbrecht (2010), Bd. II, Rn. 2715.

225 Vgl. Staudinger/*Mešina*, BGB (Bearb. 2017), § 1960, Rn. 25.

226 *Mugdan*, Motive, V, S. 116.

227 Der historische Gesetzgeber und die frühe Literatur zum BGB haben das noch gegenteilig beurteilt, vgl. etwa Staudinger/*Herzfelder*, 2. A. (1908), § 2202, S. 487; *Leonhard*, Erbrecht (1912), S. 353; *Boehm*, Erbrecht (1900), S. 189 f.; Planck/*Flad*, BGB, 4. A. (1930), § 2211 Anm. 3.

Abschirmwirkung (§ 2214 BGB)[228] und die Surrogationswirkung (§ 1638 Abs. 2 bzw. § 2111 bzw. § 2041 BGB, jeweils analog)[229] mit Eintritt des Erbfalls (*ipso iure* und *ipso morte*)[230] beginnen, ohne dass der Testamentsvollstrecker sein Amt bereits angenommen haben muss.[231] Der „Zwischenraum" hat auch nicht zur Folge, dass der Nachlass bis zur Annahme des Amtes durch den Testamentsvollstrecker für Verwaltungsmaßnahmen eingefroren ist.[232] Der Gesetzgeber hat für die Zeit des „Interregnums"[233] keine Interimslösung normiert, sondern hinsichtlich der Rechtsgrundlage für Verwaltungshandlungen auf die Grundsätze der Geschäftsführung ohne Auftrag verwiesen.[234] Es ist allgemein anerkannt, dass für die Zeit der Amtsvakanz ein Bedürfnis für eine Interimslösung besteht, da der Erbe bereits ab dem Erbfall aus seiner Rechtsmacht verdrängt ist und irgendjemand für den Nachlass handeln muss (Fürsorgebedürfnis).[235] Es stellt sich aber die Frage, wer für den Nachlass handelt, solange der Ernannte sein Testamentsvollstreckeramt noch nicht angenommen hat.[236]

---

228 *Muscheler*, Erbrecht (2010), Bd. II, Rn. 2734; *Strohal*, Erbrecht, 3. A., Bd. 1 (1903); Palandt/*Weidlich*, 77. A. (2018), § 2214 Rn. 1; *Lange/Kuchinke*, Erbrecht, 5. A. (2001), § 31 V 4; MüKoBGB/*Zimmermann*, 7. A. (2017), § 2214 Rn. 2; Staudinger/*Reimann*, BGB (Bearb. 2016), § 2214 Rn. 5.

229 Siehe hierzu oben Kapitel 2 § 4.

230 Die Begriffe stammen von *Muscheler*, Erbrecht (2010), Bd. II, Rn. 2734.

231 *Muscheler*, Erbrecht (2010), Bd. II, Rn. 2715 und 2734; *Strohal*, Erbrecht, 3. A., Bd. 1 (1903); Palandt/*Weidlich*, BGB, 78. A. (2019), § 2211 Rn. 2; *Lange/Kuchinke*, Erbrecht, 5. A. (2001), § 31 V 4; MüKoBGB/*Zimmermann*, 7. A. (2017), § 2211 Rn. 6; Staudinger/*Reimann*, BGB (Bearb. 2016), § 2211 Rn. 6 und § 2214 Rn. 5; *Kroiß*/Ann/Mayer, Erbrecht, 4. A. (2014), § 2197 BGB Rn. 2; *BGHZ* 25, 275; 48, 214; *KG*, DNotZ 1929, 119; *KGJ* 40 A 196.

232 Staudinger/*Mešina*, BGB (Bearb. 2017), § 1959 Rn. 1.

233 Vgl. *Muscheler*, Erbrecht (2010), Bd. II, Rn. 2715.

234 *Mugdan*, Protokolle, V, S. 646.

235 Siehe hierzu Kapitel 6 § 5 II. sowie *Zimmermann*, Die Testamentsvollstreckung, 4. A. (2014), Rn. 199; MüKoBGB/*Zimmermann*, 7. A. (2017), § 2202 Rn. 4; Staudinger/*Reimann*, BGB (Bearb. 2016), § 2197 Rn. 8 ff.; jurisPK-BGB/*Heilmann*, 8. A. (2017), § 2202 BGB, Rn. 6; *Damrau*, ZEV 1996, 81; *Damrau*, FS Hermann Lange (1992), S. 797 ff; Soergel/*Damrau*, BGB, 13. A. (2002), § 2202 BGB Rn. 10; Jauernig/*Berger/Mansel*, BGB, 16. A. (2015), § 1913 Rn. 1; Bengel/Reimann/*Bengel/Dietz*, HbTV, 6. A. (2017), § 1 Rn. 14 ff.

236 Zu dem Schwebezustand der Amtsvakanz werden verschiedene Lösungsvorschläge diskutiert. Siehe hierzu unter Kapitel 6 § 5 II.

II. Der vermeintliche Testamentsvollstrecker

Die Latenzfälle sind weiter von den Fällen eines „vermeintlichen Testamentsvollstreckers“ abzugrenzen. Hiervon spricht man, wenn sich nachträglich herausstellt, dass sich die ursprüngliche Ernennung des Testamentsvollstreckers durch den Erblasser (§ 2197 BGB) entweder von einem bestimmten Zeitpunkt oder Ereignis an (ganz oder teilweise) erledigt hatte oder aber von Anfang an unwirksam war.[237]

Eine ursprünglich wirksame Testamentsvollstreckung kann nachträglich erlöschen, wenn die letzte vom Erblasser gestellte Aufgabe erfüllt ist[238] oder wenn eine auflösende Bedingung oder ein auflösender Endtermin eintritt.[239] Die Wirkungen der Testamentsvollstreckung dauern dann gemäß § 2218 Abs. 1 i.V.m. § 674 BGB zugunsten des Testamentsvollstreckers[240] fort, sofern und solange dieser die Beendigung seines Amtes nicht kennt bzw. nicht kennen musste.[241] Die Fortbestehensfiktion der §§ 2218 Abs. 1, 674 BGB gilt auch für den gutgläubigen Dritten.[242]

Eine Testamentsvollstreckung kann anfänglich unwirksam sein, weil eine ganz andere Person zum Testamentsvollstrecker ernannt wurde[243] oder weil die Ernennung des Testamentsvollstreckers von Anfang an[244] oder mit Rückwirkung auf den Erbfall unwirksam ist. Letzteres ist der Fall, wenn der Erbe die Ernennung des Testamentsvollstreckers gemäß § 2078 BGB angefochten hat[245]

---

237 Hierzu und zur Definition ausführlich *Muscheler*, Erbrecht (2010), Bd. II, Rn. 2744.

238 *Muscheler* spricht prägnant vom „kalten Erlöschen“ (Erbrecht (2010), Bd. II, Rn. 2744).

239 *Muscheler*, Erbrecht (2010), Bd. II, Rn. 2744; s. auch § 2210 S. 2 BGB.

240 § 2218 BGB schützt den Testamentsvollstrecker, der vom Erlöschen seines Amtes weder Kenntnis hat noch haben muss, und kommt daher bei der Entlassung des Testamentsvollstreckers nach § 2227 BGB nicht in Betracht, weil diese erst mit der Bekanntmachung an den Testamentsvollstrecker wirksam wird (§ 40 Abs. 1 FamFG), s. *Muscheler*, Erbrecht (2010), Bd. II, Rn. 2744, und MüKoBGB/*Zimmermann*, 7. A. (2017), § 2218 Rn. 23.

241 *Muscheler*, Erbrecht (2010), Bd. II, Rn. 2744; Staudinger/*Reimann*, BGB (Bearb. 2016), § 2218 Rn. 38; Palandt/*Weidlich*, 78. A. (2019), § 2197 Rn. 4 u. § 2218 Rn. 7.

242 *Muscheler*, Erbrecht (2010), Bd. II, Rn. 2744; MüKoBGB/*Zimmermann*, 7. A. (2017), § 2218 Rn. 23.

243 Siehe hierzu *Muscheler*, Erbrecht (2010), Bd. II, Rn. 2745.

244 Zum Beispiel bei Formfehlern (§ 2247 BGB), bei Testierunfähigkeit des Erblassers (§ 2229 BGB), bei Sittenwidrigkeit der getroffenen Anordnung (§ 138 BGB) oder bei Widerruf durch ein neueres Testament (§§ 2253 ff. BGB) usw.

245 Anfechtbar im Rahmen des § 2078 Abs. 1 und 2 BGB sind immer nur einzelne im Testament enthaltene Verfügungen – wie die Ernennung des Testamentsvollstreckers –,

oder der Erblasser die Ernennung des Testamentsvollstreckers nur für einen Erben getroffen hat, der später ausschlägt.[246] Die Ernennung des Testamentsvollstreckers ist dann – im Gegensatz zu den Latenzfällen – von vornherein nicht existent, mit der Folge, dass auch die Wirkungen der Testamentsvollstreckung nicht bestehen bzw. bestanden haben. In diesen Fällen stellt sich allerdings die Frage der Haftung sowie der Vergütung des vermeintlichen Testamentsvollstreckers.[247]

III. Potenzielle Rechtsmacht des Testamentsvollstreckers

Von einem latenten Testamentsvollstreckeramt ist weiter die Situation abzugrenzen, dass der Testamentsvollstrecker seine Rechtsmacht ausüben könnte, es aber nicht tut (potenzielle Macht).[248] Beispielsweise, weil er den Erben „schalten und walten" lässt, weil ein Handeln oder Einschreiten des Testamentsvollstreckers nicht erforderlich ist. In der Zeit, in welcher der Testamentsvollstrecker von seiner Rechtsmacht Gebrauch macht, ist die Testamentsvollstreckung jedoch weiterhin unbedingt angeordnet, das Amt des Testamentsvollstreckers ruht nicht und ist auch nicht unterbrochen. Für den Nachlass ist ununterbrochen ein Testamentsvollstrecker ernannt, so dass auch die Wirkungen ununterbrochen bestehen. Zu einem Latenzfall kommt es nicht.

---

nicht die Verfügung von Todes wegen als solche (RGZ 70, 391 (394); BGH NJW 1985, 2025 (2026)). Dementsprechend tritt bei Vorliegen auch der Voraussetzungen der §§ 2081, 2082 BGB gemäß § 142 Abs. 1 BGB im Allgemeinen lediglich Teilnichtigkeit ein, *BGH*, NJW 1985, 2025 (2026).

246 *BGHZ* 69, 235; *Muscheler*, Erbrecht (2010), Bd. II, Rn. 2745; Staudinger/*Reimann*, BGB (Bearb. 2016), § 2197 Rn. 105.

247 Siehe hierzu ausführlich *Muscheler*, Erbrecht (2010), Bd. II, Rn. 2745 ff. m.w.N.

248 Siehe hierzu die Gestaltung bei Bengel/*Reimann*, HbTV, 6. A. (2017), § 2 Rn. 95.

Kapitel 4 Latente Rechtsmacht des Testamentsvollstreckers

Der Aufgaben- und Machtkreis des Testamentsvollstreckers richtet sich im gesetzlichen Regelfall beim Abwicklungsvollstrecker nach den §§ 2203, 2204, 2205 BGB und beim Verwaltungsvollstrecker nach den §§ 2209, 2205 BGB. Der Testator muss es jedoch nicht bei der gesetzlichen Rechtsmacht belassen.[249] Er kann die Rechte und damit den Machtkreis des Testamentsvollstreckers begrenzen und damit auf das Konkurrenzverhältnis zwischen dem Erben und dem Testamentsvollstrecker unmittelbar Einfluss nehmen. Ähnlich wie bei Bedingungen und Zeitbestimmungen möchte der Erblasser mit einer Beschränkung der Rechtsmacht die Wirkungen der Testamentsvollstreckung beherrschbar machen.

Es stellt sich folgende Frage: Kann der Erblasser eine *latente Rechtsmacht* des Testamentsvollstreckers gestalten, indem er die Rechte des Testamentsvollstreckers (§§ 2203, 2204, 2205, 2209 BGB) beschränkt? Fraglich ist insbesondere, ob das normative System der §§ 2197 ff. BGB eine Beschränkung der Rechtsmacht des Testamentsvollstreckers dergestalt zulässt, dass er den Nachlass zwar verwalten kann, aber nicht (ausschließlich) berechtigt ist, über die Nachlassgegenstände zu verfügen (§ 2205 S. 2 BGB). Dann ist die Rechtsmacht des Testamentsvollstreckers lediglich latent.

Zur Beantwortung der Frage sind zunächst die Rechtsgrundlagen, sodann die Folgen einer Beschränkung der Rechtsmacht des Testamentsvollstreckers zu untersuchen. Die Ergebnisse der Untersuchung sind zugleich die rechtlichen Grundlagen einer gestuften Testamentsvollstreckung.[250]

§ 1 Rechtsgrundlagen für eine Beschränkung der Rechtsmacht des Testamentsvollstreckers

Das Gesetz gewährt dem Erblasser zwei Möglichkeiten, die Rechtsmacht des Testamentsvollstreckers zu beschränken: erstens durch Verwaltungsanordnungen nach § 2216 Abs. 2 BGB, zweitens nach § 2208 BGB.

---

249 *Muscheler*, Erbrecht (2010), Bd. II, Rn. 2764.
250 Siehe hierzu Kapitel 5 § 4.

I. Verwaltungsanordnungen des Erblassers nach § 2216 Abs. 2 BGB

Verwaltungsanordnungen nach § 2216 Abs. 2 BGB wirken rein schuldrechtlich.[251] Setzt sich also der Testamentsvollstrecker über die Verwaltungsanordnung hinweg, dann führt dies nicht zur Unwirksamkeit seiner Rechtshandlung. Er kann sich dadurch jedoch haftbar machen.[252] Verwaltungsanordnungen nach § 2216 Abs. 2 BGB bilden somit keinen Fall einer latenten Testamentsvollstreckung, da die Verwaltungsanordnungen die Rechtsmacht des Testamentsvollstreckers unberührt lassen.

II. Beschränkungen der Rechtsmacht des Testamentsvollstreckers nach § 2208 BGB

1. *Die Beschränkungsmöglichkeiten gemäß § 2208 BGB*

§ 2208 BGB erfasst drei Konstellationen:

(1) Nach § 2208 Abs. 1 S. 1 BGB hat der Testamentsvollstrecker die in den §§ 2203 bis 2203 BGB bestimmten Rechte nicht, soweit anzunehmen ist, dass sie ihm nach dem Willen des Erblassers nicht zustehen sollen. Das heißt, der Erblasser kann dem Testamentsvollstrecker die in den §§ 2203 bis 2206 BGB genannten Rechte entziehen.

(2) Unterliegen der Verwaltung des Testamentsvollstreckers nur einzelne Nachlassgegenstände, so stehen ihm die in § 2205 S. 2 BGB bestimmten Befugnisse nur in Ansehung dieser Gegenstände zu (§ 2208 Abs. 1 S. 2 BGB).[253] § 2208 Abs. 1 S. 2 BGB gibt also dem Testator die Möglichkeit, die Rechtsmacht des Testamentsvollstreckers gegenständlich zu beschränken.

(3) Hat der Testamentsvollstrecker Verfügungen des Erblassers nicht selbst auszuführen, so kann er die Ausführung von dem Erben verlangen, sofern nicht ein anderer Wille des Erblassers anzunehmen ist (§ 2208 Abs. 2 BGB).

---

251 BGHZ 30, 73; Staudinger/*Reimann*, BGB (Bearb. 2016), § 2216 Rn. 37; Palandt/*Weidlich*, BGB, 78. A. (2019), § 2216 Rn. 1; Erman/*M. Schmidt*, BGB, 15. A. 2017, § 2216 Rn. 1.

252 Staudinger/*Reimann*, BGB (Bearb. 2016), § 2216 Rn. 37.

253 *Muscheler* weist zu Recht darauf hin, dass sich das in der Norm Angeordnete an sich schon aus § 2208 Abs. 1 S. 1 BGB ergibt. Konstitutive Wirkung entfaltet die Vorschrift nur dann, wenn man sie wie folgt liest: „*Unterliegen der Verwaltung des Testamentsvollstreckers nur einzelne Nachlassgegenstände, so stehen ihm die in § 2205 S. 2 bestimmten Befugnisse immerhin und zwingend in Ansehung dieser Gegenstände zu*“, s. *Muscheler*, Erbrecht (2010), Bd. II, Rn. 2807.

> Man spricht in diesem Fall gemeinhin von der „beaufsichtigenden Testamentsvollstreckung“.[254]

Der bloß beaufsichtigende Testamentsvollstrecker (§ 2208 Abs. 2 BGB) hat nach der ganz herrschenden Meinung kein eigenes Verwaltungsrecht.[255] Ausschließlich die Erben sind zur Ausführung der Verfügungen des Erblassers berufen. Der Testamentsvollstrecker kann von den Erben lediglich die Durchführung der Anordnungen des Erblassers verlangen. Mit dem Verlust der Regelaufgabe und des Verwaltungsrechts geht nach der herrschenden Meinung ein Verlust der Wirkungen der §§ 2211 Abs. 1 und 2214 BGB einher.[256] Damit zeigt sich: Die beaufsichtigende Testamentsvollstreckung lässt sich nicht als latente Testamentsvollstreckung auffassen.

Bei einer Beschränkung nach § 2208 Abs. 1 S. 2 BGB unterliegen der Verwaltung des Testamentsvollstreckers nur einzelne Nachlassgegenstände. Dem Testamentsvollstrecker stehen die in § 2205 S. 2 BGB bestimmten Befugnisse immerhin und zwingend in Ansehung dieser Gegenstände zu.[257] Der Testamentsvollstrecker hat eine Verwaltungsaufgabe und ein Verwaltungsrecht (nur) bezüglich der ihm zur Verwaltung zugewiesenen Nachlassgegenstände. Im Übrigen sind ihm seine Verwaltungsaufgaben und sein Verwaltungsrecht in gegenständlicher Hinsicht entzogen bzw. vom Erblasser überhaupt nicht zugewiesen worden. Die Nachlassgegenstände, die nicht der Verwaltung des Testamentsvollstreckers unterliegen, bleiben testamentsvollstreckungsfrei. Die Wirkungen der Testamentsvollstreckung treten bezüglich der testamentsvollstreckungsfreien Nachlassgegenstände dann nicht ein.[258] Eine gegenständlich

---

254 So bereits *Mugdan*, Protokolle, V, S. 666; Staudinger/*Reimann*, BGB (Bearb. 2016), § 2208 Rn. 21; Palandt/*Weidlich*, BGB, 78. A. (2019), § 2208 Rn. 6.

255 Staudinger/*Reimann*, BGB (Bearb. 2016), § 2208 Rn. 21; Palandt/*Weidlich*, BGB, 78. A. (2019), § 2208 Rn. 6; MüKoBGB/*Zimmermann*, 7. A. (2017), § 2208 Rn. 12; Erman/*M. Schmidt*, BGB, 15. A. (2017), § 2208 Rn. 5; *Zimmermann*, Testamentsvollstreckung, 4. A. (2014), Rn. 183; a.A. *Lange/Kuchinke*, Erbrecht, 5. A. (2001), § 31 V 1a Fn. 115 hinsichtlich Aufwendungsersatz.

256 MüKoBGB/*Zimmermann*, 7. A. (2017), § 2208 Rn. 12; Staudinger/*Reimann*, BGB (Bearb. 2016), § 2208 Rn. 21; Palandt/*Weidlich*, BGB, 78. A. (2019), § 2211 Rn. 1; Erman/*M. Schmidt*, BGB, 15. A. (2017), § 2208 Rn. 2; *Ulmer*, JuS 1986, 856 (859).

257 *Muscheler*, Erbrecht (2010), Bd. II, Rn. 2807.

258 Palandt/*Weidlich*, BGB, 78. A. (2019), § 2211 Rn. 1; Staudinger/*Reimann*, BGB (Bearb. 2016), § 2211 Rn. 8 f.; Erman/*M. Schmidt*, BGB, 15. A. (2017), § 2208 Rn. 2; MüKoBGB/*Zimmermann*, 7. A. (2017) § 2211 Rn. 5.

beschränkte Testamentsvollstreckung kann daher ebenfalls nicht als Fall einer latenten Rechtsmacht bzw. Testamentsvollstreckung angesehen werden.

2. *Beschränkung der Rechtsmacht des Testamentsvollstreckers nach § 2208 Abs. 1 S. 1 BGB*

Als Fall einer latenten Testamentsvollstreckung kommt im Rahmen des § 2208 BGB somit nur die Beschränkung der Rechtsmacht des Testamentsvollstreckers nach § 2208 Abs. 1 S. 1 BGB in Betracht. Danach hat der Testamentsvollstrecker die in den §§ 2203 bis 2206 BGB bestimmten Verwaltungsbefugnisse nicht, soweit anzunehmen ist, dass sie ihm nach dem Willen des Erblassers nicht zustehen sollen.

a) Normzweck und Inhalt einer Beschränkung nach § 2208 Abs. 1 S. 1 BGB

Die Vorschrift des § 2208 Abs. 1 S. 1 BGB ist für die Ermittlung der Rechtsmacht des Testamentsvollstreckers von zentraler Bedeutung. Der Gesetzgeber wollte mit ihr unmittelbar zum Ausdruck bringen, dass der Erblasser die Rechte des Testamentsvollstreckers beschränken kann und dass die Entziehung eines Rechts nicht ausdrücklich angeordnet zu werden braucht, sondern auch im Wege der Auslegung festgestellt werden kann.[259] Damit kommt der Grundsatz zum Ausdruck, dass innerhalb der gesetzlichen Schranken der Wille des Erblassers – auch ohne explizite Anordnung – die oberste Richtschnur für die Gestaltung und den Umfang der Aufgaben und Befugnisse des Testamentsvollstreckers ist.[260] Zugleich drückt diese Regelung ein zwingendes Effektivitätserfordernis aus, was sich insbesondere in der Zusammenschau mit § 2208 Abs. 1 S. 2 BGB zeigt: Eine optimale Erfüllung der Verwaltungsaufgaben ist nur mit einer Rechtsmacht möglich, die auf die Verwaltungsaufgaben abgestimmt ist. Daher dominieren die Verwaltungsaufgaben die Verwaltungsmacht und das Verwaltungsobjekt.[261] Das Gesetz instrumentalisiert die Verwaltungsmacht im Dienste der Verwaltungsaufgaben.[262] Der Erblasser soll die Möglichkeit haben, die Rechte des Testamentsvollstreckers zu beschränken, soweit es dem Willen des Erblassers entspricht und soweit es zur Erfüllung der vom Erblasser bestimmten Verwaltungsaufgabe erforderlich ist. Eine „Über- oder Untermacht“ des Testamentsvollstreckers könnte das ohnehin schon bestehende

259 *Mugdan*, Motive, V, S. 127.
260 *RGZ* 74, 215 (218); 81, 168 (170).
261 *Muscheler*, Erbrecht (2010), Bd. II, Rn. 2764.
262 *Muscheler*, Erbrecht (2010), Bd. II, Rn. 2764.

Spannungsverhältnis zwischen dem Erben und dem Testamentsvollstrecker negativ beeinflussen. Eine „Untermacht" würde dem Testamentsvollstrecker die Erledigung seiner Aufgaben erschweren oder unmöglich machen. Eine „Übermacht" könnte den Testamentsvollstrecker dazu verleiten, den Fokus der eigentlichen Aufgabenerledigung zu verlieren.

§ 2208 Abs. 1 S. 1 BGB erlaubt dem Erblasser verschiedene Formen der Beschränkung. Diese lassen sich systematisieren.[263] Sie können folgende Aspekte betreffen:

- Aufgaben (§ 2208 Abs. 1 i.V.m. §§ 2203, 2204 BGB)
- Rechtsmacht (§ 2208 Abs. 1 S. 1 i.V.m. §§ 2205, 2206)[264]
- Objekte (§ 2208 Abs. 1 i.V.m. § 2205 S. 1 BGB)[265]
- Zeit (§ 2208 Abs. 1 S. 1 i.V.m. §§ 2203, 2004 BGB) und
- Personen (§§ 2197, 2205 S. 1, 2208 Abs. 1 BGB).

Bei der Rechtsmachtbeschränkung nach § 2208 Abs. 1 S. 1 i.V.m. §§ 2205, 2206 BGB kann weiter zwischen sämtlichen Elementen der Rechtsmacht des Testamentsvollstreckers unterschieden werden. So können die Verwaltungsmacht für tatsächliche Handlungen, die Verpflichtungs- und die Verfügungsbefugnis Beschränkungen unterliegen.

Ein Mindestumfang der inhaltlichen Aufgaben sowie der Rechte des Testamentsvollstreckers ist nicht vorgeschrieben.[266] Vielmehr kann sich der Erblasser eine „Testamentsvollstreckung nach Maß"[267] entsprechend seinen individuellen Bedürfnissen schaffen. Schränkt der Erblasser die Rechtsmacht des Testamentsvollstreckers über das in § 2208 Abs. 2 BGB bezeichnete Maß ein, dann sind die Befugnisse des Testamentsvollstreckers allerdings derart „entkernt",

---

263 Ausführlich zu der Systematisierung und zu den Begriffen *Muscheler*, Erbrecht (2010), Bd. II, Rn. 2764; *Holtz*, Gestaltungen einer Testamentsvollstreckung vor und nach dem Tod des Erblassers, Diss. (2011), S. 102 ff. Zur Personenbeschränkung weiter *Muscheler*, AcP 195 (1995), 35 ff.

264 A.A. *H. Lehmann*, AcP 188 (1988), 1 (18).

265 Die gegenständliche Beschränkung wird gemeinhin § 2208 Abs. 1 S. 2 BGB zugeordnet. *Muscheler* weist zu Recht darauf hin, dass sich das in der Norm Angeordnete schon aus § 2208 Abs. 1 S. 1 BGB ergibt (Erbrecht (2010), Bd. II, Rn. 2807).

266 *KGJ* 44 A 81; *BayObLG*, NJW-RR 1986, 629; MüKoBGB/*Zimmermann*, 7. A. (2017), § 2208 Rn. 2; Staudinger/*Reimann*, BGB (Bearb. 2016), § 2208 Rn. 7.

267 BeckOK-BGB/*Lange*, 49. Ed. 01.02.2019, § 2208 Rn. 1.

dass er nicht einmal mehr beaufsichtigender Testamentsvollstrecker, sondern Berater des Erben ist.[268]

In der praxisbezogenen Literatur finden sich Gestaltungen, bei denen die Rechtsmacht des Testamentsvollstreckers in der Weise beschränkt ist, dass er nur wie ein befreiter oder nicht befreiter Vorerbe, wie ein gesetzlicher Vertreter, Vormund oder Betreuer verfügungsbefugt sein soll.[269] Es wird auch für möglich gehalten, dass dem Testamentsvollstrecker nur ein bloßes Einspruchsrecht zusteht.[270] Bei einer solchen Gestaltung möchte der Erblasser die Wirksamkeit der Verfügungen des Erben über Nachlassgegenstände von der Zustimmung des Testamentsvollstreckers abhängig machen.[271]

b) Verfügungsmacht (§ 2205 S. 2 BGB) als Recht im Sinne von § 2208 Abs. 1 S. 1 i.Vm. §§ 2203 – 2206 BGB?

Umstritten ist, ob das Verfügungsrecht des Testamentsvollstreckers aus § 2205 S. 2 BGB von dem Verweis in § 2208 Abs. 1 S. 1 BGB auf die §§ 2203 – 2206 BGB erfasst ist.

Nach der Ansicht *H. Lehmanns*[272] ist das Verfügungsrecht des Testamentsvollstreckers aus § 2205 S. 2 BGB nicht von dem Verweis in § 2208 Abs. 1 S. 1 BGB auf die §§ 2203 bis 2206 BGB erfasst. Dem liegen folgende Überlegungen zugrunde: Weil und soweit durch die Ernennung des Testamentsvollstreckers in die Verfügungszuständigkeit des Erben eingegriffen wird, müsse sich die Ausgestaltung der Verfügungszuständigkeit zwingend aus dem Gesetz ergeben.[273] Andernfalls läge ein Verstoß gegen § 137 S. 1 BGB sowie gegen die sachenrechtlichen Gebote des Typenzwangs und der Typenfixierung vor.[274] Auch dazu, § 137 BGB im Wege der Gesetzeskonkurrenz abzubedingen, tauge § 2208 Abs. 1 S. 1 BGB nicht, da er dem Erblasser ganz unterschiedliche Beschränkungen gestatte.[275] Dieser könne über das „Ob“ und über das „Wie“ einer

---

268 Protokolle, V, S. 310; Staudinger/*Reimann*, § 2208 Rn. 24; Palandt/*Weidlich*, BGB, 78. A. (2019), § 2208 Rn. 6.

269 Staudinger/*Reimann*, BGB (Bearb. 2016), § 2208 Rn. 7; *Reimann*, FamRZ 1995, 588 (591 ff.).

270 KGJ 44 A 81; Staudinger/*Reimann*, BGB (Bearb. 2016), § 2208 Rn. 15; *Zimmermann*, Testamentsvollstreckung, 4. A. (2014), S. 144.

271 KGJ 44 A 81; Staudinger/*Reimann*, BGB (Bearb. 2016), § 2208 Rn. 15; *Zimmermann*, Testamentsvollstreckung, 4. A. (2014), S. 144.

272 AcP 188 (1988), 1 ff.

273 AcP 188 (1988), 1 (16 ff).

274 AcP 188 (1988), 1 (19).

275 AcP 188 (1988), 1 (17 f.).

Beschränkung bis hin zum Ausschluss der Verfügungsmacht ausschließlich im Rahmen gesetzlicher Vorgaben entscheiden.[276] Solche gesetzlichen Vorgaben würden jedoch allein § 2208 Abs. 1 S. 2 und Abs. 2 BGB enthalten, die Art und Umfang der Befugnisse des Testamentsvollstreckers festlegten, nicht aber § 2208 Abs. 1 S. 1 BGB.[277] Die Verfügungsbefugnis könne daher nicht als Recht im Sinne der §§ 2203 bis 2206 BGB verstanden werden.[278] Zudem beruhe der Wortlaut des § 2208 Abs. 1 S. 1 BGB auf einem „Versehen" des Gesetzgebers.[279] Der Machtbereich des Testamentsvollstreckers sei erst im zweiten BGB-Entwurf erheblich erweitert worden.[280] Dabei habe die Zweite BGB-Kommission vergessen, die Konnexität zwischen Verwaltungsaufgabe und Verfügungsbefugnis mit einem Verweis auf § 2205 BGB herzustellen.[281] Für die Zweite BGB-Kommission sei es selbstverständlich gewesen, dass Verwaltung und Verfügungsmacht korrespondieren.[282] Dies belege eine Anmerkung der Zweiten BGB-Kommission[283] zur Vorlage von § 1905 Entwurf I der Subkommission, die zur Frage, welche Machtbefugnisse dem Testamentsvollstrecker einzuräumen seinen, ernannt wurde. Dort hieß es unter Hinweis auf § 1905 Abs. 1 Entwurf I, dass der Testamentsvollstrecker, für den Fall, dass er nicht die Verwaltung des ganzen Nachlasses hat, ihm die Vorlage die Verfügungsbefugnis nur insoweit gibt, als sie ihm nach dem Willen des Erblassers zustehen soll.[284] Zumal § 2208 Abs. 1 S. 1 BGB im ersten BGB Entwurf eine Auslegungsregel zum Umfang der Verwaltung gewesen sein soll.[285]

Dem kann nicht zugestimmt werden. *H. Lehmann* selbst erkennt, dass der Gesetzgeber nicht nur gegenständliche, sondern auch inhaltliche Beschränkungen sämtlicher Bestandteile der Rechtsmacht gewollt hat.[286] Zudem erkennt *H. Lehmann*, dass isolierte Beschränkungen der Verfügungsbefugnis den Bedürfnissen des Erblassers und des Erben entsprechen können.[287] Ferner stellt

---

276 AcP 188 (1988), 1 (17 f.).
277 AcP 188 (1988), 1 (17 f.).
278 AcP 188 (1988), 1 (18).
279 AcP 188 (1988), 1 (19 ff.).
280 AcP 188 (1988), 1 (19 ff.).
281 AcP 188 (1988), 1 (19 ff.).
282 AcP 188 (1988), 1 (21) dort Fn. 54.
283 *Mugdan*, Protokolle, V, S. 662 unter Ziffer 2.
284 *Mugdan*, Protokolle, V, S. 662.
285 *H. Lehmann*, AcP 188 (1988), 1 (20).
286 AcP 188 (1988), 1 (14).
287 AcP 188 (1988), 1, 18 (22 und 23 a.E.).

H. Lehmann selbst klar, dass das gesetzliche Modell der umfassenden Verwaltungsvollstreckung im System der Testamentsvollstreckung nicht zwingend vorgeschrieben ist.[288] Das erkannte auch der historische Gesetzgeber.[289] Der Normzweck von § 2208 BGB ist gerade, dass der Erblasser die *Rechte* des Testamentsvollstreckers beschränken kann,[290] der Erblasser also nicht nur den Inhalt der Verwaltungsaufgabe und den Gegenstand der Verwaltung bestimmen kann. § 2208 BGB erfasst gerade sämtliche Konstellationen von Beschränkungen.[291] Gegen *H. Lehmanns* Ansicht spricht zudem und vor allem der eindeutige Wortlaut von § 2208 Abs. 1 S. 1 BGB. In den §§ 2203 bis 2206 BGB, konkret in § 2205 S. 2 BGB, ist das Recht des Testamentsvollstreckers bestimmt, über die Nachlassgegenstände zu verfügen. § 2206 Abs. 1 S. 2 BGB unterstreicht, dass der Testamentsvollstrecker nicht zwingend verfügungsbefugt sein muss.

Auch für die Argumentation *H. Lehmanns,* es handele sich um ein gesetzgeberisches „Versehen", gibt es keine Anhaltspunkte. Zu denken wäre zunächst an ein Redaktionsversehen. Von einem Redaktionsversehen spricht man aber nur dann, wenn die Gesetzesredaktoren lediglich versehentlich einen anderen Ausdruck gewählt oder im Gesetzestext belassen haben, als sie beabsichtigt hatten.[292] Stellt man sich auf den Standpunkt von *H. Lehmann*, dann hätte sich der Gesetzgeber nicht nur im Ausdruck vergriffen, er hätte vielmehr das zu lösende Problem nicht zu Ende gedacht.[293] Wer etwas gar nicht bedenkt, kann sich redaktionell auch nicht vertun. Ein Redaktionsversehen scheidet in so einem Fall aus.[294]

Die Gedanken *H. Lehmanns* können daher allenfalls als teleologische Reduktion des Gesetzestextes verstanden werden. Dann müsste § 2208 Abs. 1 S. 1 BGB entgegen seinem Wortsinn, aber gemäß der immanenten Teleologie des Gesetzes einer Einschränkung bedürfen, die im Gesetzestext nicht enthalten ist.[295] Jedoch weder der Regelungszweck noch der Sinnzusammenhang von § 2208 BGB verlangt eine Restriktion des eindeutigen Wortsinns. Sinn und Zweck von § 2208 BGB ist die Umsetzung des Erblasserwillens. Der Erblasser soll die Möglichkeit haben, die Rechte des Testamentsvollstreckers zu beschränken, soweit

288 AcP 188 (1988), 1 (18).
289 *Mugdan*, Protokolle, V, S. 666.
290 *Mugdan*, Motive, V, S. 127.
291 Siehe oben Kapitel 4 § 1 II.
292 *Larenz/Canaris*, Methodenlehre der Rechtswissenschaft, 3. A. (1995), S. 219, m.w.N.
293 Siehe *H. Lehmann*, AcP 188 (1988), 1 (21).
294 *Larenz/Canaris*, Methodenlehre der Rechtswissenschaft, 3. A. (1995), S. 219, m.w.N.
295 *Larenz/Canaris*, Methodenlehre der Rechtswissenschaft, 3. A. (1995), S. 210.

es dem Willen des Erblassers entspricht und wie es zur Erfüllung seiner Verwaltungsaufgabe erforderlich ist. Die Entziehung der Rechte des Testamentsvollstreckers braucht der Erblasser nicht einmal ausdrücklich anzuordnen. Es genügt, dass die Beschränkung der Rechte des Testamentsvollstreckers im Wege der Auslegung festgestellt werden kann.[296] Auch der Hinweis *H. Lehmanns* auf die Anmerkung der Zweiten BGB-Kommission in Bezug auf § 1905 Abs. 1 Entwurf I überzeugt nicht. Wenn man den Protokollen entnimmt, dass der Testamentsvollstrecker, für den Fall, dass er nicht die Verwaltung des *ganzen* Nachlasses hat, ihm die Vorlage die Verfügungsbefugnis nur insoweit gibt, als sie ihm nach dem Willen des Erblassers zustehen soll, sind damit gerade *gegenständliche* Beschränkungen der Verwaltung gemeint.[297] Wenn ein (einzelner) Nachlassgegenstand nicht der Verwaltung des Testamentsvollstreckers unterliegt, kann der Testamentsvollstrecker über diesen Nachlassgegenstand auch nicht verfügen. Das ergibt sich jedoch – wie gezeigt – bereits aus § 2205 S. 1 i.V.m. § 2208 Abs. 1 BGB. Auch kann der Zweiten BGB-Kommission nicht unterstellt werden, mit der erwähnten Anmerkung habe sie sagen wollen, dass die Verwaltungsmacht und Verfügungsmacht sich nicht trennen lassen. Die Aussage *H. Lehmanns*, für die Zweite BGB-Kommission sei es selbstverständlich gewesen, dass Verwaltung und Verfügungsmacht *korrespondieren*, überzeugt, führt aber zu keinem anderen Ergebnis. Korrespondieren bedeutet hier, dass die Rechtsmacht des Testamentsvollstreckers, die ihm vom Erblasser übertragen wurde, mit der Verwaltungsaufgabe *konform geht*. Sind zur Erfüllung der Verwaltungsaufgabe keine Verfügungen über Nachlassgegenstände erforderlich, so muss der Testamentsvollstrecker hierzu auch nicht ermächtigt werden. Korrespondieren ist hier also nicht dahin zu verstehen, dass Verwaltung und Verfügungsbefugnis den gleichen Umfang haben, sondern zur Erreichung der Verwaltungsaufgabe konform gehen (korrespondieren). Wenn in den Gesetzesmaterialen von „freier Verfügungsmacht“ die Rede ist, dann wollte man damit lediglich zum Ausdruck bringen, dass die Verfügungsmacht sämtliche Nachlassgegenstände erfasst und nicht nur Sachen (§ 90 BGB).[298] Zudem führte die Ansicht *Lehmanns* zu einer rein inhaltlichen Beschränkung der Verwaltungsaufgaben. Aufgabenzuweisungsnorm ist aber – wie gezeigt – § 2205 BGB, nicht § 2208 BGB, der die *Rechte* des Testamentsvollstreckers und nicht dessen Verwaltungs*aufgaben* betrifft. Ob § 137 BGB dem Erblasser Grenzen

---

296 *Mugdan*, Motive, V, S. 127.
297 Vgl. *Mugdan*, Protokolle, V, S. 662.
298 *Mugdan*, Protokolle, V, S. 661.

in seiner Gestaltungsfreiheit setzt, ist eine andere Frage, die in Kapitel 4 § 4 II beantwortet wird.

Für den weiteren Fortgang kann daher festgehalten werden: Das Verfügungsrecht des Testamentsvollstreckers aus § 2205 S. 2 BGB ist von dem Verweis in § 2208 Abs. 1 S. 1 BGB auf die §§ 2203 – 2206 BGB erfasst.

§ 2 Wirkungen einer Verfügungsbeschränkung nach § 2208 Abs. 1 S. 1 i.V.m. § 2205 S. 2 BGB

Nach der heute herrschenden Ansicht wirken die Beschränkungen nach § 2208 Abs. 1 S. 1 BGB – anders als Verwaltungsanordnungen nach § 2216 Abs. 2 BGB – absolut-dinglich und schränken die Rechtsmacht des Testamentsvollstreckers im Außenverhältnis unmittelbar ein.[299] Über eine Beschränkung nach § 2208 Abs. 1 S. 1 BGB kann der Testamentsvollstrecker sich nicht wirksam hinwegsetzen. Für den Fall einer Verfügungsbeschränkung nach § 2208 Abs. 1 S. 1 i.V.m. § 2205 BGB bedeutet das, dass eine dennoch vorgenommene Verfügung unwirksam ist.

Hervorzuheben ist, dass eine Rechtsmachtbeschränkung in Form einer Verfügungsbeschränkung (§ 2208 Abs. 1 S. 1 i.V.m. § 2205 S. 2 BGB) von der dem Testamentsvollstrecker im Übrigen übertragenen Verwaltung des Nachlasses unabhängig ausgestaltet ist.[300] Das heißt, auch die Nachlassgegenstände, über die der Testamentsvollstrecker nicht verfügen kann, unterliegen gleichwohl seiner Verwaltung.[301] § 2208 Abs. 1 S. 1 BGB erlaubt damit isolierte Teilbeschränkungen der Rechtsmacht des Testamentsvollstreckers.

Anders verhält es sich bei einer Objektbeschränkung (§ 2208 Abs. 1 i.V.m. § 2205 S. 1 BGB). In diesem Fall ist dem Testamentsvollstrecker die Verwaltung in Bezug auf einzelne Nachlassgegenstände nicht übertragen bzw. entzogen.[302]

---

299 *BGH*, NJW 1984, 2464; *BGHZ* 56, 275; Staudinger/*Reimann*, BGB (Bearb. 2016), § 2208 Rn. 18; Palandt/*Weidlich*, BGB, 78. A. (2019), § 2208 Rn. 5; *Zimmermann*, Testamentsvollstreckung, 4. A. (2014), Rn. 413; a.A. *Lehmann*, AcP 188 (1988), 1 (18); *Damrau*, JR 1985, 106.

300 *H. Lehmann* AcP 188 (1988), 1 (3); MüKoBGB/*Zimmermann*, 7. A. (2017), § 2205 Rn. 92; indirekt *Keim*, ZEV 2002, 132 (133).

301 *Muscheler*, Erbrecht (2010), Bd. II, Rn. 2807 („Ausschluss der Verfügungsbefugnis des verwaltenden Testamentsvollstreckers"); *H. Lehmann*, AcP 188 (1988), 1 (3); MüKoBGB/*Zimmermann*, 7. A. (2017), § 2205 Rn. 92.

302 Man beachte in diesem Kontext den Hinweis von *Muscheler*, Erbrecht (2010), Bd. II, Rn. 2764, auf den Wortlaut des § 2205 BGB, wonach der Testamentsvollstrecker „den Nachlass" zu verwalten hat.

Über diese einzelnen Nachlassgegenstände kann der Testamentsvollstrecker nicht verfügen. Der Umfang des Verfügungsrechts deckt sich mit dem Umfang des allgemeinen Verwaltungsrechts.

Doch welche Rechtswirkungen hat eine isolierte Teilbeschränkung der Verfügungsbefugnis des verwaltenden Testamentsvollstreckers (§ 2208 Abs. 1 S. 1 i.V.m. § 2205 S. 2 BGB)? Führt sie dazu, dass die Verfügungsbefugnis des Erben trotz angeordneter Verwaltungsvollstreckung auflebt bzw. erhalten bleibt? Wenn dem so wäre, entstünde ein Automatismus, nach dem entweder der Testamentsvollstrecker oder der Erbe allein verfügungsbefugt wäre. Wer verfügungsbefugt ist, wäre – zumindest dem ersten Anschein nach – klar.

Das Meinungsbild in der Literatur ist unübersichtlich und nicht eindeutig. Von einem „Aufleben" der Verfügungsbefugnis gehen offensichtlich *Lange/Kuchinke*[303], *Bonefeld*[304], *Weidlich*[305], *Heilmann*[306], *Röthel*[307] und *Weckbach*[308] aus. Nach deren Ansicht entzieht § 2211 Abs. 1 BGB dem Erben jegliches Verfügungsrecht dinglicher Art, sofern und soweit nicht ein Fall des § 2208 BGB vorliegt.[309] Um welchen der drei Fälle des § 2208 BGB es sich handeln soll, bleibt allerdings jeweils offen. Danach wäre der Erbe bei jeder Beschränkung

303 Erbrecht, 5. A. (2001), § 31 V 4, „So steht dem Erben die Verfügungsbefugnis zu, wenn ein Nachlassgegenstand ausnahmsweise nicht der Verwaltung oder der Verfügung des Testamentsvollstreckers unterliegt (§ 2208 Abs. 1)."

304 ZErb 2007, 142 (143): „Die Verfügungsbefugnis der Erben wird auch nur soweit durch die Testamentsvollstreckung eingeschränkt, wie die Verwaltungsbefugnis des Testamentsvollstreckers reicht (vgl. §§ 2208 Abs. 1, 2217 BGB)".

305 M.E. nicht ganz eindeutig in Palandt, BGB, 78. A. (2019), § 2211 Rn. 1: „Die Vorschrift [...] ist kein rechtsgeschäftliches Veräußerungsverbot [...], sondern entzieht dem Erben jegliches Verfügungsrecht dinglicher Art, sofern nicht ein Fall des § 2208 vorliegt. Hier sowie bei freigegebenen Gegenständen steht dem Erben die Verfügungsbefugnis zu.". AaO bei § 2205 Rn. 22 heißt es demgegenüber bei *Weidlich*: „Das Verfügungsrecht des Testamentsvollstreckers über die seiner Verwaltung unterliegenden Nachlassgegenstände (§ 2208) ist mit Ausnahme der ihm verbotenen unentgeltlichen Verfügungen [...] nicht beschränkt.".

306 jurisPK-BGB/*Heilmann*, 8. A. (2017), § 2211 Rn. 3: „Der Erbe ist nicht berechtigt, soweit Nachlassgegenstände der Verwaltung des Testamentsvollstreckers unterliegen. Ihm ist jegliches Verfügungsrecht dinglicher Art entzogen, soweit nicht § 2208 BGB eingreift." Die dort in Fn. 5 zitierte Entscheidung *BGHZ* 181, 127 enthält diese allgemeine Aussage nicht.

307 Erbrecht, 17. A. (2015), S. 393.

308 Die Bindungswirkung von Erbteilungsverboten, 1987, S. 94 f. und 132 f.

309 Nur *Lange/Kuchinke*, Erbrecht, 5. A. (2001), § 31 V 4 Fn. 147, weisen darauf hin, dass die Auslegung ergeben müsse, ob der Erblasser nicht auch die Verfügung durch die

der Rechte des Testamentsvollstreckers nach § 2208 BGB (partiell) verfügungsbefugt. § 2208 BGB würde in jedem seiner Fälle die Wirkung von § 2211 Abs. 1 BGB beschränken und dem Erben eine freiere Position verschaffen. *M. Schmidt*[310] und *Zimmermann*[311] scheinen demgegenüber davon auszugehen, dass der Erbe nicht über Nachlassgegenstände verfügen kann, soweit der Testamentsvollstrecker ein Verwaltungsrecht hat. Die Befugnis, über einzelne Nachlassgegenstände zu verfügen, lebt dann nicht beim Erben auf.

Nach einigen älteren Gerichtsentscheidungen soll der Erbe für den Nachlass jedenfalls dann rechtlich zuständig sein, wenn der Testamentsvollstrecker (aus rechtlichen Gründen) an der Amtsausübung gehindert ist.[312] Anzuführen sind die Entscheidungen des RG vom 28. Juni 1905 (Az. V 143/05)[313], des BGH vom 9. Dezember 1968 (Az. II ZR 57/67)[314] sowie des OLG München vom 22. Januar 1937 (Az. Wx 354/36)[315]. Ohne den Kontext der jeweiligen Entscheidung an dieser Stelle näher zu beleuchten, kann man die Haltung der genannten Gerichte so verstehen, dass der Erbe für den der Verwaltung des Testamentsvollstreckers unterliegenden Nachlass rechtlich zuständig und damit verfügungsbefugt ist, sofern und soweit der Testamentsvollstrecker wegen § 2208 Abs. 1 S. 1 i.V.m. § 2205 S. 2 BGB an einer Verfügung gehindert ist.

Literatur und Rechtsprechung scheinen sich in folgender Hinsicht einig zu sein: Erbe und Testamentsvollstrecker können jedenfalls zusammen, d.h. einvernehmlich, verfügen. Eine klare Zuordnung der Verfügungsbefugnis zur Person des Erben oder des Testamentsvollstreckers würde sich danach erübrigen, selbst wenn es dem Erblasserwillen widerspricht.

Für ein Aufleben der Verfügungsbefugnis beim Erben spricht der geschilderte Automatismus. Denn dieser schaffte Klarheit darüber, wer verfügungsbefugt ist und wer nicht.

Der Preis hierfür wäre jedoch, dass die Erfüllung der Verwaltungsaufgaben durch den Testamentsvollstrecker gefährdet wäre. Der Erbe könnte die Verfügungsmacht (ohne Verwaltungszuständigkeit) dazu gebrauchen, den

---

Erben hat ausschließen wollen. Das sei in der Regel anzunehmen, wenn das Verfügungsverbot die Auseinandersetzung (§ 2204 BGB) verhindern solle.

310 Erman, BGB, 15. A. (2017), § 2208 Rn. 3 und § 2211 Rn. 2.

311 MüKoBGB, 7. A. (2017), § 2205 Rn. 92.

312 Zustimmend Staudinger/*Reimann*, BGB (Bearb. 2016), § 2211 Rn. 11; Bamberger/Roth/*J. Mayer*, BGB, 3. A. (2012), § 2211 Rn. 7.

313 *RGZ* 61, 139.

314 *BGHZ* 51, 209 (217).

315 DNotZ 1937, 334.

Testamentsvollstrecker bei der Erledigung der Verwaltungsaufgaben zu stören und zu blockieren. Das wäre wenig praktikabel und nicht im Sinne des Gesetzes. Der Gesetzgeber sah es als wesentliches Erfordernis der Testamentsvollstreckung an, dass der Erbe die Vollstreckungsmacht des Testamentsvollstreckers nicht willkürlich vereiteln kann.[316] Dagegen sprechen auch nicht die vorgenannten Entscheidungen des RG, BGH und OLG München. Dreh- und Angelpunkt der Entscheidungen war, dass der jeweilige Testamentsvollstrecker aus rechtlichen Gründen insgesamt an der Amtsausübung gehindert war. Es ging nicht darum, dass der Erblasser dem verwaltenden Testamentsvollstrecker isoliert die Verfügungsbefugnis entzogen hat (§ 2208 Abs. 1 S. 1 i.V.m. § 2205 S. 2 BGB) oder die Verfügungsbefugnis im Einzelfall wegen eines Interessenwiderstreits zwischen Amtspflicht und persönlichem Eigeninteresse nicht gegeben war.[317] Hier geht es jedoch um die Verfügungsbefugnis im Falle eines Testamentsvollstreckers, der nach § 2208 Abs. 1 S. 1 i.V.m. § 2205 S. 2 BGB in seiner Rechtsmacht beschränkt ist. Davon zu unterscheiden ist die Gefahr, dass die Testamentsvollstreckung insgesamt entfällt, wenn der vom Erblasser zunächst ernannte Testamentsvollstrecker aus rechtlichen Gründen sein Amt nicht ausüben kann oder darf und der Erblasser auch keinen Ersatz für den Wegfall oder die Verhinderung des Testamentsvollstreckers verfügt hat.[318]

Gegen ein Aufleben der Verfügungsmacht beim Erben spricht auch, dass eine Beschränkung nach § 2208 Abs. 1 S. 1 BGB letztlich zu einer Freigabe nach § 2217 Abs. 1 BGB führen würde, wenn der betreffende Gegenstand dem Nachlass durch eine Verfügung des Erben entzogen wird. Der Erbe wäre faktisch in der Lage, die Anordnung des Erblassers gegenständlich zu beschränken, was jedoch dem Erblasser vorbehalten ist (§ 2208 Abs. 1 S. 1 i.V.m. § 2205 S. 1 BGB bzw. § 2208 Abs. 1 S. 2 BGB).

Gegen ein Aufleben der Verfügungsbefugnis beim Erben spricht letztlich der eindeutige Wortlaut von § 2211 Abs. 1 BGB. Danach kann der Erbe über einen der *Verwaltung* des Testamentsvollstreckers unterliegenden Nachlassgegenstand nicht verfügen. Die Verfügungsbeschränkung nach § 2208 Abs. 1 S. 1 i.V.m. § 2205 S. 2 BGB ist von der Verwaltungsaufgabe unabhängig ausgestaltet.[319] Das bedeutet, dass der Nachlassgegenstand der *Verwaltung* des

---

316 *Mugdan*, Motive, V, S. 123 und Protokolle, V, S. 669.

317 So aber jurisPK-BGB/*Heilmann*, 8. A. (2017), § 2211 BGB, Rn. 7.

318 Staudinger/*Reimann*, BGB (Bearb. 2016), § 2211 Rn. 11.

319 MüKoBGB/*Zimmermann*, 7. A. (2017), § 2205 Rn. 92 und Erman/*M. Schmidt*, BGB, 15. A. (2017), § 2208 Rn. 3 und § 2211 Rn. 2, knüpfen ebenfalls an das Verwaltungsrecht des Testamentsvollstreckers an und gelangen damit zu einer Pattsituation.

Testamentsvollstreckers unterliegt, wenngleich er nicht verfügungsbefugt ist.[320] § 2211 Abs. 1 BGB zieht daraus die klare Konsequenz, dass der Erbe hierüber nicht verfügen kann. Würde die Rechtsmacht des Erben automatisch aufleben, dann liefe § 2211 Abs. 1 BGB ins Leere. Der Erbe könnte die Macht des Testamentsvollstreckers illusorisch machen, was der Gesetzgeber nicht wollte.[321] Der bereits vom historischen Gesetzgeber aufgestellte Grundsatz, dass der Erbe – soweit das Verwaltungsrecht[322] des Testamentsvollstreckers reicht – nicht in der Lage sein darf, seinerseits einzugreifen, da er sonst, entgegen dem Willen des Erblassers, die Erledigung der dem Testamentsvollstrecker zugewiesenen Aufgaben vereiteln könnte,[323] muss strikt beachtet werden. Aus diesen Gründen erscheint es richtig, dass das Verfügungsrecht ungeachtet einer Beschränkung des Testamentsvollstreckers nach § 2208 Abs. 1 S. 1 i.V.m. § 2205 S. 2 BGB nicht beim Erben auflebt. Es stellt sich damit die Frage nach den Folgen einer Beschränkung der Rechtsmacht des Testamentsvollstreckers nach § 2208 Abs. 1 S. 1 i.V.m. § 2205 S. 2 BGB.

§ 3 Pattsituation wegen § 2211 Abs. 1 und § 2208 Abs. 1 S. 1 i.V.m. § 2205 S. 2 BGB

Nach dem Regelmodell der §§ 2197 ff. BGB tritt die Rechtsmacht des Erben vollständig hinter der des Testamentsvollstreckers zurück. Protagonist soll der Testamentsvollstrecker sein. Der Erbe soll die effektive Aufgabenerledigung durch den Testamentsvollstrecker weder erschweren noch unmöglich machen können.[324] Es gilt das allgemeine Verdrängungsprinzip.[325] Diese Vorstellung des Gesetzgebers kommt in der Verdrängungswirkung des § 2211 Abs. 1 BGB deutlich zum Ausdruck: Der Erbe soll nicht verfügen können, soweit der Testamentsvollstrecker ein Verwaltungsrecht hat.

Es hat sich jedoch gezeigt, dass der Erblasser über § 2208 Abs. 1 S. 1 i.V.m. § 2205 S. 2 BGB in diese Machtverteilung eingreifen kann. Wenn der Testamentsvollstrecker den ganzen Nachlass verwalten soll, der Erblasser dem Testamentsvollstrecker aber die Möglichkeit, über Nachlassgegenstände zu

---

320 *H. Lehmann*, AcP 188 (1988), 1 (3).

321 *Mugdan*, Protokolle, V, S. 669.

322 So ausdrücklich *Mugdan*, Denkschrift, V, S. 867.

323 *Keim*, ZEV 2002, 132 (133); *H. Lehmann*, AcP 188 (1988), 1 (3); indirekt bei MüKoBGB/*Zimmermann*, 7. A. (2017), § 2205 Rn. 59.

324 *Mugdan*, Motive, V, S. 123, Protokolle, V, S. 669, Denkschrift, V, S. 867.

325 *Muscheler*, Erbrecht (2010), Bd. II, Rn. 2715, sowie Kapitel 1.

verfügen, nicht einräumen will, stellt sich die Frage, wem die Rechtsmacht dann zustehen soll. Es droht folgende Pattsituation[326]:

- Dem Erben ist eine Verfügung über den betreffenden Nachlassgegenstand versagt, da der Nachlass der Verwaltung des Testamentsvollstreckers unterliegt (§§ 2205, 2211 Abs. 1 BGB).
- Dem Testamentsvollstrecker ist eine Verfügung über den betreffenden Nachlassgegenstand wegen der Verfügungsbeschränkung § 2208 Abs. 1 S. 1 i.V.m. § 2205 S. 2 BGB verwehrt.[327]

Unterstellt, es würde sich hierbei um das Endergebnis handeln, dann drohte den jeweiligen Nachlassgegenständen ein verfügungsloser Zustand. Diese Situation zeigt dogmatisch bislang ungelöste Probleme. Die Pattsituation entsteht jedenfalls nicht, wenn es zwingende gesetzliche Regelungen gäbe, die der Erblasser nicht überwinden kann, etwa weil die Verwaltungsaufgabe und die Verfügungsbefugnis des Testamentsvollstreckers strukturell voneinander abhängig sind oder weil ein faktisches Verfügungsverbot im Sinne von § 137 BGB entsteht.

§ 4 Grenzen der Gestaltungsfreiheit des Erblassers

I. Strukturelle wechselseitige Abhängigkeit von Verwaltungsaufgabe und Verfügungsbefugnis?

Möglicherweise ist eine Verfügungsbeschränkung nach § 2208 Abs. 1 S. 1 i.V.m. § 2205 S. 2 BGB unzulässig und damit die geschilderte Pattsituation vermeidbar, weil die Verfügungsbefugnis eines verwaltenden Testamentsvollstreckers nicht ausgeschlossen oder beschränkt werden kann. Das Gesetz stellt die Rechtsmacht des Testamentsvollstreckers unter den leitenden Gesichtspunkt der Durchführung seiner Aufgaben.[328] Dabei gilt der in § 2205 BGB zum Ausdruck kommende Grundsatz, das Verfügungsrecht als Ausfluss des Verwaltungsrechts des Testamentsvollstreckers zu begreifen.[329] Wenn Verwaltung und Verfügung so eng aufeinander bezogen sind, ist ihre Trennung womöglich

---

326 Der Begriff „Patt" stammt in diesem Zusammenhang von *H. Lehmann*, AcP 188 (1988), 1 (4).

327 Diese Situation beschreiben allein *Muscheler*, Erbrecht (2010), Bd. II, Rn. 2807, und *H. Lehmann*, AcP 188 (1988), 1 (3) und *Zimmermann* in MüKoBGB, 7. A. (2017), § 2205 Rn. 92.

328 Siehe hierzu Kapitel 2 § 1 und Palandt/*Weidlich*, BGB, 78. A. (2019), § 2205 Rn. 2.

329 *Muscheler*, Erbrecht (2010), Bd. II, Rn. 2807.

widersprüchlich, systemfremd und daher unzulässig.[330] Sind also die Beschränkungen nach § 2208 Abs. 1 S. 1 BGB von der übertragenen Verwaltung doch nicht unabhängig?

Zur Beantwortung dieser Frage bedarf es eines Rückblicks auf die beschriebene Ausgestaltung des Verwaltungsrechts des Testamentsvollstreckers. Versteht man den Begriff der (Fremd-)Verwaltung als ziel- und zweckgerichtete Übertragung von Rechtsmacht, dann steht der Übertragung lediglich eines Teils der Rechtsmacht nichts entgegen. Der Begriff der Verwaltung ist im Dienste der jeweiligen Verwaltungsaufgaben zu instrumentalisieren. Sind zur Erfüllung der Verwaltungsaufgaben keine Verfügungen erforderlich, dann ist kein Grund ersichtlich, dass die Verfügungsmacht zwingend auf den (Fremd-)Verwalter übertragen werden muss. Eine Übermacht des (Fremd-)Verwalters erweist sich zudem in vielen Fällen als kontraproduktiv.

Dabei muss auch beachtet werden, dass sich die Begriffe „Verwaltung“ und „Verfügung“ ihrer Bedeutung nach unterscheiden. Die Verwaltung erfasst sämtliche Maßnahmen zur Erhaltung, Sicherung, Nutzung und Vermehrung des Vermögens. Die Verfügung betrifft demgegenüber die Substanz bzw. den Bestand des jeweiligen Rechts, indem sie darauf gerichtet ist, auf ein Recht einzuwirken, es zu verändern, zu übertragen oder aufzuheben. Aufgrund dieser Unterschiede ist eine strukturelle Abhängigkeit von Verwaltung und Verfügungsrecht nicht erkennbar. Eine strukturelle Abhängigkeit ergibt sich auch nicht daraus, das Verfügungsrecht als Ausfluss des Verwaltungsrechts zu begreifen. In § 2205 S. 1 BGB heißt es, der Testamentsvollstrecker hat „den Nachlass“ zu verwalten. Für diesen Zweck benennt der Gesetzgeber in Satz 2 zweckdienliche Befugnisse des Testamentsvollstreckers. Die Befugnisse entstehen unmittelbar aus dem Verwaltungsrecht und nicht kraft der beispielhaften Aufzählung in § 2205 S. 2 BGB. Aus § 2205 S. 2 BGB kann daher nicht abgeleitet werden, dass die Verfügungsbefugnis unabdingbarer Bestandteil des Verwaltungsrechts ist, wenngleich nicht geleugnet werden kann, dass nach § 2205 S. 2 BGB die Verfügungsbefugnis grundsätzlich Bestandteil des Verwaltungsrechts ist. Letztlich zeigt die vom Gesetzgeber eröffnete Möglichkeit, die Verfügungsmacht eines verwaltenden Testamentsvollstreckers nach § 2208 Abs. 1 S. 1 i.V.m. § 2205 S. 2 BGB einzuschränken, dass Verwaltung und Verfügung zwar eng aufeinander bezogen sind, ihre Trennung gleichwohl möglich ist.

330 *H. Lehmann*, AcP 188 (1988), 1 (12).

II. Verstoß gegen § 137 BGB?

Ferner könnte eine Beschränkung der Verfügungsbefugnis des Testamentsvollstreckers (§ 2208 Abs. 1 S. 1 i.V.m. § 2205 S. 2 BGB) wegen § 137 S. 1 BGB unwirksam sein. Danach kann die Befugnis zur Verfügung über ein veräußerliches Recht nicht durch Rechtsgeschäft[331] ausgeschlossen oder beschränkt werden. § 137 S. 1 BGB erfasst allein rechtsgeschäftliche Verfügungsverbote und Verfügungsbeschränkungen mit dinglicher Wirkung. Schuldrechtliche Verpflichtungen, Verfügungen zu unterlassen, sind nach § 137 S. 2 BGB zulässig.[332]

Hinsichtlich des Normzwecks von § 137 BGB wird ein breites Spektrum an Meinungen vertreten. Verbreitet wird § 137 BGB als freiheitliche Grundnorm begriffen, welche die uneingeschränkte Verfügungsmacht des Rechtsinhabers sichert.[333] § 137 BGB sei Ausdruck des allgemeinen Rechtsgedankens, dass sich niemand durch Rechtsgeschäft seiner rechtlichen Handlungsfähigkeit entäußern kann.[334] Daneben diene § 137 BGB dem Schutz der Verkehrsfähigkeit von Gegenständen.[335] Veräußerliche Rechte sollen dem Rechtsverkehr nicht entzogen werden können (Verbot der *res extra commercium*).[336] Eine neuerliche Fideikommissbildung soll vermieden werden.[337] Damit sollen der *numerus clausus* der Sachenrechte und der Rechtsverkehr gesichert werden. Eine Unterscheidung zwischen Verfügungs- und Nutzungseigentum bzw. eine Trennung von Verfügungsberechtigung und Rechtsinhaberschaft soll nicht stattfinden. Letztlich sichere § 137 BGB die Funktionsfähigkeit des Zwangsvollstreckungsrechts.[338]

331 Hierzu zählen Verträge, letztwillige Verfügung oder andere einseitige Rechtsgeschäfte. Siehe hierzu *R. Liebs*, AcP 175 (1975), 1 (9).

332 MüKoBGB/*Armbrüster*, 7. A. (2015), § 138 Rn. 1.

333 Palandt/*Ellenberger*, BGB, 78. A. (2019), § 137 Rn. 1; *Raible*, Vertragliche Beschränkung der Übertragung von Rechten, Diss. (1969), S. 77 ff.; *Schlosser*, NJW 1970, 681 (683 f.); Soergel/*Hefermehl*, 11. A. (1978), Rn. 1 (abw. aber 12./13. A.); *Weitnauer*, FS F. Weber (1975), S. 429 (431, 434).

334 Palandt/*Ellenberger*, BGB, 78. A. (2019), § 137 Rn. 1.

335 *R. Liebs*, AcP 175 (1975), 1 (25).

336 Palandt/*Ellenberger*, BGB, 78. A. (2019), § 137 Rn. 1; BGHZ 56, 278. Nach *Müller-Freienfels* beschränkt sich der Normzweck hierauf (Die Vertretung beim Rechtsgeschäft, Diss. (1955), S. 130).

337 MüKoBGB/*Armbrüster*, 7. A. (2015), § 137 Rn. 4, mit dem Hinweis, dass die Sonderregelung in Art. 59 EGBGB (Familienfideikommisse) dem Zweck nicht entgegensteht; a.A. *Timm*, JZ 1989, 13 (17).

338 *R. Liebs* AcP 175 (1975), 1 (12 und 36); *Kohler*, Das Verfügungsverbot gemäß § 938 Abs. 2 ZPO im Liegenschaftsrecht, Diss. 1984, S. 315 ff.; *ders.* DNotZ 1989, 339 (348 f.); *Timm*, JZ 1989, 13 (17 f.); *E. Wagner*, AcP 194 (1994), 451 (472 f.).

Einem Schuldner soll nicht die Möglichkeit gegeben werden, einem seiner Vermögensgegenstände durch Rechtsgeschäft seine Veräußerlichkeit zu nehmen und damit vor einem drohenden Gläubigerzugriff abzuschirmen. Es geht dabei auch darum, dem Vollstreckungsrecht Spezialnormen über die Behandlung sonst wirksamer Verfügungsbeschränkungen zu ersparen.[339]

Die §§ 2197 bis 2228 BGB konkurrieren mit § 137 BGB und den vorgenannten Zielen. Sie enthalten eine (spezial-)gesetzliche Ermächtigung zur rechtsgeschäftlichen Ausgestaltung der Verwaltungsbefugnis, einschließlich der Verfügungsbefugnis.[340] Die Testamentsvollstreckung durchbricht den Grundsatz, dass Rechtsinhaberschaft und Rechtsmacht zusammenfallen, und trennt damit die Einheit von Recht und rechtlicher Zuständigkeit.[341] Die der Verwaltung des Testamentsvollstreckers unterliegenden Nachlassgegenstände bleiben veräußerlich.

Fraglich ist, ob eine Beschränkung der Verfügungsbefugnis des Testamentsvollstreckers (§ 2208 Abs. 1 S. 1 i.V.m. § 2205 S. 2 BGB) an diesem Befund etwas ändert. *H. Lehmann*[342] ist der Ansicht, dass in diesem Fall die eigentliche Beschränkung der Verfügungsmacht des Testamentsvollstreckers nicht aufgrund Gesetzes, sondern lediglich aufgrund gesetzlicher Ermächtigung erfolgt, von der der Erblasser Gebrauch machen kann. Er ist der Ansicht, das BGB lasse rechtsgeschäftliche Einwirkungen auf die Verfügungsbefugnis nur zu, wenn der Gesetzgeber ein vorgegebenes Modell bereithält, auf das derjenige, der die Verfügungsbefugnis beschränkt, zurückgreifen kann. Nicht dieser, sondern das Gesetz würde in diesem Fall den Ausschluss oder die Beschränkung der Verfügungsbefugnis regeln. Die rechtsgeschäftliche Mitwirkung des Testators würde sich jedoch darin erschöpfen, eine bestimmte, vom Gesetz bis in die Details vorformulierte Regelung in Geltung zu setzen. Derjenige, der die Verfügungsbefugnis beschränke, habe nur die Wahl zwischen den vorgegebenen Modellen. Als Beispiele nennt *H. Lehmann* die Eingehung der Ehe oder die Wahl eines bestimmten Güterstandes. Die §§ 2197 ff. BGB sind nach Ansicht *H. Lehmanns* kein solches vorgegebenes Modell.

---

339 MüKoBGB/*Armbrüster*, 7. A. (2015), § 137 Rn. 6.

340 *R. Liebs*, AcP 175 (1975), 1 (9); *Berger*, Rechtsgeschäftliche Verfügungsbeschränkungen, Habil. (1997), S. 27 und 147; *H. Lehmann*, AcP 188 (1988), 1 (17).

341 *Medicus/Petersen*, Bürgerliches Recht, 26. A. (2017), Rn. 24; *Berger*, Rechtsgeschäftlicher Verfügungsbeschränkungen, Habil. (1997), S. 79.

342 AcP 178 (1988), 1 (17). So auch *Pikalo*, DNotZ 1972, 644 (660), der § 137 BGB auf die Verfügungsbefugnis des Testamentsvollstreckers anwendet.

Die von *H. Lehmann* erhobenen Bedenken greifen jedoch nicht durch. Den Ausgangspunkt der folgenden Überlegung bildet zunächst seine Behauptung, dass das normative System der § 2197 ff. BGB keine Regelung für den Fall einer beschränkten Verfügungsbefugnis parat hält. Ob dem so ist, gilt es zu untersuchen.

Wenn man, wie *H. Lehmann*, für eine Verfügungsbeschränkung des Testamentsvollstreckers einen privatrechtlichen Vorbehalt des Gesetzes für erforderlich hält, dann ist die Rechtsgrundlage für den Erblasser gerade in dem gesetzlichen System der Testamentsvollstreckung zu sehen, insbesondere in § 2208 Abs. 1 S. 1 i.V.m. § 2205 S. 2 BGB. Der Gesetzgeber hat den Erblasser ermächtigt, von seinem Regelungsmodell abzuweichen. Damit hat der Gesetzgeber die Rechtsgrundlage für das „Ob" der Beschränkung geschaffen und dabei die Form einer Ermächtigungsgrundlage gewählt.[343] Hierbei entscheidet über das „Wie" stets der Erblasser.[344] Die Kritik von *H. Lehmann* übersieht, dass es sich bei der Verfügungsbefugnis des Testamentsvollstreckers um eine abgeleitete Rechtsmacht handelt. Diese abgeleitete Rechtsmacht des gesetzlich oder gewillkürt Ermächtigten, über ein fremdes Recht zu verfügen,[345] darf nicht mit der originären Verfügungsbefugnis des Rechtsinhabers gleichgesetzt werden. § 137 S. 1 BGB greift nicht ein, soweit der Ermächtigende selbst über die

343 *Berger* spricht im Kontext der Verfügungsbefugnis von einer „verdrängenden Verfügungsermächtigung" (s., Rechtsgeschäftliche Verfügungsbeschränkungen, Habil. (1997), S. 147).

344 § 2211 Abs. 1 BGB ist als rechtsgeschäftliche und nicht als gesetzliche Verfügungsbeschränkung zu qualifizieren (a.A. *Raape*, Das gesetzliche Veräußerungsverbot des BGB, 1908/2018, S. 60). Rechtsgeschäftliche Verfügungsbeschränkungen im weiteren Sinne sind Verfügungshindernisse, an die das Gesetz ein rechtsgeschäftlich begründetes Rechtsverhältnis knüpft. Anlass der gesetzlichen Wirkungen ist ein Rechtsgeschäft. Eine andere Qualifizierung ist nicht bereits deshalb angezeigt, weil die gesetzlichen Wirkungen nicht explizit in den Erklärungswillen aufgenommen werden müssen, s. *Berger*, Rechtsgeschäftliche Verfügungsbeschränkungen, Habil. (1997), S. 27.

345 Das BGB kennt drei Typen sekundärer Verfügungsmacht: (1) die abgeleitete gesetzliche Verfügungsbefugnis des Vermögensverwalters, die rechtsgeschäftlich nicht begrenzt wird, z.B. die des Insolvenzverwalters oder des Nachlasspflegers; (2) die abgeleitete gesetzliche Verfügungsmacht, die durch Rechtsgeschäft beschränkt werden kann, z.B. die des Testamentsvollstreckers; (3) die abgeleitete Rechtsmacht des nach § 185 Abs. 1 BGB Ermächtigten. Siehe hierzu insgesamt *Berger*, Rechtsgeschäftliche Verfügungsbeschränkungen, Habil. (1997), S. 93.

Reichweite der abgeleiteten, sekundären Verfügungsmacht disponieren kann.[346] Im Übrigen kennt das BGB auch außerhalb der §§ 2197 ff. BGB rechtsgeschäftliche Beschränkungen der Verfügungsmacht. Beispielsweise erfährt das in § 137 S. 1 BGB enthaltene Verbot eine Modifikation in § 399 Hs. 2 BGB. Danach kann die Abtretung einer (ihrer Natur nach veräußerlichen) Forderung durch Vereinbarung zwischen Gläubiger und Schuldner ausgeschlossen werden, sogar mit Auswirkung auf die Zwangsvollstreckung (§ 851 ZPO).[347] Weitere Sondervorschriften, die gewillkürte Verfügungsbeschränkungen zulassen, sind: § 473 BGB (Unübertragbarkeit des Vorkaufsrechts), § 792 Abs. 2 S. 1 BGB (Übertragung der Anweisung), § 15 Abs. 5 GmbHG (Übertragbarkeit von Geschäftsanteilen), § 68 Abs. 2 S. 1 AktG (Vinkulierung von Namensaktien), § 76 Abs. 1 S. 2 GenG (Übertragbarkeit des Geschäftsguthabens), § 2 ErbbauVO (Zustimmung des Grundstückseigentümers), § 613 S. 2 BGB (Höchstpersönlichkeit der Dienstleistung), § 664 Abs. 2 BGB (Unübertragbarkeit des Anspruchs auf Ausführung des Auftrags).

Die Beschränkung der Verfügungsbefugnis des Testamentsvollstreckers nach § 2208 Abs. 1 S. 1 i.V.m. § 2205 S. 2 BGB bildet einen weiteren Fall. Dennoch ist *Muscheler*[348] zuzustimmen, dass der Erblasser nicht einen Nachlassgegenstand der Verwaltung des Testamentsvollstreckers unterwerfen, damit nach § 2211 Abs. 1 BGB die Verfügungsbefugnis des Erben beseitigen und gleichzeitig die Verfügungsbefugnis des verwaltenden Testamentsvollstreckers nach § 2208 Abs. 1 BGB ausschließen kann. Das verstieße gegen den Geist des § 137 BGB,[349] da weder der Erbe noch der Testamentsvollstrecker über die betreffenden Nachlassgegenstände verfügen könnte. Der Erblasser kann keine Befugnisse über den Tod hinaus behalten.[350] Unabhängig davon, dass mit einer solchen „Blockade"-Gestaltung niemandem gedient ist, lässt sie sich mit der Ernennung eines Testamentsvollstreckers nicht begründen. Die Ernennung eines Testamentsvollstreckers führt lediglich zu einer Aufspaltung und Verlagerung der Rechtszuständigkeit, beseitigt diese aber nicht.[351] Hierfür spricht

346 *Berger* konstatiert hier zu Recht: „Selbstverständlich kann der Ermächtigende die Verfügungsmacht nach Gutdünken begrenzen." (siehe Rechtsgeschäftliche Verfügungsbeschränkungen, Habil. (1997), S. 94).

347 *BGH*, NJW 1971, 1805 (1806).

348 Erbrecht (2010), Bd. II, Rn. 2807, mit Hinweis auf *H. Lehmann*, AcP 188 (1988), 1 ff.

349 *Muscheler*, Erbrecht (2010), Bd. II, Rn. 2807, mit Hinweis auf *H. Lehmann*, AcP 188 (1988), 1 ff.

350 *Kegel*, FS R. Lange, 1976, 927 (939); *Reimann*, FamRZ 1995, 588 (592).

351 *Keim*, ZEV, 2002, 132 (133); *Kegel*, FS R. Lange, 1976, 927 (939); *Reimann*, FamRZ 1995, 588 (592).

auch der Wortlaut von § 2211 Abs. 1 BGB der nur die Person des Verfügungsbefugten bestimmt, aber nicht die Verfügungsmöglichkeit über die Nachlassgegenstände überhaupt ausschließen will.[352]

Damit kann festgehalten werden: § 137 Abs. 1 BGB steht einer Beschränkung der Verfügungsbefugnis des Testamentsvollstreckers nicht per se entgegen. Dennoch darf bezüglich des Nachlasses kein verfügungsloser Zustand entstehen, d.h. keine Situation, in welcher niemand verfügen kann.

III. Verkehrsschutz?

Letztlich könnte der Verkehrsschutz einer Verfügungsbeschränkung des Testamentsvollstreckers (§ 2208 Abs. 1 S. 1 i.V.m. § 2205 S. 2 BGB) entgegenstehen. Nach den §§ 2197 ff. BGB ist die Rechtsmacht zwischen Erbe und Testamentsvollstrecker klar verteilt. Hierauf kann sich der Rechtsverkehr verlassen. Das Amt des Testamentsvollstreckers beginnt auch ohne Kundmachung nach außen.[353] Gegenüber dem Rechtsverkehr erfolgt der Nachweis des Amtes über den Erbschein[354], das Europäische Nachlasszeugnis[355], im Grundbuch[356], im Handelsregister oder über das Testamentsvollstreckerzeugnis[357]. Ändert sich die Rollenverteilung zwischen Erbe und Testamentsvollstrecker, muss dem Verkehrsschutz Rechnung getragen werden. Sämtliche Beschränkungen der Rechtsmacht müssen für den Rechtsverkehr erkennbar sein. Der Verkehrsschutz führt jedoch nicht dazu, dass eine vom Regelfall abweichende Rollenverteilung unzulässig wäre. Eine Verfügungsbeschränkung des Testamentsvollstreckers (§ 2208 Abs. 1 S. 1 i.V.m. § 2205 S. 2 BGB) ist nur eine Modifizierung eines gesetzlichen Regelungsvorschlags, jedoch keine Beschränkung schlechthin einer originären Verfügungsbefugnis, die infolge der Zuordnung eines subjektiven Rechts gegeben wäre.[358] Deswegen greift der Aspekt des Verkehrsschutzes auch nicht auf der Grundlage des § 137 S. 1 BGB. Die Interessen des Rechtsverkehrs werden vielmehr über das Testamentsvollstreckerzeugnis (§ 2368 BGB) geschützt.[359] Darin sind gemäß § 354 Abs. 2 FamFG Beschränkungen der

---

352 So auch *BGH*, NJW 1971, 1805 (1806).
353 Bengel/*Reimann*, HbTV, 6. A. (2017), § 2 Rn. 275.
354 § 2353 ff. BGB i.V.m. §§ 352 ff. FamFG.
355 Art. 62 ff. EuErbVO.
356 § 52 GBO.
357 § 2368 BGB.
358 *Berger*, Rechtsgeschäftliche Verfügungsbeschränkungen, Habil. (1997), S. 148.
359 MüKoBGB/*Zimmermann*, 7. A. (2017), § 2205 Rn. 91.

Rechte des Testamentsvollstreckers nach § 2208 Abs. 1 S. 1 BGB anzugeben.[360] Bei Nichtangabe im erteilten Zeugnis spricht der öffentliche Glaube des Testamentsvollstreckerzeugnisses für die uneingeschränkte Verfügungsmacht des Testamentsvollstreckers, es sei denn, dass der Dritte die Beschränkung kennt (§§ 2368, 2366 BGB). Wenn kein Testamentsvollstreckerzeugnis erteilt ist, kann der Dritte sich auch nicht auf den guten Glauben an die Unbeschränktheit der Verfügungsmacht berufen.[361]

IV. Zwischenergebnis

Für die weitere Untersuchung kann festgehalten werden: § 2208 Abs. 1 S. 1 i.V.m. § 2205 S. 2 BGB ist die Rechtsgrundlage für eine Beschränkung der Verfügungsbefugnis des verwaltenden Testamentsvollstreckers. Damit kann die Situation entstehen, dass die Verfügungsbefugnis des verwaltenden Testamentsvollstreckers wegen § 2208 Abs. 1 S. 1 i.V.m. § 2205 S. 2 BGB beschränkt ist und gleichzeitig der Erbe wegen § 2211 Abs. 1 BGB nicht allein über Nachlassgegenstände verfügen kann. Das darf allerdings nicht dazu führen, dass über den Nachlass faktisch niemand verfügen kann. Das verstieße gegen den Geist des § 137 BGB.[362] Es stellt sich somit die Frage, wie die Verfügungsbefugnis über die Nachlassgegenstände im Falle einer Verfügungsbeschränkung nach § 2208 Abs. 1 S. 1 i.V.m. § 2205 S. 2 BGB ausgestaltet ist.

§ 5 Kooperative Verwaltung durch Erbe und Testamentsvollstrecker

I. Kooperative Verwaltungszuständigkeiten im BGB

Im BGB finden sich verschiedene Konstellationen, in denen ein Verwalter zur ordnungsmäßigen Verwaltung verpflichtet, aber nicht allein vertretungs- oder verfügungsbefugt ist. Anzuführen sind § 1365 Abs. 2, § 1369 Abs. 2, § 1426, § 1451 und § 1452 BGB aus dem ehelichen Güterrecht sowie § 2120 BGB bei der Einsetzung eines Nacherben (§ 2120 BGB).[363]

Nach *§ 1365 BGB* kann ein Ehegatte sich nur mit Einwilligung des anderen Ehegatten verpflichten, über sein Vermögen im Ganzen zu verfügen. Hat er sich ohne Zustimmung des anderen Ehegatten verpflichtet, so kann er die

---

360 Siehe hierzu Kapitel 5 § 3 II. 5. b).

361 MüKoBGB/*Zimmermann*, 7. A. (2017), § 2205 Rn. 92.

362 *Muscheler*, Erbrecht (2010), Bd. II, Rn. 2807; so auch *BGHZ* 40, 115; 56, 275; 57, 85.

363 Siehe *H. Lehmann*, AcP 188 (1988), 1 (13 f.).

Verpflichtung nur erfüllen, wenn der andere Ehegatte einwilligt (Abs. 1). Entspricht das Rechtsgeschäft den Grundsätzen einer ordnungsmäßigen Verwaltung, so kann das Familiengericht auf Antrag des Ehegatten die Zustimmung des anderen Ehegatten ersetzen, wenn dieser sie ohne ausreichenden Grund verweigert oder durch Krankheit oder Abwesenheit an der Abgabe einer Erklärung verhindert und mit dem Aufschub Gefahr verbunden ist (Abs. 2). Damit sieht das Gesetz nicht nur ein Zustimmungsmodell, sondern aus Zweckmäßigkeitsüberlegungen auch ein besonderes Verfahren zur Ersetzung der Zustimmung durch richterlichen Gestaltungsakt vor.

Eine § 1365 BGB ähnliche Regelung sieht *§ 1369 BGB* vor: Ein Ehegatte kann über ihm gehörende Gegenstände des ehelichen Haushalts nur verfügen und sich zu einer solchen Verfügung auch nur verpflichten, wenn der andere Ehegatte einwilligt (Abs. 1). Das Familiengericht kann auf Antrag des Ehegatten die Zustimmung des anderen Ehegatten ersetzen, wenn dieser sie ohne ausreichenden Grund verweigert oder durch Krankheit oder Abwesenheit verhindert ist, eine Erklärung abzugeben (Abs. 2). Wie bei § 1365 Abs. 2 BGB sieht das Gesetz keine Leistungsklage, sondern eine Klage auf Ersetzung der Zustimmung durch richterlichen Gestaltungsakt vor.

§ 1426 BGB nimmt Bezug auf § 1423 (Verfügung über das Gesamtgut im Ganzen) und § 1424 BGB (Verfügung über Grundstücke, Schiffe oder Schiffsbauwerke). Die Regelung soll die ordnungsgemäße Verwaltung des Gesamtguts erleichtern. Wie bei den §§ 1365, 1369 BGB ist bei wesentlichen Rechtsgeschäften eines Ehegatten die Einwilligung des anderen Ehegatten erforderlich. Ist diese zur ordnungsmäßigen Verwaltung des Gesamtguts erforderlich, kann das Familiengericht auf Antrag die Zustimmung des anderen Ehegatten ersetzen, wenn dieser sie ohne ausreichenden Grund verweigert oder durch Krankheit oder Abwesenheit an der Abgabe einer Erklärung verhindert und mit dem Aufschub Gefahr verbunden ist. Die Regelung stellt ein Korrektiv hinsichtlich der praktischen Schwierigkeiten dar, die durch die Zustimmungspflicht nach den §§ 1423, 1424 BGB begründet werden.

Die *§§ 1451 und 1452 BGB* fügen sich in das Zustimmungssystem der §§ 1365, 1369, 1426 BGB ein. Nach § 1451 BGB ist jeder Ehegatte dem anderen gegenüber verpflichtet, zu Maßregeln mitzuwirken, die zur ordnungsmäßigen Verwaltung des Gesamtguts erforderlich sind. § 1452 BGB sieht die Ersetzung der Zustimmung vor: Ist zur ordnungsmäßigen Verwaltung des Gesamtguts die Vornahme eines Rechtsgeschäfts oder die Führung eines Rechtsstreits erforderlich, so kann das Familiengericht auf Antrag eines Ehegatten die Zustimmung des anderen Ehegatten ersetzen, wenn dieser sie ohne ausreichenden Grund verweigert (Abs. 1). Dies gilt auch, wenn zur ordnungsmäßigen Besorgung der persönlichen Angelegenheiten eines Ehegatten ein Rechtsgeschäft erforderlich ist, das der Ehegatte mit Wirkung für das Gesamtgut nicht ohne Zustimmung des anderen Ehegatten vornehmen kann (Abs. 2).

Nach *§ 2120 BGB* ist der Nacherbe dem Vorerben gegenüber verpflichtet, seine Einwilligung zu einer Verfügung zu erteilen, die zur ordnungsmäßigen Verwaltung erforderlich ist, die der Vorerbe aber nicht mit Wirkung gegen den Nacherben vornehmen kann. Anders als die familienrechtlichen Bestimmungen der §§ 1365, 1369, 1426 und 1452 BGB sieht § 2120 BGB keine Ersetzungsmöglichkeit durch das Gericht vor. Die Einwilligung kann nur im Wege der Leistungsklage eingeholt werden.

Es zeigt sich, dass der Gesetzgeber immer dann einen Mechanismus in Form eines Anspruchs auf Zustimmung zur Durchführung der Verwaltungsaufgabe vorgesehen hat, wenn einer der „Verwalter" zur ordnungsmäßigen Verwaltung verpflichtet, aber nicht allein vertretungs- oder verfügungsbefugt ist. Der Anspruch auf Zustimmung ist dabei das erforderliche Korrelat der beschränkten Verfügungsbefugnis, um eine ordnungsmäßige Verwaltung sicherzustellen.

Es ist daher denkbar, dass dieses Prinzip auch im Rahmen der Testamentsvollstreckung gilt. Die Grundlage für ein solches Korrelat muss jedoch im Recht des Testamentsvollstreckers verankert sein, da anderenfalls nur eine Analogie der vorerwähnten Vorschriften in Betracht kommt.

II. Kooperative Verwaltungszuständigkeiten von Erbe und Testamentsvollstrecker in den §§ 2197 ff. BGB

1. Der Meinungsstand in der Rechtsprechung und Literatur

In der Praxis ist anerkannt, dass Erbe und Testamentsvollstrecker in verfügungsrechtlicher Hinsicht zusammenwirken können, wenn beide sich einig sind.[364] Sie können stets gemeinsam[365] über Nachlassgegenstände verfügen, und zwar auch dann, wenn die Verfügung unentgeltlich ist[366] oder der Erblasser eine Verfügung verboten hat.[367] Ein Zusammenwirken von Erbe und Testamentsvollstrecker wird ferner für erforderlich gehalten, wenn die Ernennung

364 *BGHZ* 40, 115 (118); 56, 275 (281); 84, 88; Staudinger/*Reimann*, BGB (Bearb. 2016), § 2208 Rn. 7; MüKoBGB/*Zimmermann*, 7. A. (2017), § 2208 Rn. 5 und § 2205 Rn. 92; *Lange/Kuchinke*, Erbrecht, 5. A. (2001), § 31 V 1a Fn. 120;

365 Nicht *gemeinschaftlich*, da zwischen Erbe und Testamentsvollstrecker keine Gemeinschaft besteht.

366 *BGHZ* 57, 85.

367 *BGHZ* 56, 275.

des Testamentsvollstreckers auf ein Auseinandersetzungsverbot nach § 2044 BGB trifft.[368] Hat der Erblasser explizit die Erbauseinandersetzung gemäß § 2044 Abs. 1 BGB ausgeschlossen oder erschwert, sind insoweit die Rechte des Testamentsvollstreckers mit dinglicher Wirkung eingeschränkt, so dass es der Mitwirkung der Erben bedarf.[369]

Der BGH konstatiert für den Fall, dass die Beschränkung der Verfügungsbefugnis des Testamentsvollstreckers auf einer Erblasseranordnung beruht: Weder sei eine gesetzliche Bestimmung noch sei ein innerer Grund ersichtlich, der für eine Durchbrechung des Grundsatzes des § 137 BGB dahin gehend spreche, dass der Erblasser die Verfügung über den Nachlassgegenstand überhaupt unmöglich machen könne.[370] Aus Effektivitätsgründen müsse die sonst vom Gesetz betonte Bindung des Testamentsvollstreckers an den Willen des Erblassers und nicht des Erben hinter dem Gebot des § 137 BGB zurücktreten. Dabei konnte der BGH die Frage, wie eine kooperative Verfügungszuständigkeit bei einer Verfügungsbeschränkung des Testamentsvollstreckers nach § 2208 Abs. 1 S. 1 i.V.m. § 2205 S. 2 BGB dogmatisch begründet wird, bislang mit dem Argument offenlassen, dass Einigkeit zwischen Testamentsvollstrecker und Erbe bestand.[371]

Reimann spricht davon, dass das „rechtliche Können" des Testamentsvollstreckers immer dann gegeben sei, wenn die Erben dem Handeln des Testamentsvollstreckers zustimmen.[372] Dies würde für ein Zustimmungsmodell sprechen.

---

368 Nach der h.M. kann die Dauervollstreckung (§ 2209 BGB) zugleich die Verfügung des Erblassers beinhalten, die Auseinandersetzung des Nachlasses solle unterbleiben, solange die Testamentsvollstreckung wirksam ist (sog. Flad'sche Formel), Planck/*Flad*, BGB, 4. A. (1930), § 2209 Anm. 6; MüKoBGB/*Zimmermann*, 7. A. (2017), § 2209 Rn. 9; Staudinger/*Reimann*, BGB (Bearb. 2016), § 2209 Rn. 13; *Winkler*, Der Testamentsvollstrecker, 22. A. (2016), Rn. 137; Erman/*M. Schmidt*, BGB, 14. A. (2014), § 2209 Rn. 2; Palandt/*Edenhofer*, BGB, bis zur 69. A., § 2209 Rn. 6. Auf den Erblasserwillen relativierend NK-BGB/*Weidlich*, 3. A. (2010), § 2209 Rn. 5, und Palandt/*Weidlich*, BGB, 78. A. (2019), § 2209 Rn. 3; *BayObLGZ* 1976, 67 (82); *OLG Karlsruhe*, ZEV 2005, 256 (257); a.A. *Scheuren-Brandes*, ZEV 2007, 306.

369 *Reimann*, DNotZ 2016, 769 (774): § 2208 BGB habe die Wirkung, dass der Testamentsvollstrecker Auseinandersetzungsverfügungen nicht gegen den Willen auch nur eines Miterben treffen könne.

370 *BGHZ* 56, 275.

371 Vgl. *BGHZ* 40, 115 (118); 56, 275 (281); 84, 88.

372 Staudinger/*Reimann*, BGB (Bearb. 2016), § 2208 Rn. 30.

Berger befürwortet eine gemeinschaftliche[373] Verfügungszuständigkeit des Testamentsvollstreckers durch Zustimmung des Erben.[374] Die Beschreibung einer Zuständigkeit als „gemeinsam" oder „gemeinschaftlich" könnte ebenso als Aufteilung der Rechtsmacht gedeutet werden.

H. Lehmann steht einem Zustimmungsmodell ablehnend gegenüber.[375] Der Umstand, dass die §§ 2197 ff. BGB keine explizite Zustimmungspflicht regeln, spreche gegen dieses Modell. Eine normative Korrektur sei nicht veranlasst. Rechtsmethodisch überzeugt die Ansicht *H. Lehmanns* nicht. Denn ein solcher (Umkehr)Schluss wäre nur möglich, wenn es sich bei den §§ 2197 ff. BGB um eine erschöpfend geregelte Materie handeln würde, der Gesetzgeber eine Zustimmungsregelung also bewusst nicht gewollt hätte. Das ist jedoch nicht der Fall. Der Gesetzgeber hat sich zwar bemüht, „Klarheit in ein dunkles Institut zu bringen".[376] Doch bereits die Klärung der grundlegenden Frage, wie die Rechtsstellung des Testamentsvollstreckers zu qualifizieren ist, wurde der Wissenschaft überlassen.[377] Bei der Anwendung der §§ 2197 ff. BGB hat sich gezeigt, dass die Regelungen des BGB nicht vollständig[378] und Anwendungsfragen nur gesamtsystematisch zu beantworten sind. *Reimann* nennt in diesem Kontext die Machtverteilung zwischen Erbe und Testamentsvollstrecker.[379] Die Tatsache, dass es bei der Frage, welche Machtbefugnisse dem Testamentsvollstrecker einzuräumen sind, bis zuletzt „tiefgehende Meinungsverschiedenheiten" gab[380], lässt vermuten, dass die Regelungen der §§ 2197 ff. BGB nicht erschöpfend sind. Dies belegen die hier zu untersuchenden Anwendungsfragen im Rahmen des § 2208 BGB.[381] Ferner ist zu beachten, dass die Regelungen der §§ 1365 Abs. 2, 1369 Abs. 2, 1426, 1451 f. BGB sich nicht auf Fälle der Fremdverwaltung beziehen, sondern auf Fälle der Eigenverwaltung. Ein Innenverhältnis

---

373 *Berger*, Rechtsgeschäftliche Verfügungsverbote, Habil. (1997), S. 149; an anderer Stelle (S. 148) bezeichnet *Berger* die Verfügungszuständigkeit als „gemeinsame", was zu befürworten ist.

374 *Berger*, Rechtsgeschäftliche Verfügungsverbote, Habil. (1997), S. 149, allerdings nur in Anlehnung an *BGHZ* 40, 115; 56, 275; 57, 85, d.h. ohne nähere dogmatische Begründung.

375 Siehe AcP 188 (1988), 1 (9).

376 *Mugdan*, Motive, V, S. 124.

377 Siehe *Mugdan*, Motive, V, S. 114.

378 Siehe Staudinger/*Reimann*, BGB (Bearb. 2016), Vorbem. zu §§ 2197 ff. BGB, Rn. 7.

379 Staudinger/*Reimann*, BGB (Bearb. 2016), Vorbem. zu §§ 2197 ff. BGB, Rn. 7.

380 Siehe *Mugdan*, Protokolle, V, S. 661.

381 Siehe auch *H. Lehmann*, AcP 188 (1988), 1 (21).

zwischen (Fremd-)Verwalter und Vermögensinhaber, wie bei der Testamentsvollstreckung, kann es dort naturgemäß nicht geben. Aus diesem Grund ist zwischen Erbe und Testamentsvollstrecker auch eine andere Zustimmungsregelung erforderlich.

Die Folgen einer Beschränkung der Verfügungsbefugnis des Testamentsvollstreckers nach § 2208 Abs. 1 S. 1 i.V.m. § 2205 S. 2 BGB gilt es somit weiter zu untersuchen. Insbesondere ist weiterhin die Antwort auf die Frage nach einer dogmatischen Grundlage für eine kooperative Verfügungsbefugnis von Erbe und Testamentsvollstrecker offen, zumal auch Sachverhalte denkbar sind, bei denen sich Erbe und Testamentsvollstrecker nicht einig sind.

2. *Das Rechtsverhältnis des Testamentsvollstreckers zum Erben*

Die bisherigen Überlegungen haben sich ausschließlich auf die Verfügungsmacht des Testamentsvollstreckers, das heißt auf seine Legitimation im Außenverhältnis konzentriert. Dem Innenverhältnis[382] zwischen dem Erben und dem Testamentsvollstrecker wird dagegen relativ wenig Beachtung geschenkt. Zur Auflösung der Pattsituation im Falle einer Verfügungsbeschränkung des Testamentsvollstreckers nach § 2208 Abs. 1 S. 1 i.V.m. § 2205 S. 2 BGB wird im Folgenden auch das Rechtsverhältnis zwischen Erbe und Testamentsvollstrecker (Innenverhältnis) näher beleuchtet.

Zur Ordnung der inneren Rechtsbeziehungen zwischen dem Erben und dem Testamentsvollstrecker sind zunächst zwei Grundregeln zu beachten, die *Endemann* bereits im Jahr 1900 aufgestellt hat und die auch heute noch uneingeschränkt gültig sind:

- Dem Erben soll volle Sicherheit für die ungeschmälerte Erhaltung seiner Rechte am Nachlass geboten werden.
- Seine Rechte auf Besitz, Verwaltung und Genuss sollen ihm nicht länger entzogen werden dürfen, als dies zur Erreichung der vom Erblasser gewollten Zwecke erforderlich ist.[383]

Diese beiden Regeln knüpfen an die der Testamentsvollstreckung immanente Aufspaltung der materiellen Berechtigung und rechtlichen Zuständigkeit an und führen das Spannungsverhältnis zwischen Erbe und Testamentsvollstrecker auf das Wesentliche zurück.

382 § 2218 Abs. 1 BGB spricht von „Rechtsverhältnis".
383 *Endemann*, Erbrecht, 1. Hälfte, S. 236.

Das Gesetz regelt die Beziehung des Erben zum Testamentsvollstrecker in den §§ 2206 Abs. 2, 2215 bis 2220 und 2227 BGB. Bei der für das Rechtsverhältnis des Testamentsvollstreckers zum Erben zentralen Norm des § 2218 Abs. 1 BGB hat sich der Gesetzgeber darauf beschränkt, eine Rechtsfolgenverweisung auf das Auftragsrecht (§§ 664, 666 bis 668, 670, 673 S. 2 und 674 BGB) anzuordnen. Regelungen für den Bereich der (konkurrierenden) Rechtsmacht oder zu gemeinsamen Verwaltungsmaßnahmen fehlen dabei sowohl im Auftragsrecht als auch in den §§ 2197 ff. BGB.

Zwischen dem Erben und dem Testamentsvollstrecker besteht ein gesetzliches Schuldverhältnis (§ 2218 Abs. 1 BGB). Die Rechte und Pflichten hieraus werden durch das Gesetz näher ausgestaltet.[384] Der Testamentsvollstrecker hat u.a. das Recht und gegenüber dem Erben die Pflicht, den Nachlass ordnungsmäßig zu verwalten (§ 2216 BGB). Seiner Verwaltung[385] unterliegen auch diejenigen Nachlassgegenstände, über die er nicht oder nicht allein verfügen kann.[386] Der Grundsatz der ordnungsmäßigen Verwaltung gilt dabei uneingeschränkt, mit der Folge, dass auch Maßnahmen erforderlich sein können, zu denen der Testamentsvollstrecker nicht befugt ist.[387] An dieser Stelle deutet sich bereits an, dass im Innenverhältnis zwischen Erbe und Testamentsvollstrecker ein Ausgleich für die jeweils fehlenden Befugnisse des Erben und des Testamentsvollstreckers geschaffen werden muss.[388] Anderenfalls droht der Verwaltungsaufgabe ein faktisches Vollzugshindernis, mit der Konsequenz, dass die Testamentsvollstreckung undurchführbar oder zumindest ineffektiv wird.[389] Abhilfe kann hier nur kooperatives Handeln schaffen. Es besteht daher das Bedürfnis nach einer kooperativen Verwaltung.

3. *Kooperation im Rahmen der Ordnungsmäßigkeit und Effektivität der Verwaltung*

Eine kooperative Verwaltungszuständigkeit könnte auch in den Grundsätzen der Ordnungsmäßigkeit und Effektivität der Verwaltung zu finden sein. Die

---

384 Siehe hierzu ausführlich *Muscheler*, Erbrecht (2010), Bd. II, Rn. 2821 f.; Staudinger/*Reimann*, BGB (Bearb. 2016), § 2218 Rn. 2; Palandt/*Weidlich*, BGB, 78. A. (2019), § 2218 Rn. 1.

385 Im Fall der gegenständlich nicht beschränkten Testamentsvollstreckung.

386 Siehe hierzu oben Kapitel 4 § 2.

387 So auch *H. Lehmann* AcP 188 (1988), 1 (13).

388 So auch *H. Lehmann* AcP 188 (1988), 1 (13).

389 So auch *H. Lehmann* AcP 188 (1988), 1 (13).

Motive des Erblassers sind maßgeblich für die Maßstäbe der Ordnungsmäßigkeit der Verwaltung. Betrachtet man die Regelungen der §§ 2206 Abs. 2, 2215 bis 2220 BGB, dann zeigt sich, dass das gesetzliche Schuldverhältnis unter dem leitenden Gesichtspunkt der ordnungsmäßigen Verwaltung steht. Deutlich wird dies in § 2206 BGB und seiner Entstehungsgeschichte.

§ 2206 BGB geht zurück auf die §§ 1900 und 1902 des Ersten Entwurfs des BGB. *§ 1900 Entwurf I* lautete:

> „Außer den in den §§ 1897–1899 bezeichneten Fällen ist der Testamentsvollstrecker zur Verfügung über die zum Nachlasse gehörenden Gegenstände nur dann berechtigt, wenn die Verfügung zur ordnungsmäßigen Verwaltung oder zur Beschaffung der Mittel für die Erfüllung einer Nachlaßverbindlichkeit erforderlich ist.
> Der Erbe ist verpflichtet, zu einer solchen Verfügung, seine Einwilligung oder Genehmigung zu ertheilen, vorbehaltlich des im § 1897 Abs. 2 und im § 1899 Abs. 2 bezeichneten Rechtes des Widerspruches.“

In *§ 1902 Entwurf I* hieß es:

> „Der Testamentsvollstrecker ist zur Eingehung einer Verbindlichkeit nur insofern berechtigt, als er über einen zum Nachlasse gehörenden Gegenstand zu verfügen berechtigt ist und die Verpflichtung zu einer solchen Verfügung übernommen wird, oder als die Eingehung der Verbindlichkeit zur ordnungsmäßigen Verwaltung erforderlich ist. Der Erbe wird durch Eingehung einer solchen Verbindlichkeit verpflichtet, unbeschadet der Vorschriften über das Inventarrecht.
> Die Vorschrift des § 1900 Abs. 2 findet entsprechende Anwendung.“

Die Erste BGB-Kommission wollte die Bedeutung des § 1902 Abs. 1 Entwurf I unterstreichen, indem sie in Abs. 2 die Vorschrift des § 1900 Abs. 2 Entwurf I über die Einwilligungs- oder Genehmigungspflicht des Erben für entsprechend anwendbar erklärt hat.[390] Die Ordnungsmäßigkeit der Verwaltung kann jedoch nur gewahrt werden, wenn die hierzu erforderlichen Verwaltungsmaßnahmen ergriffen werden können. Hierzu hielt die Zweite BGB-Kommission in den Protokollen fest, dass das Recht der Testamentsvollstreckung so ausgeformt sein muss, dass die Erreichung des Zwecks der Testamentsvollstreckung, den letzten Willen des Erblassers zur Durchsetzung zu bringen, nicht gefährdet ist.[391]

Der Gesetzgeber ist in § 2206 Abs. 1 S. 1 BGB dabei geblieben, dass dem Testamentsvollstrecker das Recht, Verbindlichkeiten für den Nachlass einzugehen, nur insoweit zusteht, als das Eingehen einer Verbindlichkeit zur ordnungsmäßigen Verwaltung des Nachlasses erforderlich ist. Nach § 2206 Abs. 2

390 *Mugdan*, Motive, V, S. 123.
391 Siehe *Mugdan*, Protokolle, V, S. 659.

BGB ist der Erbe verpflichtet, seine Einwilligung zu erteilen, wenn dies zur ordnungsmäßigen Verwaltung erforderlich ist. Zweck der Regelung ist es, für den Testamentsvollstrecker und den Vertragspartner in Fällen des Zweifels über die Verpflichtungsmacht des Testamentsvollstreckers Klarheit zu schaffen.[392] Damit dient die Regelung zugleich der Erfüllung der Verwaltungsaufgaben.

Die Einwilligung des Erben nach § 2206 Abs. 2 BGB ist nicht streng im Sinne des Zustimmungserfordernisses nach § 182 BGB zu verstehen.[393] Dies ergibt sich zum einen daraus, dass es bei § 2206 BGB nicht um schwebend unwirksame Geschäfte eines Nichtberechtigten geht. Zum anderen folgt dies daraus, dass eine ordnungsmäßige Handlung eines nicht in der Rechtsmacht beschränkten Testamentsvollstreckers auch ohne Zustimmung des Erben wirksam ist. Die Zustimmung ist in diesen Fällen nur deklaratorisch. Einwilligung im Sinne des § 2206 Abs. 2 BGB bedeutet daher nur so viel wie Einverständnis[394] im Sinne eines Verzichts auf Schadensersatz.

Eine ähnliche Zielrichtung enthält § 2224 Abs. 2 BGB. Danach ist jeder von mehreren Testamentsvollstreckern berechtigt, ohne Zustimmung[395] der anderen Testamentsvollstrecker, diejenigen Maßregeln zu treffen, welche zur Erhaltung eines der gemeinschaftlichen Verwaltung unterliegenden Nachlassgegenstandes notwendig sind. Außerhalb der Erhaltungsmaßnahmen gilt der Grundsatz der gemeinschaftlichen Verwaltung, bei der jeder Testamentsvollstrecker zustimmen muss.

Aus § 2206 Abs. 2 und § 2224 Abs. 2 BGB ist ersichtlich, dass der Gesetzgeber dem Testamentsvollstrecker ein rechtliches Mittel an die Hand geben wollte, mit dem er die ihm übertragene Verwaltungsaufgabe erfüllen kann. Es handelt sich um eine kooperative Verwaltung in Form einer Verwaltungszuständigkeit des Testamentsvollstreckers unter Einwilligungsvorbehalt des Erben. Das Zustimmungsrecht des Erben ist notwendig mit der ordnungsmäßigen Verwaltung verknüpft. Es wird zu einer Zustimmungspflicht, wenn es die ordnungsmäßige Verwaltung erfordert. Hier zeigt sich die starke Gewichtung der Effektivität der Testamentsvollstreckung in aller Deutlichkeit.

---

392 MüKoBGB/*Zimmermann*, 7. A. (2017), § 2206 Rn. 1.

393 So aber MüKoBGB/*Zimmermann*, 7. A. (2017), § 2206 Rn. 10.

394 Eine ähnliche Wertung findet sich in § 2120 S. 1 BGB, wenn man mit *Harder*, DNotZ 1994, 822 (834), annimmt, dass das Einverständnis des Nacherben bei ordnungsmäßiger Verwaltung durch den Vorerben nicht erforderlich ist.

395 Auch hier handelt es sich nicht um den in den §§ 182 ff. BGB verwendeten Terminus. Es geht auch hier nicht um schwebend unwirksame Geschäfte, sondern um ein Mittel zum Zweck, nämlich den der ordnungsmäßigen Verwaltung.

4. *Kooperation bei unentgeltlichen Verfügungen i.S.v. § 2205 S. 3 BGB*

Der Testamentsvollstrecker ist zu unentgeltlichen Verfügungen nur berechtigt, soweit sie einer sittlichen Pflicht oder einer auf den Anstand zu nehmenden Rücksicht entsprechen (§ 2205 S. 3 BGB). Gleichwohl ist es herrschende Meinung, dass der Testamentsvollstrecker mit Zustimmung des Erben über den Rahmen von Pflicht- und Anstandsschenkungen hinaus unentgeltlich über Nachlassgegenstände wirksam verfügen kann.[396] Die herrschende Meinung erkennt damit ein kooperatives Zusammenwirken von Erbe und Testamentsvollstrecker auch bei unentgeltlichen Verfügungen des Testamentsvollstreckers an.

Die Frage, ob ein kooperatives Zusammenwirken von Testamentsvollstrecker und Erbe bei unentgeltlichen Verfügungen anzuerkennen ist, wird unterschiedlich beurteilt.[397] Nach der früheren Rechtsprechung hat die Zustimmung des Erben eine unentgeltliche Verfügung nicht wirksam gemacht.[398] Nach anderer Ansicht galt das Schenkungsverbot nicht, wenn die Nachlassbeteiligten, insbesondere Nachlassgläubiger, nicht geschädigt wurden und die unentgeltliche Verfügung dem Erblasserwillen nicht widersprach.[399] Nach der Ansicht des BGH und der Literatur ist eine unentgeltliche Verfügung wirksam, wenn ihr alle Erben und alle (noch nicht befriedigten) Vermächtnisnehmer zugestimmt haben.[400] Dogmatisch wird das Zusammenwirken wie folgt begründet:[401] § 2205 S. 3 BGB sei eine Schutzvorschrift, die vornehmlich den nicht verfügungsberechtigten Erben vor dem verfügungsberechtigten Testamentsvollstrecker schützen soll. Unter Bezugnahme auf die Protokolle[402] soll, weil dies keineswegs der Absicht des Erblassers entspreche, nicht rein vom Belieben des berufenen Testamentsvollstreckers abhängen, ob der Erbe überhaupt etwas aus dem Nachlass erhält. Der Erbe soll also nicht der Willkür des

---

396 *BGHZ* 57, 84 (92 ff.); *BayObLG*, NJW-RR 1989, 587; Staudinger/*Reimann*, BGB (Bearb. 2016), § 2205 Rn. 103; MüKoBGB/*Zimmermann*, 7. A. (2017), § 2205 Rn. 80; *Muscheler*, Erbrecht (2010), Bd. II, Rn. 2805 f.

397 Ausführlich *Muscheler*, Erbrecht (2010), Bd. II, Rn. 2806.

398 Zum Beispiel *RGZ* 4, 215 (218); *RGZ* 105, 246 (249); *OLG Düsseldorf*, NJW 1963, 162; weitere Nachweise bei *Muscheler*, Erbrecht (2010), Bd. II, Rn. 2806 Fn. 241.

399 Planck/*Flad*, 4. A., § 2205 Anm. 12.

400 *BGHZ* 57, 84 (92 ff.); *Muscheler*, Erbrecht (2010), Bd. II, Rn. 2806; *Lange/Kuchinke*, Erbrecht, 5. A. (2001), § 31 VI 2b; Staudinger/*Reimann*, BGB (Bearb. 2016), § 2205 Rn. 103; MüKoBGB/*Zimmermann*, 7. A. (2017), § 2205 Rn. 80.

401 Siehe etwa *BGHZ* 57, 84 (92 ff.).

402 Protokolle, V, S. 280.

Testamentsvollstreckers ausgeliefert sein. Nur insoweit ist im Rahmen des § 2205 S. 3 BGB ein Wille des Erblassers berücksichtigt. Andere erkennbare Willensrichtungen des Erblassers sollen bei der Beurteilung dieser Frage ohne Bedeutung sein. Das ergebe sich aus § 2207 BGB. Nach dieser Bestimmung kann der Erblasser zwar anordnen, dass der Testamentsvollstrecker in der Eingehung von Verbindlichkeiten für den Nachlass grundsätzlich unbeschränkt sein soll. § 2207 S. 2 BGB schränkt diese Anordnungsbefugnis aber dahin ein, dass gleichwohl dem Testamentsvollstrecker andere unentgeltliche Verfügungen als Pflicht- oder Anstandsschenkungen untersagt sind. Daraus sei die allgemeine Tendenz des Gesetzgebers zu erkennen, bei unentgeltlichen Verfügungen in jeder Weise den Willen des Erblassers auszuschalten. Ist aber § 2205 S. 3 BGB nur auf den Schutz des Erben ausgerichtet, ist kein innerer Grund erkennbar, warum der Erbe darauf nicht verzichten können sollte, indem er einer unentgeltlichen Verfügung des Testamentsvollstreckers zustimmt.

Daraus kann für diese Untersuchung der allgemeine Gedanke entnommen werden, dass ein Mangel an Rechtsmacht aufseiten des Testamentsvollstreckers durch die Zustimmung der Personen behoben werden kann, denen der mit der gesetzlichen Verfügungsbeschränkung bezweckte Schutz des Nachlassbestandes zugutekommen soll, also primär durch die Zustimmung des Erben. Ein Zusammenwirken von Testamentsvollstrecker und Erbe ist anzuerkennen, wenn beide freiwillig auf der Grundlage eines Verzichts auf Ausübung ihrer jeweiligen Rechtsmacht kooperieren.

5. *Kooperation im Rahmen von Verwaltungsanweisungen*

Ein kooperatives Zusammenwirken des Testamentsvollstreckers mit dem Erben ist ferner bei Anordnungen anerkannt, die der Erblasser für die Verwaltung durch letztwillige Verfügung getroffen hat (§ 2216 Abs. 2 BGB), und zwar mit dem Inhalt, dass Erbe und Testamentsvollstrecker gemeinsam handeln sollen. In der Literatur werden diese Verwaltungsanordnungen als Kontrollmechanismus angeführt, welche die Rechtsmacht des Testamentsvollstreckers beschränken sollen.[403] Im Rahmen einer Verwaltungsanweisung kann der Erblasser bestimmen, der Testamentsvollstrecker habe generell oder bei bestimmten Maßnahmen die Zustimmung des

403 *Reimann*, FamRZ 1995, 588 (592); Staudinger/*Reimann*, BGB (Bearb. 2016), § 2216 Rn. 36; Palandt/*Weidlich*, BGB, 78. A. (2019), § 2208 Rn. 2; *Zimmermann*, Die Testamentsvollstreckung, 4. A. (2014), Rn. 339; *Winkler*, Der Testamentsvollstrecker, 22. A. (2016), Rn. 145; *v. Lübtow*, Erbrecht (1971), S. 975.

Erben einzuholen. Bei der Zustimmung handelt es sich um keine Zustimmung im Sinne der §§ 182 ff. BGB, die erforderlich wäre, damit das Handeln des Testamentsvollstreckers im Außenverhältnis wirksam ist. Die Verwaltungsanordnungen wirken zwischen Erbe und Testamentsvollstrecker nur schuldrechtlich, betreffen also deren Innenverhältnis. Sie begründen kein Verfügungsverbot.[404] Deswegen kann es sich auch nicht um den technischen Begriff der Rechtsmacht im Sinne der Verfügungs- oder Verpflichtungsmacht oder Realmaßnahmen handeln. Verwaltungsanweisungen geben dem Testamentsvollstrecker eine Richtlinie, eine Art Marschroute, aber berühren dessen Rechtsmacht im Außenverhältnis nicht. Setzt sich der Testamentsvollstrecker (im Rahmen seiner Rechtsmacht) über die Verwaltungsanordnung hinweg, ist eine Verfügung also gleichwohl wirksam.[405] Es stehen dann jedoch Haftungsansprüche des Erben gegen den Testamentsvollstrecker im Raum (§ 2219 BGB).

Festgehalten werden kann: Wenn der Gesetzgeber eine Rechtsgrundlage für ein Zusammenwirken im Verhältnis des Erben zum Testamentsvollstrecker kraft Erblasseranordnung geschaffen hat, dann erscheint es konsequent, das Ergebnis des Zusammenwirkens im Innenverhältnis auch über ein Zusammenwirken im Außenverhältnis real werden zu lassen. Innen- und Außenverhältnis scheinen nicht unabhängig voneinander zu sein.

6. *Das Prinzip „Übergang statt Untergang"*

Das Erfordernis einer kooperativen Verfügungszuständigkeit fügt sich auch in das erbrechtliche Regelungskonzept des BGB ein, dass die ihres bisherigen Zuordnungssubjekts beraubten Rechte und Pflichten grundsätzlich nicht unter-, sondern auf eine oder mehrere andere Personen übergehen, was in den §§ 1922, 1967, 2032, 2058 BGB zum Ausdruck kommt.[406] Dementsprechend kann der Erblasser keine Rechtsmacht bzw. Befugnisse bei sich zurückhalten oder mitnehmen.[407] Die nachlassbezogene Rechtsmacht muss daher entweder

---

404 *BGH*, NJW 2013, 1879.

405 Staudinger/*Reimann*, BGB (Bearb. 2016), § 2216 Rn. 37; Palandt/*Weidlich*, 77. A. (2018), § 2216 Rn. 1; Soergel/*Damrau*, BGB, 13. A. (2002), § 2216 Rn. 2; MüKoBGB/*Zimmermann*, 7. A. (2017), § 2216 Rn. 13.

406 Staudinger/*Marotzke*, BGB (Bearb. 2007), § 1922 Rn. 41.

407 *Kegel*, FS R. Lange (1976), 927 (938 f.); *Reimann*, FamRZ 1994, 588 (591); ohne dass damit dem BGB der Satz „*Nemo minus iuris transferre potest quam ipse habet*" unterstellt wird, s. hierzu *Muscheler*, ZEV 2010, 340 (341).

beim Erben und/oder beim Testamentsvollstrecker liegen. Die Rechtsmacht lässt sich nicht vom Erblasser ableiten, weil mit dem Ableben dessen Rechtsfähigkeit endet. Weder eine Vollmacht noch die Testamentsvollstreckung haben auf die Gesamtrechtsfolge Einfluss. Sie bewirken keine Sondererbfolge in der Weise, dass die Nachlassrechte nur teilweise auf den Erben übergehen und im Übrigen der Bevollmächtigte oder Testamentsvollstrecker das rechtliche Zuordnungssubjekt hinsichtlich der Rechtsmacht wäre.[408] Die Rechtsmacht fließt aus dem Recht selbst.[409]

7. Mittestamentsvollstrecker, § 2224 BGB

Der Erblasser kann mehrere Personen zum Testamentsvollstrecker ernennen (§ 2197 Abs. 1 BGB). Er kann dazu auch einen Dritten ermächtigen oder das Nachlassgericht ersuchen, dies zu tun (§§ 2198, 2200 BGB), oder es dem Testamentsvollstrecker überlassen, einen oder mehrere Mitvollstrecker zu ernennen (§ 2199 Abs. 1 BGB). Eine gesetzliche Höchstzahl an Mittestamentsvollstreckern gibt es nicht.[410] Der Erbe kann Mittestamentsvollstrecker sein, wenn die Mittestamentsvollstrecker das Amt gemeinschaftlich (§ 2224 Abs. 1 BGB) ausführen.[411]

Die Ernennung mehrerer Testamentsvollstrecker kann zweckmäßig sein, damit die Verantwortung im Rahmen der Testamentsvollstreckung auf einer breiteren, kollegialen Grundlage steht und ggf. eine gegenseitige Kontrolle gewährleistet ist.[412] Mehrere Testamentsvollstrecker führen das Amt gemeinschaftlich, sind also Gesamtvollstrecker.[413] Diese Regel gilt für das Innenverhältnis (zwischen den Testamentsvollstreckern) und für das Außenverhältnis.[414]

Der Erblasser kann Anordnungen zur Führung des Testamentsvollstreckeramtes treffen (§ 2224 Abs. 1 S. 3 BGB). Er kann in einer Kollegialverfassung Regeln zu den Stimmverhältnissen aufstellen.[415] Ferner kann der Erblasser jedem Testamentsvollstrecker einen bestimmten Wirkungskreis zuweisen,

---

408 *Schild*, Das unbesetzte Testamentsvollstreckeramt, Diss. (1998), S. 11.
409 *BGH*, NJW 1972, 1805.
410 MüKoBGB/*Zimmermann*, 7. A. (2017), § 2224 Rn. 2.
411 *RGZ* 163, 57 (59); *KG*, OLGZ 1967, 358 (361); Staudinger/*Reimann*, BGB (Bearb. 2016), § 2197 Rn. 82; s. hierzu oben Kapitel 1.
412 *Lutz*, NotBZ 2016, 16.
413 *Lange*/*Kuchinke*, Erbrecht, 5. A. (2001), § 31 IV 2.
414 *BGH*, NJW 1967, 2401 (2402); *Muscheler*, Erbrecht (2010), Bd. II, Rn. 2752; Staudinger/*Reimann*, BGB (Bearb. 2016), § 2224 Rn. 12.
415 Staudinger/*Reimann*, BGB (Bearb. 2016), § 2224 Rn. 6.

innerhalb dessen er ohne Mitwirkung der anderen selbstständig handeln kann (*Nebenvollstreckung* oder *Geschäftsordnungslösung*[416]).[417] Nach dem Regelstatut entscheidet bei Meinungsverschiedenheiten über die Führung des Amtes nicht die Mehrheit, sondern das Nachlassgericht (§ 2224 Abs. 1 S. 1 Hs. 2 BGB).[418]

Der Gesetzgeber hat mit § 2224 BGB

- erstens zum Ausdruck gebracht, dass die Verwaltung des Nachlasses bei angeordneter Testamentsvollstreckung durch mehr als eine Person möglich ist, und
- zweitens ein Regelungsmodell installiert, welches die Art und Weise der gemeinschaftlichen Verwaltung des Nachlasses regelt. Er hat sich dabei für das Einstimmigkeitsprinzip und damit für eine echte gemeinschaftliche Verwaltung des Nachlasses durch mehrere Testamentsvollstrecker entschieden.

Die Regelung des § 2224 BGB ermöglicht daher auch, dass der Erbe unmittelbar und mit weitreichenden Befugnissen an der Verwaltung des Nachlasses beteiligt wird, nämlich kooperativ mit weiteren Personen als Mittestamentsvollstrecker. Damit hat der Gesetzgeber unmittelbar eine kooperative Wahrnehmung der Verfügungszuständigkeit normiert.

8. *Zwischenergebnis*

Für die weitere Untersuchung kann festgehalten werden:

- Den §§ 2197 ff. BGB ist das Modell einer kooperativen Verwaltungszuständigkeit nicht fremd.
- Die Praxis erkennt gemeinsame Verfügungen von Erbe und Testamentsvollstrecker seit Langem an, und zwar selbst dann, wenn die Handlung dem Willen des Erblassers widerspricht.
- Die fehlenden Befugnisse des Testamentsvollstreckers im Außenverhältnis können über das Rechtsverhältnis des Testamentsvollstreckers zum Erben ausgeglichen werden. Reicht die Befugnis des Testamentsvollstreckers nach außen weiter als zur Durchführung der Aufgabe (möglicherweise) erforderlich, dann regelt das Innenverhältnis die Haftung. In den Fällen, in denen eine Maßnahme zur ordnungsmäßigen Verwaltung erforderlich ist,

---

416 Staudinger/*Reimann*, BGB (Bearb. 2016), § 2224 Rn. 7.

417 *Muscheler*, Erbrecht (2010), Bd. II, Rn. 2752.

418 Das ergibt sich zwangsläufig daraus, dass das Einstimmigkeits- und nicht das Mehrheitsprinzip gilt, s. *Muscheler*, Erbrecht (2010), Bd. II, Rn. 2752.

erwächst aus dem gesetzlichen Schuldverhältnis eine Mitwirkungs- und Zustimmungspflicht des Erben.

- Für das Außenverhältnis hat der Gesetzgeber in § 2206 Abs. 2 und § 2224 Abs. 2 BGB explizit eine kooperative Verwaltung des Nachlasses in Form einer Verwaltungszuständigkeit des Testamentsvollstreckers unter Zustimmungsvorbehalt des Erben geregelt. Leitender Gesichtspunkt ist dabei der Grundsatz der Ordnungsmäßigkeit und Effektivität der Testamentsvollstreckung.
- Im Innenverhältnis ist ein kooperatives Zusammenwirken des Testamentsvollstreckers mit dem Erben über § 2216 Abs. 2 BGB möglich.
- Der Erbe kann den Nachlass nicht nur mit einem Testamentsvollstrecker, sondern sogar als Mittestamentsvollstrecker verwalten (§ 2224 BGB).

III. Dogmatische Konstruktion einer kooperativen Verwaltungszuständigkeit

Klärungsbedürftig ist, wie sich das Zusammenwirken von Erbe und Testamentsvollstrecker dogmatisch begründen lässt. Vier Ansätze sind denkbar:

(1) Man könnte den Versuch unternehmen, die Verfügungsmacht aufzuteilen, um zu einer je einzelnen Verfügungszuständigkeit zu gelangen.

(2) Der Erblasser könnte den Erben zum Mittestamentsvollstrecker ernennen (§ 2224 BGB) und damit eine kollegiale Verwaltungszuständigkeit begründen.

(3) Der Testamentsvollstrecker könnte als Nichtberechtigter im Sinne der § 185 Abs. 1, Abs. 2 Fall 1 BGB verfügen. Seine Verfügung würde durch Zustimmung des materiell berechtigten Erben wirksam werden. Umgekehrt könnte der Erbe als Nichtberechtigter § 185 Abs. 1, Abs. 2 Fall 1 BGB angesehen werden. Die Wirksamkeit seiner Verfügung würde von der Zustimmung des Testamentsvollstreckers abhängen.

(4) Man könnte versuchen, das Zusammenwirken von Erbe und Testamentsvollstrecker über das Stellvertretungsrecht analog §§ 177, 180, 182 ff. BGB zu begründen.

Für die vorgenannten Ansätze ist das Erbrecht zum Zweck einer kooperativen Verfügungszuständigkeit fortzubilden.

1. *Aufgeteilte Verfügungsmacht*

Möglicherweise kann die Verfügungsmacht bezüglich eines Rechtsobjekts auf zwei oder mehrere Personen aufgeteilt werden. Die Ernennung des Testamentsvollstreckers bewirkt jedenfalls, dass die nachlassbezogene Rechtsmacht und die materielle Berechtigung aufgeteilt bzw. getrennt werden. Der Erblasser kann die Testamentsvollstreckung und damit die Aufteilung der Rechtsmacht auch gegenständlich beschränken (§ 2208 Abs. 1 S. 2 bzw. S. 1 i.V.m. § 2205 BGB).

Eine Aufteilung der Verfügungszuständigkeit auf zwei oder mehrere Personen hinsichtlich eines Rechtsobjekts, ohne dass eine gemeinsame oder gemeinschaftliche (materielle) Berechtigung an demselben besteht, sieht das Gesetz allerdings nicht vor. Im BGB gibt es gemeinschaftliche Verfügungen nur, wenn die Rechtsmacht mit der materiellen Berechtigung verknüpft wird, so etwa bei den gesetzlichen Gesamthandsgemeinschaften.[419] In deren Nähe kann das erbrechtliche Gestaltungsmittel der Testamentsvollstreckung nicht gerückt werden.[420] Denn der Testamentsvollstrecker ist kraft seines Amtes zu keinem Zeitpunkt am Nachlass berechtigt. Rechtsinhaber ist und bleibt der Erbe.

Eine gleichberechtigte Aufteilung der Verfügungszuständigkeit zwischen dem Erben und dem Testamentsvollstrecker verbietet sich auch wegen des der Testamentsvollstreckung immanenten Verdrängungsprinzips: Der Erbe hat, obwohl Rechtsinhaber, dort nichts zu sagen, wo der Testamentsvollstrecker Verwaltungsmacht besitzt.[421] Ohne zugleich Testamentsvollstrecker zu sein, ist der Erbe im Rahmen der Testamentsvollstreckung nicht verfügungsbefugt. Er ist gemäß § 2211 Abs. 1 BGB aus der Verfügungsmacht verdrängt.

Die Verfügungsbefugnis hinsichtlich eines Nachlassgegenstandes kann daher nicht dergestalt aufgeteilt werden, dass der Erbe und der Testamentsvollstrecker parallel und unabhängig voneinander verfügungsbefugt sind.

2. *Erben-Mittestamentsvollstrecker (§ 2224 BGB)*

Das strukturelle Patt von § 2211 Abs. 1 BGB und § 2208 Abs. 1 S. 1 BGB könnte dadurch aufgelöst werden, dass der Erblasser den Erben zum Mittestamentsvollstrecker ernennt und in einer Geschäftsordnung anordnet, dass der Erbe

---

419 Siehe § 709 BGB für die Gesellschaft bürgerlichen Rechts (§§ 705 ff. BGB); §§ 1419, 1421 BGB für die eheliche Gütergemeinschaft (§§ 1415 ff. BGB); § 2038 BGB (§§ 2032 ff. BGB); § 54 S. 1 i.V.m. § 709 BGB für den nicht rechtsfähigen Verein.

420 *H. Lehmann*, AcP 188 (1988), 1 (9); *Berger*, Rechtsgeschäftliche Verfügungsverbote, Habil. (1997), S. 149.

421 *Muscheler*, Erbrecht (2010), Bd. II, Rn. 2715.

in seiner Funktion als Testamentsvollstrecker entweder allein oder zusammen mit dem jeweiligen Mitttestamentsvollstrecker verfügungsbefugt ist. Der Erbe wäre dann wie jeder andere Mittestamentsvollstrecker mitwirkungsberechtigt, nicht nur hinsichtlich der Verfügungsbefugnis, sondern auch bei Verwaltungsmaßnahmen.[422] Gleichwohl wären die Rechte des „externen" Testamentsvollstreckers für den Bereich der Verfügungsbefugnis beschränkt. In diesem Fall wäre der Erbe nicht nur hinsichtlich der Verfügungsbefugnis, sondern auch bei Verwaltungsmaßnahmen mitwirkungsberechtigt. Daher würde es bezüglich der Nachlassgegenstände nicht zu einem verfügungslosen Zustand kommen.

Es stellt sich dann die Frage, wie der Erbe und der bzw. die Mittestamentsvollstrecker das Amt führen. Nach der herrschenden Meinung, die einen Erben nicht als einzigen Testamentsvollstrecker zulassen will, muss hinsichtlich der Führung des Amtes die Einschränkung gelten, dass das Amt des Testamentsvollstreckers von den Mittestamentsvollstreckern nur gemeinschaftlich ausgeführt werden kann, so wie es das gesetzliche Regelungsmodell vorsieht (§ 2224 Abs. 1 BGB).[423] Andernfalls bestünde die Gefahr, dass der Alleinerbe *de facto* zum alleinigen Testamentsvollstrecker ernannt wird.[424] Nach der herrschenden Meinung kann der Alleinerbe sich aber als Testamentsvollstrecker nicht selbst beschränken. Denn das ließe sich mit seiner freien Stellung als Erbe nicht vereinbaren.[425]

Die vorgenannte Einschränkung ist, der Gegenansicht von *Muscheler*[426] und *Adams*[427] folgend, jedoch nicht erforderlich. Nach dieser Ansicht kann der Alleinerbe alleiniger Testamentsvollstrecker sein. Für den Erblasser würde sich ein weiterer Gestaltungsspielraum eröffnen. Denn er könnte von dem gesetzlichen Regelungsmodell des Gesamttestamentsvollstreckers abweichen und Anordnungen zur Amtsführung der Mittestamentsvollstrecker treffen (§ 2224 Abs. 1 S. 3 BGB). Der Erblasser könnte insbesondere in einer Kollegialverfassung Regeln zu den Stimmverhältnissen aufstellen[428] oder jedem

422 Staudinger/*Reimann*, BGB (Bearb. 2016), Vorbem. zu §§ 2197 ff. Rn. 56.

423 Siehe hierzu Kapitel 1.

424 St. Rspr.: *RGZ* 77, 177 (178); *RGZ* 163, 57 (58); *KG*, OLGZ 1967, 358 (361); *BayObLG*, ZEV 24 (25); *BayObLG*, ZEV 2006, 455 (456); siehe auch *Muscheler*, Erbrecht (2010), Bd. II, Rn. 2750; Bengel/*Reimann*, HbTV, 6. A. (2017), § 2 Rn. 207.

425 Zusammenfassend und ablehnend *Muscheler*, Erbrecht (2010), Bd. II, Rn. 2750 f., m.w.N.

426 Erbrecht (2010), Bd. II, Rn. 2751.

427 Interessenkonflikte des Testamentsvollstreckers, Diss. (1997), *dies.* ZEV 1998, 321 ff.

428 Staudinger/*Reimann*, BGB (Bearb. 2016), § 2224 Rn. 6.

Testamentsvollstrecker einen bestimmten Wirkungskreis zuweisen, innerhalb dessen er ohne Mitwirkung der anderen selbstständig handeln kann (Nebenvollstreckung oder Geschäftsordnungslösung[429]).[430] Diese Möglichkeiten wären dem Erblasser nach der herrschenden Meinung versagt. Das Prinzip, dass der Wille des Erblassers die Richtschnur allen Handelns des Testamentsvollstreckers ist, wäre eingeschränkt.

3. *Zusammenwirken über § 185 Abs. 1, Abs. 2 Fall 1 BGB?*

§ 185 BGB könnte ein Zusammenwirken von Erbe und Testamentsvollstrecker ermöglichen, bei dem der Erbe nur hinsichtlich der Verfügungsbefugnis, nicht dagegen bei Verwaltungsmaßnahmen mitwirkungsberechtigt ist. Die Sphären des Testamentsvollstreckers und des Erben wären dann getrennt. Der Wortlaut von § 185 BGB klingt zunächst vielversprechend. Danach ist eine Verfügung, die ein Nichtberechtigter über einen Gegenstand trifft, wirksam, wenn sie mit Einwilligung des Berechtigten erfolgt (§ 185 Abs. 1 BGB). Eine Verfügung wird wirksam, wenn der Berechtigte sie genehmigt (§ 185 Abs. 2 Fall 1 BGB). (Nicht-) Berechtigter könnte sowohl der Erbe als auch der Testamentsvollstrecker sein.

Nichtberechtigter im Sinne von § 185 BGB ist, wer über ein Recht verfügt, obwohl ihm die dazu nötige Verfügungsmacht nicht, nicht mehr, nicht allein oder nicht im notwendigen Umfang zusteht.[431] Dabei kommt es nicht auf die Rechtsinhaberschaft und die materielle Berechtigung an, sondern auf die Verfügungsmacht.[432] Damit können sowohl der (materiell nicht berechtigte) Testamentsvollstrecker als auch der (materiell berechtigte) Erbe Nichtberechtigter im Sinne des § 185 BGB sein. Liegt die Verfügungsbefugnis beim Erben[433] oder liegt ein Fall der unentgeltlichen Verfügung im Sinne von § 2205 S. 3 BGB vor, dann handelt der Testamentsvollstrecker als Nichtberechtigter. Verfügt der Erbe entgegen § 2211 Abs. 1 BGB über Nachlassgegenstände, die der Verwaltung des Testamentsvollstreckers unterliegen, so handelt er als Nichtberechtigter. Seine materielle Berechtigung ändert hieran nichts.

---

429 Staudinger/*Reimann*, BGB (Bearb. 2016), § 2224 Rn. 7.

430 *Muscheler*, Erbrecht (2010), Bd. II, Rn. 2752.

431 MüKoBGB/*Bayreuther*, 7. A. (2015), § 185 Rn. 18; BeckOK BGB/*Bub*, 44. Ed. 01.11.2017, § 185 Rn. 6.

432 Palandt/*Ellenberger*, BGB, 77. A. (2017), § 185 Rn. 5.

433 Wie beispielsweise bei der gegenständlich beschränkten Testamentsvollstreckung, siehe hierzu Kapitel 4.

Es stellt sich jeweils die Frage, wer der Berechtigte im Sinne von § 185 BGB ist. Nach dem Regelungsmodell der §§ 2197 ff. BGB ist dies der Testamentsvollstrecker, da allein er verfügungsbefugt ist. Schränkt der Erblasser die Verfügungsbefugnis des Testamentsvollstreckers nach § 2208 Abs. 1 S. 1 i.V.m. § 2205 S. 2 BGB ein, dann ist er in diesem Umfang wiederum Nichtberechtigter im Sinne von § 185 BGB. Der Erbe wäre nur dann der Berechtigte, wenn die Verfügungsbefugnis beim Erben aufleben würde, was jedoch nicht der Fall ist.[434] Ein solcher Automatismus verbietet sich wegen § 2211 Abs. 1 BGB und der damit bezweckten Effektivität der Testamentsvollstreckung.[435]

Hinzu kommt, dass § 185 BGB nur das Handeln im eigenen Namen erfasst, nicht hingegen das Handeln im fremden Namen, welches ausschließlich dem Stellvertretungsrecht (§§ 164 ff. BGB) unterliegt.[436] Dieser systematische Unterschied hat zur Folge, dass eine Begründung des Zusammenwirkens von Erbe und Testamentsvollstrecker im Wege einer Analogie und teleologischen Reduktion ausscheidet. Denn der Gleichheitssatz erfordert, dass Ungleiches ungleich behandelt wird.[437] Selbst, wenn § 185 Abs. 1 und Abs. 2 Fall 1 BGB den Fall des Auseinanderfallens von Rechtsinhaberschaft und Rechtsmacht betreffen.

Es zeigt sich, dass § 185 BGB seinem Wortlaut nach zwar den Fall regelt, dass Rechtsinhaberschaft und Rechtsmacht auseinanderfallen, jedoch nicht auf den Fall der Pattsituation des § 2208 Abs. 1 S. 1 i.V.m. § 2211 Abs. 1 BGB anwendbar ist.

4. Zusammenwirken über §§ 177, 180, 182 ff. BGB (analog)

Möglicherweise kann die Pattsituation über das Stellvertretungsrecht (§§ 164 ff. BGB) aufgelöst werden. Denkbar ist eine analoge Anwendung der §§ 177, 180, 182 ff. BGB. Schließt danach jemand ohne Vertretungsmacht im Namen eines anderen einen Vertrag, so hängt die Wirksamkeit des Vertrags für und gegen den Vertretenen von dessen Genehmigung ab (§ 177 Abs. 1 BGB). Dasselbe gilt gemäß § 180 S. 2 BGB für einseitige Rechtsgeschäfte.

Eine direkte Anwendung der Regeln des Stellvertretungsrechts (§§ 164 ff. BGB) setzte allerdings voraus, dass der Testamentsvollstrecker der Stellvertreter des Erben ist. Damit ist die Frage nach der Rechtsstellung des

---

434 Siehe hierzu Kapitel 4 § 2.

435 Siehe hierzu Kapitel 4 § 2.

436 Siehe etwa *OLG Nürnberg*, ZEV 2017, 98 (99); MüKoBGB/*Bayreuther*, 7. A. (2015), § 185 Rn. 2; Palandt/*Ellenberger*, BGB, 78. A. (2019), § 185 Rn. 1.

437 *Canaris*, Feststellung von Lücken im Gesetz, 2. A., S. 24 f.

Testamentsvollstreckers aufgeworfen. In dieser Hinsicht besteht kein Theoriedefizit.[438] Daher werden im Folgenden nur kurz die vertretenen Ansichten vorgestellt. Im Wesentlichen stehen sich die Treuhandtheorie, die Organtheorie, die Erbenvertretertheorie und die Amtstheorie gegenüber.[439] Die Amtstheorie hat sich zu Recht durchgesetzt.[440]

Gleichwohl enthält die Erbenvertretertheorie, die den Testamentsvollstrecker entweder als gesetzlichen oder gewillkürten Vertreter des Erben ansieht, richtige Aspekte.[441] Vor allem treffen die Rechtsfolgen der vom Testamentsvollstrecker für den Nachlass vorgenommenen Verpflichtungsgeschäfte und Verfügungen den Erben, was mit der Rechtsfolge von § 164 Abs. 1 BGB übereinstimmt.[442] Ferner ist man sich einig, dass der Testamentsvollstrecker „Vertreter" im Sinne des § 211 BGB,[443] „gesetzlicher Vertreter" im Sinne von § 278 S. 1 BGB,[444] §§ 254 Abs. 2 S. 2, 278 BGB[445], § 241 ZPO[446] und § 48 Abs. 1 HGB[447] sowie „vertretungsberechtigte Person im Rahmen ihrer Vertretungsmacht" im Sinne des § 1629a Abs. 1 S. 1 BGB ist. Gesichtspunkte des Stellvertretungsrechts haben also ihre Existenzberechtigung im Rahmen der Testamentsvollstreckung.

Dem steht die Amtstheorie nicht entgegen. Sie enthält ebenfalls Elemente des Stellvertretungsrechts: (1) Der Testamentsvollstrecker handelt nicht als Privatperson, sondern in Ausübung seines Amtes, d.h. objektbezogen für das von ihm verwaltete Vermögen. Dabei muss – wie im Stellvertretungsrecht – offenkundig

---

438 Zu den verschiedenen Theorien ausführlich *Muscheler*, Erbrecht (2010), Bd. II, Rn. 2721 f.

439 Nachweise bei *Muscheler*, Erbrecht (2010), Bd. II, Rn. 2722; *Lange/Kuchinke*, Erbrecht, 5. A. (2001), § 31 III 1 ff.; *Lange*, Erbrecht, 2. A. (2017), § 62 Rn. 9 ff.

440 *Muscheler*, Erbrecht (2010), Bd. II, Rn. 2722.

441 Ausführlich *Muscheler*, Erbrecht (2010), Bd. II, Rn. 2722.

442 Ausführlich hierzu *Muscheler*, Erbrecht (2010), Bd. II, Rn. 2721.

443 *Muscheler*, Erbrecht (2010), Bd. II, Rn. 2722; Palandt/*Ellenberger*, BGB, 78. A. (2019), § 211 Rn. 1.

444 *Muscheler*, Erbrecht (2010), Bd. II, Rn. 2722, sowie mit umfassenden Nachweisen *ders.*, Die Haftungsordnung der Testamentsvollstreckung, Habil. (1994), S. 418 ff.

445 *Muscheler*, Erbrecht (2010), Bd. II, Rn. 2722 m.w.N; Palandt/*Weidlich*, BGB, 78. A. (2019), Einf. v. § 2197 Rn. 2.

446 *OLG Zweibrücken*, NJW-RR 2000, 815 (816); Musielak/Voit/*Stadler*, ZPO, 15. A. (2018), § 241 Rn. 2 und § 243 Rn. 1; *Muscheler*, Erbrecht (2010), Bd. II, Rn. 2722 m.w.N.

447 *Muscheler*, Erbrecht (2010), Bd. II, Rn. 2722 m.w.N., sowie *ders.*, Die Haftungsordnung der Testamentsvollstreckung, Habil. (1994), S. 422 ff.

sein, dass er im fremden Rechtskreis tätig wird, nämlich als „Testamentsvollstrecker für den Nachlass X“[448]. (2) Das Handeln des Testamentsvollstreckers wirkt unmittelbar für und gegen den Erben. (3) Sowohl der Stellvertreter nach den §§ 164 ff. BGB als auch der Testamentsvollstrecker sind an dem Verwaltungsobjekt nicht materiell berechtigt. (4) Die Rechtmacht des Stellvertreters und des Testamentsvollstreckers haben eine rechtsgeschäftliche Grundlage. Zwischen dem Vertretenen und dem Vertreter besteht ebenso wie zwischen dem Erben und dem Testamentsvollstrecker ein Innenverhältnis mit Rechten und Pflichten. Die Innenverhältnisse sind vergleichbar, auch wenn es dem Erben verwehrt ist, über das Ende der Testamentsvollstreckung nach freiem Ermessen zu entscheiden. Eine Vollmacht könnte der Erbe dagegen jederzeit widerrufen.

Eine tatbestandliche Ähnlichkeit ist damit gegeben und der Weg für eine analoge Anwendung der §§ 177, 180, 182 ff. BGB nicht versperrt.[449]

Auch die Interessenlage ist vergleichbar: Der Normzweck von § 177 BGB ist die Wahrung der Privatautonomie des materiell Berechtigten, d.h. desjenigen, den die Rechtsfolgen des Handelns eines anderen treffen, wenn dem Vertreter die erforderliche Rechtsmacht fehlt. Der Vertretene hat die Möglichkeit, den Vertrag an sich zu ziehen, indem er das Handeln des Vertreters genehmigt, und kann auf diesem Weg seine Interessen verwirklichen.[450] Gerade in den Fällen, in denen das Vertretergeschäft dem Interesse des Vertretenen entspricht, muss dieser die Möglichkeit haben, über die Wirksamkeit des vom Vertreter ohne Vertretungsmacht getätigten Geschäfts selbst entscheiden zu können.[451]

Dieser Gedanke lässt sich auf die Verwaltung des Nachlasses durch einen in der Verfügungsmacht beschränkten Testamentsvollstrecker (§ 2208 Abs. 1 S. 1 i.V.m. § 2205 S. 2 BGB) übertragen. Der Erblasser, der den Testamentsvollstrecker beschränkt, hat zu erkennen gegeben, dass er den Entscheidungsspielraum des Erben am Nachlass erweitern möchte. Die Logik der Beschränkung einer Beschränkung ist mit einer doppelten Negation vergleichbar. Es handelt sich effektiv um eine Bejahung, also um die Aufhebung der Beschränkung des

448 *Muscheler*, Erbrecht (2010), Bd. II, Rn. 2722; Palandt/*Weidlich*, 78. A. (2019), Einf. v. § 2197 Rn. 2.

449 So auch Palandt/*Ellenberger*, 78. A. (2019), Einf. v. § 164 Rn. 9, mit dem Hinweis, dass bei den „gesetzlichen Vertretern (Insolvenz-, Zwangs-, Nachlassverwalter und Testamentsvollstrecker)“ nicht ausgeschlossen ist, einzelne Vorschriften des Vertretungsrechts, explizit §§ 177 ff. BGB, analog anzuwenden.

450 MüKoBGB/*Schubert*, 7. A. (2015), § 177 Rn. 2.

451 BeckOK-BGB/*Schäfer*, 45. Ed. 01.11.2017, § 177 Rn. 2.

Erben.[452] Durch eine Anordnung nach § 2208 Abs. 1 S. 1 i.V.m. § 2205 S. 2 BGB räumt der Erblasser dem Erben Privatautonomie ein. Dann muss der Erbe auch die Möglichkeit haben, davon Gebrauch zu machen. Der Testamentsvollstrecker ist und bleibt wegen § 2211 Abs. 1 BGB stets ausschließlicher Verwalter. Er handelt jedoch ausnahmsweise vertreterähnlich. Andernfalls würde die Verfügungsmacht untergehen, was unzulässig ist.[453] Bei einem Zusammenwirken von Testamentsvollstrecker und Erbe wird die vom Erblasser abgeleitete Rechtsmacht gebündelt. Die Effektivität und Ordnungsmäßigkeit der Verwaltung ist bei einer Abstimmung zwischen Erbe und Testamentsvollstrecker gewahrt. Der Erbe hat nicht die Möglichkeit, Vollstreckungsmaßnahmen im Alleingang zu vereiteln. Insbesondere kann er der Testamentsvollstreckung nicht die Grundlage entziehen.

Es kann festgehalten werden: Die Anordnung des Erblassers nach § 2208 Abs. 1 S. 1 i.V.m. § 2205 S. 2 BGB führt zu einer Bindung der Verfügungen des Testamentsvollstreckers an die Zustimmung des Erben. Die Rechtsgrundlage für das Zusammenwirken von Erbe und Testamentsvollstrecker liefern die §§ 177, 180, 182 ff. BGB in analoger Anwendung. Verfügt ein nach § 2208 Abs. 1 S. 1 BGB in der Verfügungsmacht beschränkter Testamentsvollstrecker über einen Nachlassgegenstand, so hängt die Wirksamkeit der Verfügung von der Genehmigung des Erben ab (§§ 177 Abs. 1, 180 BGB analog). Der Erbe kann auch bereits seine Einwilligung (§§ 182, 183 BGB) erteilen. Die Zustimmung des Erben ist nicht lediglich deklaratorisch, sondern konstitutiv.

Die Analogie zu den §§ 177, 180, 182 ff. BGB liefert jedoch nur die Rechtsgrundlage für das gemeinsame Wirken im Außenverhältnis. Die Frage eines Zustimmungsrechts bzw. einer Zustimmungspflicht richtet sich nach dem Innenverhältnis zwischen dem Erben und dem Testamentsvollstrecker. Daraus ergibt sich für § 2211 Abs. 1 BGB folgende Lesart: „Über einen der Verwaltung

---

452 Von einer Art negativem Concord ist nicht auszugehen, da eine Bekräftigung der Beschränkung des Erben keinen Sinn ergäbe, wenn der Testamentsvollstrecker seinerseits beschränkt wäre.

453 § 2211 Abs. 1 BGB ändert hieran im Fall einer Beschränkung nach § 2208 Abs. 1 S. 1 BGB nichts. Denn § 2211 Abs. 1 BGB nimmt dem Erben seine Verfügungsbefugnis nicht, sondern hindert ihn lediglich an deren Ausübung im Alleingang. Dem Erben ist die Verfügungsbefugnis über den Nachlassgegenstand genommen, weil (und soweit) dieser der Verwaltung des Testamentsvollstreckers und damit nach § 2205 S. 2 BGB auch dessen Verfügung unterliegt, vgl. *BGH*, NJW 1971, 1805 (1806); *Keim*, ZEV 2002, 132 (134). Hierzu ausführlich unter Kapitel 4 § 4.

des Testamentsvollstreckers unterliegenden Nachlassgegenstand kann der Erbe nicht *allein* verfügen".

Dabei ist zu untersuchen, welche Vorgaben sich aus dem „Rechtsverhältnis zum Erben" hinsichtlich der Zustimmung des Erben ergeben. Es stellt sich insbesondere die Frage, ob den Erben nicht nur ein Recht, sondern auch eine Pflicht zur Zustimmung trifft. Das ist allerdings bereits deshalb zu bejahen, weil weiterhin gelten muss, dass der Erbe nicht in der Lage sein darf, das Ziel und die Effektivität der Verwaltung zu vereiteln. Ein anderes Ergebnis widerspräche der vom Gesetzgeber für wesentlich erachteten Effektivität der Testamentsvollstreckung.

Das Innenverhältnis wird determiniert durch den Grundsatz der ordnungsmäßigen Verwaltung. Verfügungen, die für die Ordnungsmäßigkeit erforderlich sind, müssen daher immer möglich sein. Mit der Beschränkung des Testamentsvollstreckers nach § 2208 Abs. 1 S. 1 BGB ist nach dem gesetzgeberischen Gesamtkonzept keine Einschränkung der ordnungsmäßigen Verwaltung verbunden. Ein bloßes Zustimmungsrecht wird daher nicht angenommen werden können. Denn wenn der Erbe allgemein sein Einverständnis zu Maßnahmen des Testamentsvollstreckers abgeben muss, die zur ordnungsmäßigen Verwaltung erforderlich sind, dann muss er auch bei Maßnahmen mitwirken, die zur ordnungsmäßigen Verwaltung erforderlich sind und die der Testamentsvollstrecker wegen der Begrenzung seiner Rechtsmacht nach § 2208 Abs. 1 S. 1 BGB nicht allein durchführen könnte. Die Mitwirkungspflicht ergänzt damit die Rechtsmacht sowohl des Erben als auch des Vollstreckers, um eine ordnungsmäßige Verwaltung zu gewährleisten. Eine kooperative Verwaltungszuständigkeit wird begründet.

Die Pattsituation kann daher über das Stellvertretungsrecht (§§ 164 ff. BGB) aufgelöst werden. Die §§ 177, 180, 182 ff. BGB liefern in analoger Anwendung eine Rechtsgrundlage für das Zusammenwirken von Erbe und Testamentsvollstrecker.

IV. Zusammenfassung

Der Erblasser kann die Rechtsmacht des Testamentsvollstreckers beschränken. Denkbar sind sowohl gegenständliche Beschränkungen (§ 2208 Abs. 1 i.V.m. § 2205 S. 1 BGB) als auch Beschränkungen hinsichtlich einzelner Rechte des Testamentsvollstreckers (§ 2208 Abs. 1 S. 1 i.V.m. §§ 2205, 2206 BGB). Dabei lassen sich sämtliche Elemente der Rechtsmacht des Testamentsvollstreckers beschränken, insbesondere die Verfügungsmacht.

Bei einer gegenständlich unbeschränkten Testamentsvollstreckung unterliegen auch diejenigen Nachlassgegenstände der Verwaltung des Testamentsvollstreckers, über die der Testamentsvollstrecker nicht oder nicht allein verfügen kann. Dadurch kann eine Pattsituation entstehen: Der Erbe kann wegen § 2211 Abs. 1 BGB und der Testamentsvollstrecker kann wegen (§ 2208 Abs. 1 S. 1 i.V.m. § 2205 S. 2 BGB nicht (allein) verfügen. Damit droht ein strukturelles Vollzugs- und Verwaltungshindernis.

Die Pattsituation kann auf zwei Wegen aufgelöst werden:

- Erstens kann der Erblasser den Erben auf die gleiche Ebene setzen wie den Testamentsvollstrecker, indem er den Erben zum Mittestamentsvollstrecker ernennt (§ 2224 Abs. 1 BGB).
- Sofern eine Mitberechtigung des Erben bei der Verwaltung des Nachlasses nicht gewünscht ist und der Machtbereich des Erben mit demjenigen des Testamentsvollstreckers nicht vermengt werden soll, erfolgt die Lösung des entstehenden strukturellen Vollzugshindernisses über das Innenverhältnis zwischen dem Testamentsvollstrecker und dem Erben. Zur Durchführung der vom Erblasser getroffenen Anordnungen besteht zwischen dem Erben und dem Testamentsvollstrecker eine kooperative Verwaltungszuständigkeit. In diesem Rahmen muss der Erbe analog §§ 177, 180, 182 ff. BGB bei Maßnahmen mitwirken, die zur ordnungsmäßigen Verwaltung erforderlich sind und die der Testamentsvollstrecker wegen der Begrenzung seiner Rechtsmacht nach § 2208 Abs. 1 S. 1 BGB nicht allein durchführen könnte.

Aus der Möglichkeit einer kooperativen Verwaltung des Nachlasses durch den Erben und den Testamentsvollstrecker ergibt sich eine weitere Konsequenz: Die Verfügungsmacht des Testamentsvollstreckers ist im Verhältnis zum Erben nur ausschließlich (§ 2211 Abs. 1 BGB), wenn der Erblasser keine Beschränkung der Rechte des Testamentsvollstreckers nach § 2208 Abs. 1 BGB angeordnet hat.

Kapitel 5 Latenzfall 1: Bedingungen und Zeitbestimmungen

§ 1 Allgemeines zur bedingten oder befristeten Ernennung eines Testamentsvollstreckers

I. Zulässigkeit

In Literatur[454] und Rechtsprechung[455] ist allgemein anerkannt, dass eine bedingte oder befristete Ernennung des Testamentsvollstreckers möglich ist. *Muscheler* stellt hierzu fest: Was schon bei der wichtigeren Erbeinsetzung (§§ 2074 f., 2100 BGB) gilt, muss auch bei der Ernennung eines Testamentsvollstreckers gelten.[456] § 2197 Abs. 2 BGB stellt nur einen Sonderfall dar.[457] Nach dieser Vorschrift kann der Erblasser für den Fall, dass der ernannte Testamentsvollstrecker vor oder nach der Annahme des Amts wegfällt, einen anderen Testamentsvollstrecker ernennen. Als weitere Argumente für die Zulässigkeit von Bedingungen und Zeitbestimmungen werden die Testierfreiheit[458] und die Stellung der §§ 158 ff. BGB im Allgemeinen Teil des BGB[459] angeführt.

---

454 *Muscheler*, Erbrecht (2010), Bd. II, Rn. 2724; *Strohal*, Erbrecht, 3. A., Band 1 (1903), S. 268; Staudinger/*Reimann*, BGB (Bearb. 2016), § 2197 Rn. 65; MüKoBGB/*Zimmermann*, 7. A. (2017), § 2197 BGB Rn. 13; BeckOGK-BGB/*Grotheer*, Stand 01.06.2020, § 2197 Rn. 203; BeckOK-BGB/*J. Mayer*, 39. Ed., § 2197 Rn. 23; BeckOK-BGB/*Lange*; 49. Ed. 01.02.2019, § 2197 Rn. 23; *Hartmann*, RNotZ 2008, 150 (151); *Tschernoster*, RNotZ 2017, 125 (131 f.); *Zimmermann*, Die Testamentsvollstreckung, 4. A. (2014), Rn. 50; *Winkler*, Der Testamentsvollstrecker, 22. A. (2016), Rn. 58; *Wendt*, ErbR 2018, 242 (246).

455 *RG*, LZ 1921, 457 (458); *RG*, SeuffA 69 Nr. 48; *BayObLG*, SeuffA 50 Nr. 94; *OLG Düsseldorf*, 1988, 2615; *OLG Köln*, ZEV 2015, 277.

456 *Muscheler*, Erbrecht (2010), Bd. II, Rn. 2724.

457 *Muscheler*, Erbrecht (2010), Bd. II, Rn. 2724.

458 *Hartmann*, RNotZ 2008, 150 (151); *Winkler*, Der Testamentsvollstrecker, 22. A. (2016), Rn. 109e.

459 Staudinger/*Reimann*, BGB (Bearb. 2016). § 2197 Rn. 65; *Hartmann*, RNotZ 2008, 150 (151); *Winkler*, Der Testamentsvollstrecker, 22. A. (2016), Rn. 109e.

II. Definitionen

Jede Willenserklärung kann von dem Erklärenden u.a. durch eine Bedingung oder eine Befristung beschränkt werden.[460] Die (Selbst-)Beschränkung liegt darin, dass die grundsätzlich geltende Gleichzeitigkeit von Rechtsgeschäft und Rechtsentstehung bzw. -übertragung, mithin die Rechtswirkungen, durchbrochen werden kann.[461] Dadurch kann der Erklärende den Zeitfaktor seiner Erklärung und die damit verbundenen Wirkungen beherrschbar machen.

Die Bedingung ähnelt auf den ersten Blick einer weiteren Bestimmung, die in ein Rechtsgeschäft eingefügt werden kann: der Auflage. Zur Abgrenzung ist eine von *Savigny* zum römischen Recht entwickelte Formel[462] geeignet. Danach zwingt die Bedingung nicht, suspendiert aber. Demgegenüber zwingt die Auflage, sie suspendiert aber nicht. Das bedeutet, dass eine Bedingung nicht zu einer Leistung oder Handlung verpflichtet. Die Wirkungen des (voll wirksamen) Rechtsgeschäfts treten aber erst mit dem Eintritt der Bedingung ein. Umgekehrt verpflichtet eine Auflage zu einer Handlung oder Leistung. Die Wirkungen des (voll wirksamen) Rechtsgeschäfts treten aber sofort ein.

Einer Definition oder Bestimmung des Begriffs der Bedingung hat sich das Gesetz bewusst entzogen.[463] Aus heutiger unbestrittener Sicht ist eine Bedingung im Sinne der §§ 158 ff. BGB eine durch den Parteiwillen in ein Rechtsgeschäft eingefügte Bestimmung, welche die Rechtswirkungen des Geschäfts von einem zukünftigen ungewissen Ereignis abhängig macht.[464] Der Gesetzgeber hat bewusst zwischen den aufschiebenden und den auflösenden Bedingungen unterschieden, je nachdem, ob es um das Entstehen oder das Bestehenbleiben der vom Erklärenden gewollten rechtlichen Wirkung geht.[465] Wird ein Rechtsgeschäft unter einer aufschiebenden Bedingung vorgenommen, so tritt die von der Bedingung abhängig gemachte Wirkung mit dem Eintritt der Bedingung

---

460 *Mugdan*, Motive, I, S. 490. Siehe dort auch zu der Bezeichnung „Nebenbestimmung": Der Gesetzgeber hat eine Zusammenfassung der Bedingung und der Befristung unter der einheitlichen Bezeichnung „Nebenbestimmung" bewusst abgelehnt, auch wenn die Ausdrucksweise in der Jurisprudenz und anderen Gesetzen geläufig ist (vgl. etwa § 36 VwVfG).

461 *Mugdan*, Motive, I, S. 490; *Blomeyer*, Studien zur Bedingungslehre I (1938), S. 1 f., MüKoBGB/*Westermann*, BGB, 7. A. (2015), § 158 Rn. 1; Erman/*Armbrüster*, BGB, 12. A. (2008), Vor § 158 Rn. 1.

462 *Von Savigny*, System des heutigen Römischen Rechts, Band 3 (1840), S. 231.

463 *Mugdan*, Motive, I, S. 491.

464 Palandt/*Ellenberger*, BGB, 78. A. (2019), Einf. v. § 158 BGB, Rn. 1.

465 *Mugdan*, Motive, I, S. 491.

ein (§ 158 Abs. 1 BGB). Wird ein Rechtsgeschäft unter einer auflösenden Bedingung vorgenommen, so endigt mit dem Eintritt der Bedingung die Wirkung des Rechtsgeschäfts (§ 158 Abs. 2 Hs. 1 BGB).

Befristung (§ 163 BGB) ist die durch den Parteiwillen in ein Rechtsgeschäft eingefügte Bestimmung, wonach ein zukünftiges gewisses Ereignis für den Beginn der Rechtswirkungen (Anfangstermin) oder deren Ende (Endtermin) maßgeblich ist.[466]

III. Der Grundsatz der Eigenanordnung

Der Grundsatz der Eigenanordnung ist im Recht des Testamentsvollstreckers von elementarer Bedeutung. Denn die Ernennung des Testamentsvollstreckers ist Sache des Erblassers selbst (§ 2065 Abs. 1 BGB). Eine Vertretung im Willen scheidet insoweit aus.[467] Blickt man auf die im Rahmen der Ernennung des Testamentsvollstreckers zulässigen Bedingungen und Zeitbestimmungen, ist festzustellen: Der Erblasser trägt durch sie eine Unwägbarkeit in den Kern seiner letztwilligen Verfügung hinein. Zudem involviert er Dritte in die Entscheidung der Frage, welche Wirkungen von seiner testamentarischen Regelung ausgehen, denn der Erblasser gibt die Entscheidung, ob der Eintritt einer Bedingung oder eines zeitlichen Moments gegeben ist, aus seiner Hand. Darüber hinaus kann der Testator inhaltliche Entscheidungen aus der Hand geben. Das ist beispielsweise der Fall, wenn ein Erblasser einen Testamentsvollstrecker ernennt, solange der Erbe einer religiösen, pseudoreligiösen oder pseudowissenschaftlichen Sekte angehört.[468] Wenn der Testamentsvollstrecker darüber entscheiden soll, ob die Voraussetzungen der Mitgliedschaft in einer religiösen, pseudoreligiösen oder pseudowissenschaftlichen Sekte vorliegen, überträgt der Erblasser dem Testamentsvollstrecker die Entscheidungsbefugnis hinsichtlich des „Ob“ seines Amtes. Der Testamentsvollstrecker hat dann eine Entscheidungsbefugnis und einen Entscheidungsspielraum, die dem ureigenen Interessenkreis des Erblassers entspringen. Dieses Beispiel verdeutlicht, dass es eine wesentliche Frage zu beantworten gilt: Ist die Zulässigkeit von Bedingungen und Zeitbestimmungen durch den erbrechtlichen Grundsatz der Eigenanordnung eingeschränkt?

Der Erblasser kann gemäß § 2064 BGB sein Testament nur persönlich errichten. Hierbei handelt es sich um den Grundsatz der formellen

466 Palandt/*Ellenberger*, BGB, 78. A. (2019), Einf. v. § 158 BGB, Rn. 2.
467 Bengel/*Reimann*, HbTV, 6. A. (2017), § 2 Rn. 8.
468 So im Fall des OLG Düsseldorf vom 02.03.1988 (Az. 3 Wx 290/87), NJW 1988, 2615.

Höchstpersönlichkeit. Zur Sicherstellung dieses Gebots enthält § 2065 BGB den Grundsatz der materiellen Höchstpersönlichkeit. Danach kann der Erblasser eine letztwillige Verfügung nicht in der Weise treffen, dass ein anderer zu bestimmen hat, ob sie gelten oder nicht gelten soll (§ 2065 Abs. 1 BGB). Auch kann der Erblasser die Bestimmung der Person, die eine Zuwendung erhalten soll, sowie die Bestimmung des Gegenstands der Zuwendung nicht einem anderen überlassen (§ 2065 Abs. 2 BGB). Das heißt, der Erblasser muss die für die Zeit und den Inhalt der Testamentsvollstreckung maßgeblichen Umstände selbst festlegen.[469] Der Erblasser kann weder dem Testamentsvollstrecker noch einem anderen die Entscheidung darüber übertragen, ob die Ernennung des Testamentsvollstreckers gelten oder nicht gelten soll (das „Ob" der Testamentsvollstreckung). Sämtliche Essentialia der Testamentsvollstreckung muss der Erblasser selbst regeln, insbesondere deren Beginn und Ende.[470] Ein Testament kann einem Testamentsvollstrecker nicht die Entscheidung über den Bestand seines eigenen Amtes zuweisen.[471] Niemand darf Richter in seiner eigenen Sache sein.[472]

Was bedeutet das nun für die Ernennung eines Testamentsvollstreckers unter einer Bedingung oder Zeitbestimmung? Sofern diese den tatsächlichen oder zeitlichen Bestand und die übrigen Essentialia der Testamentsvollstreckung betreffen, muss jegliche Fremdbestimmung ausgeschlossen sein. Und da jede Bedingung naturgemäß eine Ungewissheit in sich trägt, auf die der Erblasser bis zu seinem Tode in aller Regel keinen Einfluss nehmen kann, muss zweierlei erfüllt sein:

- Erstens: Die Bedingung muss vom Erblasser selbst gesetzt sein.[473] Das bedeutet, dass eigene gestaltende Maßnahmen Dritter zur Begründung einer Testamentsvollstreckung ausgeschlossen sind. Das Testament darf dem Testamentsvollstrecker keinen Raum lassen, selbst über seine Ernennung oder den Bestand seines Amtes zu entscheiden. Über das „Ob" der Testamentsvollstreckung muss der Erblasser selbst entschieden haben.
- Zweitens: Ein etwaig verbleibender (Rest-)Entscheidungsspielraum über den Bestand der Testamentsvollstreckung muss auf null reduziert sein, so dass die Entscheidung des Testamentsvollstreckers durch den im Testament

469 *BGH*, NJW 1964, 1316 (1318).
470 Bengel/*Reimann*, HbTV, 6. A. (2017), § 2 Rn. 11.
471 *BGH*, NJW 1964, 1316 (1318).
472 Siehe etwa *BGH*, NJW 1964, 1316 (1318), so auch bereits *RGZ* 100, 79.
473 *Winkler*, Der Testamentsvollstrecker, 22. A. (2016), Rn. 55.

manifestierten Erblasserwillen gebunden ist. Dafür müssen die Entscheidungskriterien hierfür, also die Voraussetzungen des Bedingungseintritts, vom Erblasser selbst hinreichend bestimmt sein. Das gilt nicht nur für die Ernennung des Testamentsvollstreckers, sondern auch für deren Beendigung.[474] So hat das BayObLG in seinem Beschluss vom 29. März 1976 (Az. 1 Z 9/76)[475] keine durchgreifenden Bedenken dagegen geäußert, dass der Erblasser den Testamentsvollstrecker ermächtigen kann, die Testamentsvollstreckung vor dem testamentarisch festgelegten oder gemäß § 2210 BGB geltenden Endtermin zu beenden, sofern der Erhalt des Nachlassvermögens gesichert und die Entscheidung des Testamentsvollstreckers „unter den angeordneten Voraussetzungen" möglich ist.[476] Die vom BayObLG angestellte Überlegung gilt nicht nur für die Beendigung, sondern durchweg im Recht des Testamentsvollstreckers, jedenfalls soweit die Essentialia der Testamentsvollstreckung nicht berührt sind.

Festgehalten werden kann somit: Die grundsätzliche Zulässigkeit von Bedingungen und Zeitbestimmungen bei der Ernennung eines Testamentsvollstreckers erfährt durch den Grundsatz der formellen und materiellen Höchstpersönlichkeit eine Einschränkung dahin gehend, dass der Erblasser dem Testamentsvollstrecker nicht die Entscheidung über die Essentialia der Testamentsvollstreckung übertragen kann.[477] Soweit der Erblasser dem Testamentsvollstrecker einen Entscheidungsspielraum eingeräumt hat, müssen die Entscheidungskriterien, insbesondere durch Anordnungen im Testament, so weit feststehen, dass die Entscheidung des Testamentsvollstreckers gebunden ist. Das Ermessen des Testamentsvollstreckers muss hinsichtlich des „Ob" der Testamentsvollstreckung auf null reduziert sein.

§ 2 Der Meinungsstand zur Rechtslage in der Schwebezeit bis zum Bedingungseintritt

In der Rechtswissenschaft wurde bislang kaum erörtert, welche Rechtsfolgen sich an die Ernennung eines Testamentsvollstreckers unter einer aufschiebenden

---

474 Bengel/*Reimann*/*J. Klinger*, HbTV, 6. A. (2017), § 7 Rn. 52; *Reimann*, FS Brambring (2011), 319 (326 ff.).

475 NJW 1976, 1692.

476 NJW 1976, 1692 (1693).

477 So auch *Wendt*, ErbR 2018, 242 (245).

Bedingung oder Zeitbestimmung (Anfangstermin)[478] knüpfen.[479] Es stellt sich insbesondere die Frage, ob die Wirkungen der Testamentsvollstreckung bereits in dem Zeitraum zum Tragen kommen, der dem Bedingungseintritt vorausgeht. Die Rechtsprechung musste sich mit dieser Thematik kaum befassen. Lediglich das Amtsgericht Bonn[480] und das Oberlandesgericht Köln[481] waren isoliert mit der grundbuchrechtlichen Publizität einer aufschiebend bedingten und befristeten Testamentsvollstreckung befasst. In der Literatur finden sich Begründungsansätze von *Hartmann,*[482] *Reimann*[483] und *Grotheer*[484].

I. Hartmann

Erstmals hat *Hartmann*[485] die Frage nach den Wirkungen einer aufschiebend bedingt angeordneten Testamentsvollstreckung aufgeworfen. *Hartmann* stellt die Frage, ob eine aufschiebend bedingte Ernennung eines Testamentsvollstreckers bereits in der Schwebezeit gewisse Vorwirkungen zeitigt und gegebenenfalls die prägenden Rechtsgrundsätze der Testamentsvollstreckung schon in dem Zeitraum zum Tragen kommen, der dem Bedingungseintritt vorgelagert ist.[486] Im Ergebnis verneint *Hartmann* allerdings Vorwirkungen.[487] Vor dem Eintritt der Bedingung soll der Erbe insbesondere nicht aus seiner Verfügungsmacht verdrängt sein: Da ein Testamentsvollstrecker zu diesem Zeitpunkt noch nicht im Amt sei, bestünde andernfalls während der Schwebezeit eine Verfügungsbefugnis für niemanden. Dies sei ein gesetzlich nicht tolerierter Zustand. Zudem läge ein Verstoß gegen § 134 BGB vor (Verbot der *res extra commercium*). Der Zugriff der Eigengläubiger des Erben sei ebenfalls nicht nach § 2214 BGB ausgeschlossen.[488] Damit lehnt *Hartmann* auch eine Zuweisung

---

478 Die nachfolgenden Ausführungen zu aufschiebenden Bedingungen (§§ 158 Abs. 1, 161 BGB) gelten – soweit nicht ausdrücklich angesprochen – wegen § 163 BGB für die Bestimmung eines Anfangstermins entsprechend.

479 So auch der Befund des Deutschen Notarinstituts in DNotI-Report 2013, 24 ff. mit einem Überblick über den Meinungsstand.

480 *AG Bonn*, Beschluss vom 12.09.2014, Az. MH-809-24 – juris.

481 *OLG Köln*, ZEV 2015, 277.

482 RNotZ 2008, 150 ff.

483 Staudinger/*Reimann*, BGB (Bearb. 2016), § 2197 Rn. 69, § 2211 Rn. 8, § 2214 Rn. 3.

484 BeckOGK-BGB, Stand 01.05.2018, § 2197 Rn. 200 ff.

485 Siehe RNotZ 2008, 150 ff.

486 Siehe RNotZ 2008, 150 ff.

487 Zustimmend *Wendt*, ErbR 2018, 242 (247).

488 RNotZ 2008, 150 ff.

von Rechtsmacht an den Testamentsvollstrecker ab. Denn die Wirkungen der §§ 2211 Abs. 1 und 2214 BGB sind jeweils an den Bestand eines Verwaltungsrechts geknüpft. Verneint man deren Wirkungen, kann es nach den §§ 2197 ff. BGB kein Verwaltungsrecht geben.

Lediglich der Grundsatz der dinglichen Surrogation sei schon während der Schwebezeit bis zum Eintritt der Bedingung anwendbar.[489] Denn der Erblasser habe durch die aufschiebend bedingte Ernennung des Testamentsvollstreckers zu erkennen gegeben, dass er zu einem späteren Zeitpunkt den Nachlass als Sondervermögen behandelt wissen will. Danach soll das Surrogat eines Gegenstandes, der einmal zum Nachlass gehört hat, ebenfalls zum Nachlass gehören, wenn der ersetzte Gegenstand nach dem Bedingungseintritt der Testamentsvollstreckung unterlegen hätte. Andernfalls bestünde die Gefahr, dass beim Eintritt der Bedingung kein Nachlass mehr vorhanden sei. Damit der Nachlass gegenständlich erhalten bleibt und keine Vermengung mit dem Eigenvermögen[490] des Erben eintritt, sei eine vorwirkende Anwendung der Surrogationsvorschriften geboten. Eine kautelarjuristische Konstruktion von Vorwirkungen bis zum Beginn der Testamentsvollstreckung wird von *Hartmann* nicht erörtert.

II. Reimann

Reimann geht anders vor. Er nähert sich den Wirkungen der Testamentsvollstreckung in rechtlichen Schwebezuständen an, indem er das Verwaltungsrecht in das Zentrum der Betrachtung stellt. Er zieht die Wirkungen der Testamentsvollstreckung während der Schwebezeit nur in Betracht, wenn dem Testamentsvollstrecker in dieser Zeit ein Verwaltungsrecht zusteht.[491] *Reimann* bildet hierfür den Begriff des „latenten Verwaltungsrechts".[492] Ob ein solches besteht, sei durch Auslegung der letztwilligen Verfügung zu ermitteln. *Reimann* spricht auch dann von einem Verwaltungsrecht, wenn dem Testamentsvollstrecker nur Teile seiner Rechtsmacht zustehen, wie beispielsweise im Rahmen der

489 Diesen Standpunkt haben *Grotheer* in: BeckOGK-BGB, Stand 01.05.2018, § 2197 Rn. 200, und *Winkler*, Der Testamentsvollstrecker, 22. A. (2016), Rn. 109e, ohne eigene Argumente in der Sache übernommen; DNotI-Report 2013, 24 (26) legt sich nicht fest. Skeptisch *Wendt*, ErbR 2018, 242 (247 f.), der eine besondere dogmatische Begründung für erforderlich hält.

490 Siehe *Muscheler*, Die Haftungsordnung der Testamentsvollstreckung, Habil. (1994), S. 6.

491 Staudinger/*Reimann*, BGB (Bearb. 2016), § 2197 Rn. 69; § 2211 Rn. 8; 2214 Rn. 3.

492 Siehe Staudinger/*Reimann*, BGB (Bearb. 2016), § 2211 Rn. 8.

beaufsichtigenden Testamentsvollstreckung gemäß § 2208 Abs. 2 BGB, oder wenn der Testamentsvollstrecker sein Verwaltungsrecht nur in der Weise ausübt, dass er sich den Besitz am Nachlass durch den Erben vermitteln lässt.[493]

Reimann zieht ferner die Möglichkeit in Betracht, dass während der Schwebezeit zumindest eine in der Rechtsmacht beschränkte Testamentsvollstreckung besteht.[494] Dies sei dann anzunehmen, wenn der Nachlass auch in der Zeit bis zum Eintritt der Bedingung gesichert werden soll.[495] Ob die beschränkte Testamentsvollstreckung nach dem Eintritt der Bedingung fortbestehen oder zu einer uneingeschränkten Testamentsvollstreckung erstarken soll, sei ebenfalls durch Auslegung zu ermitteln. *Reimann* ebnet damit den Weg zu einer gestuften Testamentsvollstreckung.[496]

III. Grotheer

Grotheer[497] kombiniert die Ansätze von *Hartmann* und *Reimann*. Im Ausgangspunkt wiederholt er das von *Hartmann* entwickelte Surrogationsmodell. Nach seiner Ansicht handelt es sich dabei weniger um eine rechtliche Vorwirkung.[498] Es gehe vielmehr darum, dass bei späterem Beginn der Testamentsvollstreckung feststehen muss, was Gegenstand des Nachlasses und damit Teil des Sondervermögens ist.[499] Eine Lösung hierfür hält *Grotheer* nicht parat.

Echte (Vor-)Wirkungen will *Grotheer* nur dann annehmen, wenn die Testamentsvollstreckung intervallartig[500] bzw. zweistufig[501] angeordnet ist: zunächst als unbedingte Testamentsvollstreckung mit beschränktem Aufgabenkreis[502], später als ausschließliche Verwaltungsvollstreckung, wobei der spätere Eintritt der Bedingung zur Erweiterung des Aufgabenkreises führen soll.[503] Dann seien

493 Staudinger/*Reimann*, BGB (Bearb. 2016), § 2211 Rn. 8.
494 Staudinger/*Reimann*, BGB (Bearb. 2016), § 2197 Rn. 69.
495 Staudinger/*Reimann*, BGB (Bearb. 2016), § 2197 Rn. 69.
496 Staudinger/*Reimann*, BGB (Bearb. 2016), § 2197 Rn. 69.
497 BeckOGK-BGB, Stand 01.05.2018, § 2197 Rn. 200 ff.
498 BeckOGK-BGB, Stand 01.05.2018, § 2197 Rn. 202.1.
499 BeckOGK-BGB, Stand 01.05.2018, § 2197 Rn. 202.1; hierauf weist auch *Wendt*, ErbR 2018, 242 (248) hin.
500 Vgl. BeckOGK-BGB, Stand 01.05.2018, § 2197 Rn. 202.
501 Vgl. BeckOGK-BGB, Stand 01.05.2018, § 2197 Rn. 202.2.
502 *Wendt* spricht insoweit von einer „vorgezogenen (Teil-)Vollstreckung mit entsprechend abgespeckten Vollstreckungsaufgaben", ggf. mit konkreten Verwaltungsanordnungen (ErbR 2018, 242 (247 f.)). Die konkrete Gestaltung einer solchen vorgezogenen Testamentsvollstreckung lässt er noch offen.
503 BeckOGK-BGB, Stand 01.05.2018, § 2197 Rn. 202.2.

die Erben bzw. deren Gläubiger ggf. sofort mit dem Erbfall gem. §§ 2211 Abs. 1, 2214 BGB beschränkt.[504] Damit knüpft er an den Ansatz von *Reimann* an. *Grotheer* legt den Fokus auf den Aufgabenkreis und bezieht damit indirekt das Verwaltungsrecht des Testamentsvollstreckers ein. Wie die Gemengelage zwischen Erbe und Testamentsvollstrecker aufgelöst wird, bleibt jedoch offen.

IV. Rechtsprechung

Soweit veröffentlicht, waren lediglich das OLG Köln in seinem Beschluss vom 3. November 2014 (Az. 2 Wx 304/14)[505] und als Vorinstanz das AG Bonn in seinem Beschluss vom 12. September 2014 (Az. MH-809-24)[506] mit den Folgen einer aufschiebend bedingt angeordneten Testamentsvollstreckung befasst.

Der Entscheidung des OLG Köln lag der Sachverhalt zugrunde, dass die Testamentsvollstreckung aufschiebend bedingt und befristet angeordnet worden war. Infolgedessen wurde in das Grundbuch ein Vermerk aufgenommen, wonach „bedingte und befristete Testamentsvollstreckung" angeordnet war. Nach Eintritt der aufschiebenden Bedingung war streitig, ob der Testamentsvollstreckervermerk insgesamt zu löschen oder hinsichtlich der aufschiebenden Bedingung weiterhin eingetragen bleiben sollte. Das OLG Köln musste sich jedoch mit der Frage nach den rechtlichen Wirkungen der bedingten und befristeten Testamentsvollstreckung nicht befassen, da der Erblasser ausdrücklich angeordnet hatte, dass die Erben vor dem Eintritt der Bedingung „testamentsvollstreckerfrei" sein sollten. Entscheidungserheblich war ausschließlich die Beantwortung der Frage, ob aufgrund § 52 GBO in der Schwebezeit einer aufschiebend bedingt angeordneten Testamentsvollstreckung ein vorsorglicher Testamentsvollstreckervermerk in das Grundbuch eingetragen werden muss. Das Gericht verneinte dies jedenfalls für den Fall, dass der Erbe keinerlei Verfügungsbeschränkungen unterliegt und dem Testamentsvollstrecker dementsprechend noch kein Verfügungsrecht zusteht.[507]

504 BeckOGK-BGB, Stand 01.05.2018, § 2197 Rn. 202.2.
505 ZEV 2015, 277.
506 *AG Bonn*, Beschluss vom 12.09.2014, Az. MH-809-24 – juris.
507 *OLG Köln*, ZEV 2015, 277 (278).

V. Stellungnahme

1. Zum Ansatz Hartmanns und Grotheers

Der Ansatz von *Hartmann* basiert auf dem Gedanken, dass der Erblasser durch die aufschiebend bedingte Ernennung eines Testamentsvollstreckers zu erkennen gegeben hat, dass er den Nachlass als künftiges Sondervermögen behandelt wissen will. Dies erfordere die gegenständliche Erhaltung des Nachlasses durch dingliche Surrogation in der Schwebezeit bis zum Eintritt der Bedingung. Die Wirkungen nach § 2211 Abs. 1 und § 2214 BGB sollen aber in dem Zeitraum vor dem Eintritt der Bedingung nicht zum Tragen kommen, und dem Testamentsvollstrecker soll vor dem Eintritt der Bedingung auch keine Rechtsmacht zugewiesen werden.

Der Ansatz *Hartmanns* lässt sich jedoch weder in die Kategorie der Kompetenzsurrogation noch in die der materiellen Surrogation einordnen und die Annahme einer weiteren Art der Surrogation ist auch nicht erforderlich.

Bei der Kompetenzsurrogation geht es darum, ob das, was der Testamentsvollstrecker an Sachen und Rechten während seiner Verwaltung erwirbt, erneut seiner, den Erben ausschließenden, Verwaltungskompetenz unterliegt.[508] Bei der materiellen Surrogation geht es darum, ob ein Erwerb, der ohne Surrogationsvorschrift dem Testamentsvollstrecker persönlich anfallen würde, unmittelbar, also ohne Durchgangserwerb und ohne Rücksicht auf den Willen der am Rechtsgeschäft Beteiligten materiell dem Nachlass zukommt.[509] In beiden Fällen muss das zu schützende Sondervermögen im Zeitpunkt der gewünschten Surrogation bereits vorhanden sein. Wenn dem Testamentsvollstrecker keine Rechtsmacht zugewiesen und der Erbe auch nicht aus seiner Rechtsmacht verdrängt wird, gibt es kein Sondervermögen, welches durch die Ernennung des Testamentsvollstreckers entstanden ist und durch eine dingliche Surrogation geschützt werden soll. Der Nachlass als solcher ist jedenfalls keine per se zu schützende Vermögenseinheit.[510]

Für eine weitere, von den übrigen Wirkungen der Testamentsvollstreckung unabhängige Art der Surrogation besteht kein Bedürfnis. Nach richtiger Ansicht ist § 1638 Abs. 2 BGB die geeignete Analogiebasis für die

508 Siehe hierzu Kapitel 2 § 4 sowie *Muscheler*, Die Haftungsordnung der Testamentsvollstreckung, Habil. (1994), S. 257.

509 Siehe hierzu Kapitel 2 § 4 sowie *Muscheler*, Die Haftungsordnung der Testamentsvollstreckung, Habil. (1994), S. 257.

510 Siehe hierzu unter Kapitel 2 § 4.

Kompetenzsurrogation.[511] Wie der Zuwendende die Anwendbarkeit des § 1638 Abs. 2 BGB ausschließen oder einschränken kann, so kann der Erblasser auch den Umfang der Kompetenzsurrogation bei einer von ihm angeordneten Testamentsvollstreckung frei bestimmen.[512] Durch die teil- und stufenweise Zuweisung von Rechtsmacht an den Testamentsvollstrecker kann der Erblasser die Testamentsvollstreckung zur Anwendung bringen, ohne dass der Erbe vollständig aus seiner Rechtsmacht verdrängt ist.[513] Auf diesem Weg kann der Erblasser eine ähnliche Lage herstellen wie mit einer Bedingung. Hier bestätigt sich auch aus einer anderen Perspektive, dass § 1638 Abs. 2 BGB die taugliche Analogiebasis für eine Surrogation bei der Testamentsvollstreckung ist.[514]

Zudem würde, selbst wenn man der Ansicht von *Hartmann* folgte, die Surrogation den Nachlass nicht vor Verbrauch oder Zerstörung schützen.[515] Der Testamentsvollstrecker würde den Nachlass in beiden Fällen nur so vorfinden, wie ihn der Erbe bis dahin verwaltet hat. Eine dingliche Surrogation würde nicht zwingend dazu führen, dass bei einem späteren Beginn der Testamentsvollstreckung feststeht, was zum Nachlass gehört und was nicht. Der Ansicht von *Grotheer*, dass die Surrogationsthese *Hartmanns* weniger eine Vorwirkung sei, sondern es eher darum gehe, dass bei späterem Beginn der Testamentsvollstreckung feststehen müsse, was Gegenstand des zu verwaltenden Nachlasses ist, kann damit ebenfalls nicht zugestimmt werden.

Grotheer knüpft an *Reimanns* Auffassung an. Allerdings verbindet er eine Beschränkung der Rechtsmacht des Testamentsvollstreckers mit einer Beschränkung der Verwaltungsaufgaben.[516] Bei einer gegenständlich nicht beschränkten Testamentsvollstreckung besteht jedoch die Möglichkeit, dass der Testamentsvollstrecker hinsichtlich des Nachlasses nicht verfügungsbefugt ist, obwohl dieser seiner Verwaltung unterliegt.[517] Mit Verwaltungsanweisungen kann dies nicht bewirkt werden.

---

511 Siehe hierzu unter Kapitel 2 § 4 sowie *Muscheler*, Die Haftungsordnung der Testamentsvollstreckung, Habil. (1994), S. 258 ff., sowie *ders.*, Erbrecht (2010), Bd. II, Rn. 2774 ff.; jeweils mit einer ausführlichen Darstellung des Meinungsstreits.

512 *Muscheler*, Die Haftungsordnung der Testamentsvollstreckung, Habil. (1994), S. 260 f.

513 Siehe hierzu Kapitel 4.

514 Siehe hierzu ausführlich *Muscheler*, Die Haftungsordnung der Testamentsvollstreckung, Habil. (1994), S. 260 f.

515 Die Lage entspricht der eines befreiten Vorerben (§§ 2136, 2112, 2113 Abs. 1, 2111 Abs. 1 S. 1 BGB).

516 In diese Richtigung kann auch *Wendt*, ErbR 2018, 242 (247) interpretiert werden.

517 Siehe hierzu Kapitel 4 § 2.

2. *Zum Ansatz* Reimanns

Vorzugswürdig erscheint nach alledem die Auffassung von *Reimann*[518], welche sich am Wortlaut der §§ 2211 Abs. 1 und 2214 BGB[519] orientiert. Nur wenn der Erblasser dem Testamentsvollstrecker Rechtsmacht in Form eines zumindest latenten Verwaltungsrechts zugewiesen hat, können die Wirkungen der §§ 2211 Abs. 1 und 2214 BGB eintreten. Das Verwaltungsrecht des Testamentsvollstreckers wird auf diesem Weg direkt vom Willen des Erblassers abgeleitet. Nur so kann das Prinzip eingehalten werden, dass der Wille des Erblassers innerhalb der gesetzlichen Schranken die oberste Richtschnur für Gestaltung und Umfang der Aufgabe und Befugnisse des Testamentsvollstreckers ist.[520]

3. *Erblasserwille: Auslegungsvarianten*

Hinsichtlich des Erblasserwillens sind zwei Auslegungsvarianten denkbar:

- In der ersten Variante ernennt der Erblasser den Testamentsvollstrecker unter einer echten aufschiebenden Bedingung oder einem Anfangstermin.
- In der zweiten Variante ernennt der Erblasser den Testamentsvollstrecker unbedingt, beschränkt die Rechtsmacht des Testamentsvollstreckers jedoch zeitweise.

In beiden Varianten möchte der Erblasser die Wirkungen der Testamentsvollstreckung zu einem bestimmten Zweck[521] beschränken. In beiden Varianten

518 Ihm folgt indirekt *Grotheer*, BeckOGK-BGB, Stand 01.05.2018, § 2197 Rn. 201.

519 Beachte jeweils: „die der Verwaltung des Testamentsvollstreckers unterliegenden Nachlassgegenstände".

520 *RGZ* 74, 215 (218); 81, 168 (170).

521 Der Zweck, den der Testator mit der Bedingung bzw. Befristung verfolgt, ist gegebenenfalls durch Auslegung zu ermitteln, um feststellen zu können, in welchem Umfang der Erblasser die Wirkungen der Testamentsvollstreckung beschränken wollte. Hierbei ist nicht nur der unmittelbar durch die Bedingung verfolgte Zweck, sondern auch das Gesamtziel der letztwilligen Verfügung zu ermitteln. Denn es besteht die Gefahr, dass eine wörtliche Auslegung das Gesamtziel des Erblassers konterkariert. Es ist insbesondere zu eruieren, wann der Erblasser den Nachlass den Wirkungen der Testamentsvollstreckung unterwerfen möchte, da der Nachlass im Zeitpunkt des Bedingungseintritts oder des Termins wertmäßig oder in seiner Substanz noch vorhanden sein muss (Nachlasserhaltungsinteresse, s. *Muscheler*, Die Haftungsordnung der Testamentsvollstreckung, Habil. (1994), S. 6.). Stellt sich beim Eintritt der Bedingung heraus, dass der Nachlass nicht mehr vorhanden ist, laufen die Testamentsvollstreckung und damit das erklärte Ziel des Erblassers ins Leere. Lautet das vom Erblasser erklärte Ziel daher, den Nachlass zu schützen und

tritt das Amt des Testamentsvollstreckers nur latent in Erscheinung. Der Wille des Erblassers kann dabei grundsätzlich in zwei Richtungen weisen:

- Entweder möchte der Erblasser den Nachlass möglichst testamentsvollstreckungsfrei halten und den Erben möglichst wenig in seiner Rechtsmacht beschränken. Dann ist die Testamentsvollstreckung nur vorsorglich angeordnet.
- Oder der Erblasser möchte den Nachlass bereits ab dem Erbfall durch einen Testamentsvollstrecker verwalten lassen, also die Wirkungen der Testamentsvollstreckung ab diesem Zeitpunkt eintreten lassen, aber den Erben nicht vollständig aus der Verwaltungsteilhabe und der Verfügungsmacht ausschließen. Hier lässt sich weiter danach differenzieren, ob die Sphären des Erben und des Testamentsvollstreckers getrennt sein sollen oder ob der Erbe und der Testamentsvollstrecker das Amt des Testamentsvollstreckers gemeinsam ausüben sollen.

Welche Wirkungen einer aufschiebend bedingten Testamentsvollstreckung in den beiden beschriebenen Auslegungsvarianten zum Tragen kommen, wird im Folgenden untersucht.

§ 3 Auslegungsvariante 1: (echte) Bedingungen und Zeitbestimmungen

I. Keine Vorwirkungen einer bedingt oder unter einer Zeitbestimmung angeordneten Testamentsvollstreckung in der Schwebezeit

1. Suspensivwirkung einer aufschiebenden Bedingung

Der Zweck einer rechtsgeschäftlichen Bedingung besteht darin, ein Rechtsgeschäft an eine künftige Entwicklung der Tatsachen oder der Rechtslage anzupassen.[522] Wird ein Rechtsgeschäft unter einer aufschiebenden Bedingung

---

zu erhalten, dann hat sich der Umfang der Wirkungen der Testamentsvollstreckung hieran zu orientieren. Demgegenüber kann das Ziel des Erblassers auch lauten, dass der Erbe in der Zwischenzeit vollständig frei oder zumindest eingeschränkt verwaltungsbefugt sein soll. Die Testamentsvollstreckung ist dann „auf Vorrat" angeordnet, z.B. für den Fall der Drogensucht oder Sektenzugehörigkeit.

522 MüKoBGB/*Westermann*, 7. A. (2015), § 159 Rn. 1; BeckOK-BGB/*Rövekamp*, 49. Ed. 01.02.2019, § 159 Rn. 1.

vorgenommen, so tritt dessen Wirkung mit dem Eintritt der Bedingung ein (§ 158 Abs. 1 BGB, „Suspensivwirkung"). Das Rechtsgeschäft bleibt bis zum Eintritt der Bedingung offen für noch nicht absehbare Entwicklungen. Die Wirkungen der Testamentsvollstreckung beginnen dementsprechend erst mit dem Eintritt der Bedingung (§ 158 Abs. 1 BGB). Der Testamentsvollstrecker ist in der Schwebezeit noch nicht im Amt. Zwar kann der ernannte Testamentsvollstrecker die Annahmeerklärung bereits ab dem Eintritt des Erbfalls abgeben, das Amt beginnt jedoch nicht vor dem Eintritt der Bedingung.[523]

In der Schwebezeit bis zum Eintritt der Bedingung tritt keine Verwaltungssonderung ein. Der Testamentsvollstrecker hat folgerichtig in der Schwebezeit auch kein Verwaltungsrecht. Die volle Verwaltungsbefugnis liegt beim Erben. Die §§ 2197 ff. BGB sehen keine Vorwirkungen für den Zeitraum vor, der dem Bedingungseintritt vorgelagert ist. Es stellt sich dann die Frage, ob Vorwirkungen rechtsmethodisch begründet werden können.

2. Kein Verwaltungsrecht des Testamentsvollstreckers in der Schwebezeit

a) §§ 2205, 2209, 2211 Abs. 1, 2214 BGB analog?

In der Schwebezeit bis zum Eintritt der Bedingung liegt zunächst einmal ein Sachverhalt vor, der noch nicht alle Voraussetzungen für den Beginn der Testamentsvollstreckung erfüllt. Denn die Ernennung des Testamentsvollstreckers ist suspendiert. Der Gesetzgeber hat also eine Regel aufgestellt, deren Tatbestand nicht erfüllt ist. Eine Regelungslücke in den §§ 2197 ff. BGB ist diesbezüglich nicht ersichtlich.

Unterstellt eine Lücke im Gesetz läge vor, würde eine Analogie eine tatbestandliche Ähnlichkeit zweier Sachverhalte voraussetzen, die gleich zu bewerten wären und die aufgrund der Gerechtigkeitsidee des Gleichheitssatzes eine gleiche Behandlung erfahren sollen. Eine tatbestandliche Ähnlichkeit läge jedoch ohnehin nicht vor: Eine aufschiebend bedingte Ernennung eines Testamentsvollstreckers ist etwas wesentlich anderes als eine (unbedingte) Ernennung eines Testamentsvollstreckers. Eine analoge Übertragung der §§ 2205 ff. BGB auf den rechtlichen Schwebezustand würde daher ausscheiden.

Im Übrigen widerspräche eine analoge Anwendung des § 2211 Abs. 1 BGB dem gesetzgeberischen Gesamtplan, der im Rahmen einer gesetzeslückenausfüllenden Rechtsmethodik zu Ende gedacht werden müsste. Der hinter der Verdrängungswirkung stehende Normzweck ist die Wahrung der Effektivität der

523 Staudinger/*Reimann*, BGB (Bearb. 2016), § 2202 Rn. 14.

Testamentsvollstreckung. Der Gesetzgeber sah es zu Recht als kontraproduktiv an, wenn der Erbe parallel zum Testamentsvollstrecker Nachlassgegenstände verwalten, insbesondere über sie verfügen, und damit die Rechtsmacht des Testamentsvollstreckers einschränken und die Erledigung seiner Verwaltungsaufgaben vereiteln oder zumindest erschweren könnte.[524] Wenn der Erblasser die Testamentsvollstreckung lediglich auf Vorrat anordnen und damit die Rechtsstellung des Erben bis zum Eintritt der Bedingung unangetastet lassen wollte, bestünde die Gefahr, dass der Erbe die Verwaltung des Testamentsvollstreckers illusorisch macht, gerade nicht.

Auch wenn man zugeben muss, dass die Testamentsvollstreckung gegebenenfalls ins Leere läuft, wenn kein Nachlass mehr vorhanden ist, der verwaltet werden könnte, erlaubt es dieser „gestalterische Mangel" nicht, die vom Gesetzgeber vorgegebenen privat- und erbrechtlichen Gestaltungsmöglichkeiten und -grenzen zu überwinden. Dem Erblasser stehen ausschließlich die vom Gesetzgeber zugelassenen Mittel zur Gestaltung seines Willens zur Verfügung. Einzelne Wirkungen eines erbrechtlichen Gestaltungsmittels sind nur über deren Einsatz zu erzielen.

Auch der Normzweck des § 2214 BGB steht einer Analogie in der Latenzzeit bis zum Eintritt der Bedingung im Weg. Nur in den Zeiten, in denen der Testamentsvollstrecker Verwaltungsaufgaben zu erledigen hat, ist er davor abzuschirmen, dass er einem Privatgläubiger des Erben den Bestand des Nachlasses klarzulegen und eine Wahrscheinlichkeitsrechnung darüber anzustellen hat, ob nach der Deckung der Nachlassverbindlichkeiten für den Erben und dessen Gläubiger noch ein Rest bleibt.[525] Ohne endgültige Ernennung des Testamentsvollstreckers und damit Zuweisung von Rechtsmacht entfällt der Normzweck des § 2214 BGB, da kein Bedürfnis für die genannte Abschirmwirkung besteht. Hiergegen mag man einwenden, dass die Aufgabenerledigung des Testamentsvollstreckers im Zeitpunkt des Bedingungseintritts unmöglich ist, soweit die Eigengläubiger des Erben sich aus dem Nachlass in einem Maße befriedigt haben, dass der Nachlass aufgebraucht ist. Zum Schutz des Nachlasses vor den Privatgläubigern wäre eine Abspaltung der Abschirmwirkung vom Verwaltungsrecht und damit der Zuweisung von Rechtsmacht also hilfreich. Damit würde jedoch in der Schwebezeit eine Bevorzugung der Nachlassgläubiger einhergehen. Der aufgrund von § 2214 BGB für die Nachlassgläubiger eintretende Vorteil ist allerdings kein Zweck, sondern bloßer Reflex der primären

524 Motive, V, S. 233, Protokolle, V, S. 286.

525 Siehe hierzu Protokolle, V, S. 297.

Zielsetzung.[526] Eine Besserstellung der Nachlassgläubiger durch die Testamentsvollstreckung ist unzulässig[527] und lässt sich erst recht nicht rechtsmethodisch im Vorfeld der Testamentsvollstreckung begründen. Das muss auch im Falle einer nur aufschiebend bedingt angeordneten Testamentsvollstreckung gelten.

b) Anwendung der §§ 160, 161 BGB?

Das BGB regelt Vorwirkungen bei aufschiebend bedingten Rechtszuständen in den §§ 160, 161 BGB. Hat jemand unter einer aufschiebenden Bedingung über einen Gegenstand verfügt, so ist nach § 161 BGB jede weitere Verfügung, die er während der Schwebezeit über den Gegenstand trifft, im Falle des Eintritts der Bedingung insoweit unwirksam, als sie die von der Bedingung abhängige Wirkung vereiteln oder beeinträchtigen würde. Wendet man hier § 161 BGB auf die aufschiebend bedingte Ernennung eines Testamentsvollstreckers an, dann wäre jede weitere Verfügung des Erben während des Schwebezustands gegenüber Dritten unwirksam.

Die Anwendung von § 161 BGB erscheint auf den ersten Blick konsequent. Denn wenn man die Anwendung der §§ 158 ff. BGB aufgrund der systematischen Stellung im Allgemeinen Teil des BGB bejaht,[528] dann muss dies auch für die Anwendung des § 161 BGB gelten. Ob die aufschiebend bedingte Ernennung des Testamentsvollstreckers eine aufschiebend bedingte Verfügung über einen Gegenstand (des Nachlasses) im Sinne von § 161 BGB ist, bedarf allerdings der Prüfung.

§ 161 BGB enthält in seinem Tatbestand den Begriff der Verfügung. Dies sind im allgemeinen Rechtsgeschäfte, die unmittelbar darauf gerichtet sind, auf ein bestehendes Recht einzuwirken, es zu verändern, zu übertragen oder aufzuheben.[529] Der Begriff „weitere Verfügung" in § 161 BGB ist jedoch enger zu verstehen. Hierunter fallen ausschließlich rechtsgeschäftliche Verfügungen, die einen bedingten Rechtserwerb beeinträchtigen oder vereiteln.

Zwar handelt es sich bei der Ernennung des Testamentsvollstreckers um eine letztwillige rechtsgeschäftliche Verfügung. Sie beeinträchtigt jedoch keinen bedingten Rechtserwerb. Sie ändert auch nichts daran, dass der Erbe

---

526 Hierzu ausführlich *Muscheler*, Erbrecht (2010), Bd. II, Rn. 2717 ff.

527 *Muscheler*, Erbrecht (2010), Bd. II, Rn. 2717.

528 Siehe oben Kapitel 5 § 1 I.

529 *BGHZ* 1, 304; 7, 274; 52, 269; 75, 226; 78, 177; Palandt/*Ellenberger*, BGB, 78. A. (2019), Überbl. v. § 104 Rn. 16.

Rechtsinhaber wird.[530] § 161 BGB schützt den aus einer Verfügung bedingt Berechtigten vor Zwischenverfügungen.[531] Bei letztwilligen Verfügungen kann es jedoch keine Zwischenverfügung geben, die zu einer Beeinträchtigung oder Vereitelung eines bedingten Rechtserwerbs führt. Es ist daher anerkannt, dass letztwillige Verfügungen nicht unter den Verfügungsbegriff des § 161 BGB fallen.[532]

Doch selbst wenn man über den Begriff der Verfügung hinwegsehen würde, der ohnehin nur einen Teilaspekt des Verwaltungsrechts des Testamentsvollstreckers betrifft, um das es hier geht, passte der Tatbestand des § 161 BGB in einem weiteren Punkt nicht. Der Wortlaut des § 161 BGB fordert eine Personenidentität zwischen demjenigen, der aufschiebend bedingt verfügt, und demjenigen, der die weitere Zwischenverfügung trifft. In der Schwebezeit einer aufschiebend bedingten Testamentsvollstreckung wäre der Erstere der Erblasser und der Letztere der Erbe. Die Personenidentität ist damit strukturell ausgeschlossen.

Es kann daher festgehalten werden, dass für eine direkte Anwendung des § 161 BGB kein Raum ist.

c) Analoge Anwendung des § 161 BGB?

Erstmals hat *Hartmann* die Frage der analogen Anwendung des § 161 BGB auf einen Schwebezustand im Rahmen der Testamentsvollstreckung aufgeworfen.[533] Er benennt § 161 BGB als das gesetzliche Modell für eine analoge Erstreckung der mit einer aufschiebend bedingt angeordneten Verfügung verbundenen Rechtsfolgen.

Bei einer Analogie handelt es sich um eine gleiche Behandlung rechtsähnlicher Tatbestände.[534] Die Analogie überschreitet den möglichen Wortsinn des Gesetzes unter Rechtfertigung durch den Gleichheitssatz.[535] Bereits aus den zuvor dargestellten Unterschieden, insbesondere dem Erfordernis der Personenidentität, kann bezweifelt werden, dass § 161 BGB als Analogiebasis tauglich ist.

---

530 Siehe Kapitel 1.

531 Palandt/*Ellenberger*, BGB, 78. A. (2019), § 161 Rn. 1.

532 Im Ergebnis ohne Begründung MüKoBGB/*Westermann*, 7. A. (2015), § 161 Rn. 12; Staudinger/*Bork*, BGB (Bearb. 2010), § 161 Rn. 4.

533 RNotZ 2008, 150 (152).

534 *Canaris*, Die Feststellung von Lücken im Gesetz, 2. A. (1982), S. 24.

535 *Canaris*, Die Feststellung von Lücken im Gesetz, 2. A. (1982), S. 25.

Eine analoge Anwendung des § 161 BGB setzt eine tatbestandliche Ähnlichkeit zwischen der Schwebezeit aufgrund eines rechtsgeschäftlich aufschiebend bedingten Rechtserwerbs im Sinne des § 161 BGB und einer aufschiebend bedingt angeordneten Testamentsvollstreckung voraus. Zwei Sachverhalte sind sich ähnlich, wenn sie in einigen Elementen übereinstimmen, in anderen aber nicht. Stimmten sie in jeder Hinsicht überein, sind sie gleich und nicht ähnlich.[536] Die Tatbestände dürfen einander also weder gleich noch absolut ungleich sein; sie müssen gerade im Hinblick auf die für die rechtliche Bewertung maßgebenden Gesichtspunkte so weit übereinstimmen, als wären sie gleich. Die Feststellung dieser Übereinstimmung erfordert die Offenlegung der in der gesetzlichen Regel zum Ausdruck kommenden Wertung. Daran schließt sich die positive Feststellung an, dass der zu beurteilende Sachverhalt dem gesetzlich geregelten Fall in den maßgeblichen Wertungen gleicht, sowie die negative Feststellung, dass die verbleibenden Unterschiede nicht von solchem Gewicht sind, dass sie die gesetzliche Wertung ausschließen.

§ 161 BGB liegt die Wertung zugrunde, dass die bei einem Rechtsgeschäft vereinbarte Regelung nicht durch Ereignisse während des Schwebezustands sinnlos werden soll. Der unter einer Bedingung dinglich Berechtigte soll vor Zwischenverfügungen desjenigen geschützt werden, der bei Bedingungseintritt das Recht verliert.[537] Der Berechtigte erwirbt damit eine geschützte Rechtsposition, auf die er vertrauen darf. § 161 BGB ist damit auf zweiseitige Rechtsgeschäfte zugeschnitten. Eine derartige Interessenlage gibt es jedoch weder bei der gesetzlichen noch bei der gewillkürten Erbfolge. Bei einseitigen Rechtsgeschäften, wie bei einer Verfügung von Todes wegen, kommt es nur auf den Willen des Erblassers an. Eine tatbestandliche Ähnlichkeit liegt damit nicht vor.

Eine analoge Erstreckung der Vorwirkungen des § 161 BGB auf die Schwebezeit bis zum Beginn der Testamentsvollstreckung scheidet also aus.

d) Anwartschaftsrecht des Testamentsvollstreckers?

Vorwirkungen der Testamentsvollstreckung aufgrund der Rechtsposition des Erben sind bislang ausgeschieden. Die Rechtsposition des Testamentsvollstreckers blieb dabei noch unberücksichtigt. Es stellt sich die Frage, ob eine Vorwirkung in der Latenzzeit der Auslegungsvariante 1 damit begründet werden kann, dass dem Testamentsvollstrecker ein subjektives Recht in Form eines Anwartschaftsrechts an der Verwaltung des Nachlasses zusteht, kraft dessen

536 *Larenz/Canaris*, Methodenlehre der Rechtswissenschaft, 3. A. (1995), S. 202.
537 MüKoBGB/*Westermann*, 7. A. (2015), § 161 Rn. 1.

sich die Wirkungen der Testamentsvollstreckung bereits auf den Schwebezustand erstrecken.

Ein diesbezüglicher Ansatz scheitert jedoch bereits an der rechtlichen Struktur der Testamentsvollstreckung, die sich mit der Dogmatik des Anwartschaftsrechts nicht in Einklang bringen lässt.

Eine Anwartschaft ist das Ergebnis der Analyse eines Erwerbsvorgangs und der einzelnen Zwischenstationen und keine vorgegebene Entscheidung zur Beurteilung weiterer Rechtsfragen.[538] Eine zivilrechtliche Anwartschaft kann nur auf ein Vollrecht, nicht auf ein Amt bestehen. Der Testamentsvollstrecker hat kein „dingliches Recht am Nachlass", keine dinglichen Rechte bezüglich der einzelnen Nachlassgegenstände, überhaupt kein Recht „am Nachlass".[539] Dies bereits deshalb nicht, weil es an „dem Nachlass" kein dingliches Recht gibt. Dingliche Rechte sind nur an Sachen (§ 90 BGB) möglich. Der Nachlass kann, muss jedoch nicht zwingend Sachen enthalten und selbst wenn er Sachen enthält, existiert am Nachlass kein dingliches Recht. Unabhängig davon ist allein der Erbe der materiell Berechtigte bezüglich der jeweiligen Nachlassgegenstände. Die aufschiebend bedingte Ernennung des Testamentsvollstreckers ändert hieran nichts.[540]

Vor allem aber spricht der Amtsbegriff gegen ein Anwartschaftsrecht des Testamentsvollstreckers. Ein Träger eines privaten Amtes hat kein subjektives Recht auf ein Amt.[541] Der Testamentsvollstrecker leitet seine Rechtsposition allein vom Erblasser ab. Ein subjektives Recht kann dieser dem Testamentsvollstrecker nicht verleihen. Gegen ein subjektives Verwaltungsrecht des Testamentsvollstreckers spricht auch, dass dieser – hinsichtlich des Nachlasses – uneigennützig tätig wird. Eine kohärente Wertung findet sich in § 2194 BGB. Danach ist das Verlangen auf Vollziehung einer Auflage als eigener Anspruch des Vollziehungsberechtigten auf Leistung an einen Dritten (§ 335 BGB) ausgestaltet, damit die Auflage auch tatsächlich erfüllt wird.[542] Der Berechtigte ist

---

538 MüKoBGB/*Westermann*, 8. A. (2018), § 161 Rn. 6.

539 *Muscheler*, Erbrecht (2010), Bd. II, Rn. 2723; *Strohal*, Erbrecht, 3. A., Band 1 (1903), 40 b Fn. 8; anders noch früher z.B. *v. Gierke*, Deutsches Privatrecht (1895), Abteilung II 64 A. 73.

540 Dies selbst dann nicht, wenn der Testamentsvollstrecker zugleich Miterbe ist.

541 Dies gilt auch für den Inhaber eines öffentlich-rechtlichen Amtes. Hier wird teilweise von „subjektiven Rechten" aufgrund der jeweiligen Amtsstellung gesprochen (siehe hierzu nur *Kopp/Schenke*, VwGO, 23. A. (2017), § 42 Rn. 80). Jedoch handelt es sich hierbei immer um Rechte, die aus der jeweiligen Amts- bzw. Organstellung resultieren und sich auf diese beschränken.

542 Palandt/*Weidlich*, BGB, 78. A. (2019), § 2194 Rn. 1.

damit ebenfalls Rechtsträger in fremdem Interesse. Diesem gewährt die herrschende Meinung keinen Schadensersatz bei schuldhafter Nichterfüllung des Vollziehungsanspruchs, da ein Eigenschaden begrifflich ausgeschlossen ist.[543]

Im Ergebnis ist daher festzuhalten, dass eine Vorwirkung während des Schwebezustands in der Auslegungsvariante 1 nicht damit begründet werden kann, dass dem Testamentsvollstrecker ein subjektives Recht in Form eines Anwartschaftsrechts an der Verwaltung des Nachlasses zusteht, kraft dessen sich die Wirkungen der Vollstreckung bereits auf den Schwebezustand erstrecken.

3. *Fazit*

Die Wirkungen der Testamentsvollstreckung, insbesondere die Zuweisung von Rechtsmacht an den Testamentsvollstrecker, die Verdrängungswirkung nach § 2211 Abs. 1 BGB sowie die Abschirmwirkung nach § 2214 BGB sind bis zum Eintritt der Bedingung suspendiert (§ 158 Abs. 1 BGB). In der Latenzzeit der Auslegungsvariante 1 tritt auch keine Verwaltungssonderung ein. Die §§ 2197 ff. BGB sehen für diesen Fall keine Vorwirkungen der Testamentsvollstreckung in den Schwebezuständen vor. Diese lassen sich auch rechtsmethodisch nicht begründen.

Welche Folgen ergeben sich hieraus für den Beginn der Testamentsvollstreckung bei Bedingungseintritt? Dies wird im Folgenden erörtert.

II. Folgen für den Beginn der Testamentsvollstreckung bei Bedingungseintritt

1. *Konstituierung des Nachlasses*

Nach der Übernahme des Amtes hat der Testamentsvollstrecker den Nachlass festzustellen, der seiner Verwaltung unterliegt. Dabei muss er sich zunächst umfassende Kenntnis über den zu verwaltenden Nachlass verschaffen. Eine ordnungsmäßige Verwaltung des Nachlasses ist sonst nicht oder nur erschwert möglich. In der Zeit zwischen dem Erbfall und dem Beginn der Testamentsvollstreckung wird sich der Nachlass in aller Regel verändern. Das erschwert die Konstituierung des Nachlasses. Denkbar sind Veränderungen jeglicher Art.

---

543 Motive, V, S. 215; *RG*, WarnR 1937 Nr. 133 a.E.; *BGHZ* 121, 357 (367); *Strohal*, 3. A., Band 1 (1903), § 6 II; MüKoBGB/*Rudy*, 7. A. (2017), § 2194 Rn. 9; Palandt/*Weidlich*, 77. A. (2018), § 2194 Rn. 1; *Muscheler*, Die Stiftung 1 (2007), 59 (67); krit. *Lange*/*Kuchinke*, Erbrecht, 5. A. (2001), § 30 III 5d Fn. 87.

Sowohl die Zusammensetzung als auch die einzelnen Nachlasswerte können sich verändern (z.B. bei börsenbedingten Kursschwankungen, durch Mietänderungen oder durch Verbrauch). Die Konstituierung des Nachlasses kann für den Testamentsvollstrecker umso schwieriger werden, je mehr Zeit zwischen Erbfall und Beginn der Testamentsvollstreckung verstreicht. Vor allem bei Bedingungen ist mit einem größeren Latenzzeitraum zu rechnen. Ordnet der Erblasser beispielsweise an, dass die Testamentsvollstreckung erst mit einem bestimmten Lebensjahr des Erben, bei Eintritt des Erben in eine bestimmte Glaubensgemeinschaft bzw. Sekte oder mit dem Austritt daraus oder mit dem Nacherbfall beginnt, können zwischen dem Erbfall und dem Beginn der Testamentsvollstreckung mehrere Jahre vergehen.

Bei Eintritt der Bedingung ist der Testamentsvollstrecker mit der Situation konfrontiert, dass er die seiner Verwaltungsmacht unterliegenden Nachlassgegenstände feststellen muss, nachdem ein anderer – der Erbe – den Nachlass verwaltet hat. Der Testamentsvollstrecker muss insoweit auf die letztwillige Verfügung des Erblassers abstellen, denn das Verwaltungsobjekt muss sich aus der Anordnung des Erblassers ergeben. Andernfalls droht ein Verstoß gegen den Grundsatz der Eigenanordnung (§ 2065 Abs. 1 BGB), da die Essentialia der Vollstreckung nicht präzise genug geregelt sind. Eine ergänzende Auslegung der letztwilligen Verfügung würde voraussetzen, dass sich den Willen des Erblassers erhellende Anhaltspunkte im Testament ausmachen lassen.

Ist eine gegenständlich beschränkte Testamentsvollstreckung (§ 2208 Abs. 1 i.V.m. § 2205 S. 1 BGB)[544] angeordnet, wird die Feststellung des Verwaltungsgegenstandes klar sein. Ordnet der Erblasser – wie so oft – schlicht an, dass Testamentsvollstreckung angeordnet ist, dann muss der Testamentsvollstrecker den Nachlass zunächst ermitteln.

Zur Ermittlung des Nachlasses hat der Testamentsvollstrecker gegen den Erben einen vorbereitenden Auskunftsanspruch.[545] Als Rechtsgrundlage für den Anspruch wird allgemein isoliert § 260 Abs. 1 BGB genannt.[546] Dies ist jedoch nicht überzeugend. Vorzugswürdig als Anspruchsgrundlage erscheinen

---

544 Die gegenständliche Beschränkung wird gemeinhin § 2208 Abs. 1 S. 2 BGB zugeordnet. *Muscheler* weist zu Recht darauf hin, dass sich das in der Norm Angeordnete schon aus § 2208 Abs. 1 S. 1 BGB ergibt (siehe Erbrecht (2010), Bd. II, Rn. 2807). Siehe hierzu auch Kapitel 4 § 1 II. 1.

545 Bengel/Reimann/*Schaub*, HbTV, 6. A. (2017), § 4 Rn. 12; *Reimann*, WPK-Mitt. Sonderheft Juni 1996, 1 (24); MüKoBGB/*Zimmermann*, 7. A. (2017) § 2205 Rn. 57; *Zimmermann*, Die Testamentsvollstreckung, 4. A. (2014), Rn. 365.

546 Siehe etwa *Zimmermann*, Die Testamentsvollstreckung, 4. A. (2014), Rn. 365.

vielmehr § 2218 Abs. 1 i.V.m. § 666 i.V.m. §§ 269, 260 BGB. Denn das Rechtsverhältnis[547] des Testamentsvollstreckers zum Erben wird speziell in § 2218 BGB geregelt. Es ist ein gesetzliches Schuldrechtsverhältnis eigener Art mit beiderseitigen Rechten und Pflichten.[548] Der Wortlaut der Norm[549] lässt Ansprüche in beide Richtungen zu, d.h. Ansprüche des Testamentsvollstreckers gegen den Erben und Ansprüche des Erben gegen den Testamentsvollstrecker. Richtig erscheint es daher, die Rechtsfolgenverweisung[550] auch für den Auskunftsanspruch des Testamentsvollstreckers gegen den Erben gelten zu lassen.

Folgerichtig verhalten sich Inhalt und Umfang des Anspruchs des Testamentsvollstreckers gegen den Erben spiegelbildlich zum Auskunftsanspruch des Erben gegen den Testamentsvollstrecker aus § 2218 Abs. 1 i.V.m. § 666 BGB[551]. Der Erbe wird die Auskunft nach § 260 Abs. 1 BGB durch Vorlage eines Bestandsverzeichnisses[552] erfüllen müssen. Der Testamentsvollstrecker wird auch verlangen können, dass der Erbe die Richtigkeit und Vollständigkeit der Auskunft eidesstattlich versichert (§ 260 Abs. 2 BGB).

Der Auskunftsanspruch des Testamentsvollstreckers gegen den Erben entsteht bei einer aufschiebend bedingt angeordneten Testamentsvollstreckung mit dem Beginn des Amtes und nicht bereits mit dem Erbfall.[553] Denn in der Schwebezeit bis zum Eintritt der Bedingung tritt noch keine Vermögenssonderung ein. Der Testamentsvollstrecker übernimmt den Nachlass so, wie er bis dahin vom Erben selbst verwaltet wurde. Der Beginn des Amtes ist zugleich der zeitliche Bezugspunkt für den Inhalt des Auskunftsanspruchs.

---

547 Das Rechtsverhältnis zwischen dem Testamentsvollstrecker und dem Erben ist die erforderliche Sonderbeziehung (vgl. *BGH*, NJW-RR 1989, 450), aus der sich eine Auskunftsverpflichtung begründen lässt.

548 MüKoBGB/*Zimmermann*, 7. A. (2017) § 2218 Rn. 1.

549 In § 2218 BGB heißt es: „Rechtsverhältnis zwischen dem Testamentsvollstrecker und dem Erben". Hätte der Gesetzgeber lediglich einen Anspruch des Erben gegen den Testamentsvollstrecker normieren wollen, so hätte der Wortlaut beispielsweise lauten können: *Der Erbe kann verlangen, dass ihm der Testamentsvollstrecker entsprechend § 666 BGB Auskunft erteilt.* Der Normtext lässt jedoch Ansprüche in beide Richtungen zu.

550 Siehe eingehend Staudinger/*Reimann*, BGB (Bearb. 2016), § 2218 Rn. 2.

551 Hierzu ausführlich Bengel/Reimann/*Pauli*, HbTV, 6. A. (2017), § 6 Rn. 82 ff.; Staudinger/*Reimann*, BGB (Bearb. 2016), § 2218 Rn. 20.

552 Hierzu ausführlich Bengel/Reimann/*Pauli*, HbTV, 6. A. (2017), § 6 Rn. 106 ff.

553 Der Testamentsvollstrecker wird die Auskunft unmittelbar bei Beginn seines Amtes vom Erben verlangen, da er den Nachlass sonst nicht verwalten kann. Fragen der Verjährung werden sich daher in aller Regel nicht stellen.

Eine Benachrichtigungs- und Rechenschaftspflicht (§ 2218 Abs. 1 i.V.m. §§ 666, 259 BGB) hat der Erbe gegenüber dem Testamentsvollstrecker in der Latenzzeit bis zum Eintritt der Bedingung nicht. Er verwaltet den Nachlass als materiell Berechtigter im eigenen Interesse und auf eigene Rechnung. Die Sonderbeziehung zum Testamentsvollstrecker beginnt erst mit dem Eintritt der Bedingung. Die Ansprüche des Testamentsvollstreckers können sich nicht auf den Zeitraum der Latenzzeit beziehen.

2. *Verwaltungsobjekt und Verwaltungskompetenz*

Die Verwaltungskompetenz des Testamentsvollstreckers besteht bei einer aufschiebend bedingt angeordneten Testamentsvollstreckung nur bezüglich des Nachlasses, der nach dem Ende der Eigenverwaltung des Erben, d.h. im Zeitpunkt des Bedingungseintritts, noch vorhanden ist. Mit Mitteln des Nachlasses neu erworbene Gegenstände unterliegen nicht dem (exklusiven) Verwaltungsrecht[554] des Testamentsvollstreckers. Sie fallen in das verwaltungsfreie Vermögen des Erben (Eigenvermögen)[555]. Eine dingliche Surrogation, die von der Ernennung des Testamentsvollstreckers abgeleitet wird, lässt sich nicht begründen. Der Erblasser kann die dingliche Surrogation nicht über den gesetzlichen Umfang hinaus erweitern.[556]

Eine dingliche Surrogation in der Latenzzeit kann aber aufgrund bestehender Erbengemeinschaft bestehen (§ 2041 BGB).[557] In diesem Fall besteht bereits während der Schwebezeit und bei Eintritt der Bedingung ein Sondervermögen, an dem sich die Verwaltungskompetenz des Testamentsvollstreckers fortsetzt.

3. *Besitz und Herausgabe des Nachlasses*

Der Testamentsvollstrecker kann den Nachlass mit dem Eintritt der Bedingung vom Erben herausverlangen und in Besitz nehmen (§ 2205 S. 2 BGB), da die Testamentsvollstreckung erst in diesem Zeitpunkt beginnt. In der Schwebezeit

---

554 *Muscheler*, Erbrecht (2010), Bd. II, Rn. 2778.

555 Der Begriff stammt von *Muscheler*, Die Haftungsordnung der Testamentsvollstreckung, Habil. (1994), S. 6.

556 *Muscheler*, Erbrecht (2010), Bd. II, Rn. 2780, mit dem Hinweis, dass der Erblasser dies auch ganz anders gewollt haben mag. Die Anordnung des Erblassers kann aber gegebenenfalls als gestufte Ernennung ausgelegt werden, sein Regelungsziel damit aufrechterhalten bleiben. Siehe dazu unter Kapitel 2 § 4.

557 Siehe *Grotheer*, BeckOGK-BGB, Stand 01.06.2020, § 2197 Rn. 203.

sind die Wirkungen der Testamentsvollstreckung, wie gezeigt, suspendiert (§ 158 Abs. 1 BGB).

4. *Dauer der Testamentsvollstreckung*

Der Faktor Zeit kann der bedingt angeordneten Testamentsvollstreckung grundsätzlich keine Grenzen setzen, weil die Testamentsvollstreckung bis zum Eintritt der Bedingung lediglich latent besteht. Bei langen Latenzphasen stellt sich jedoch die Frage, ob der Beginn einer Testamentsvollstreckung auch 30 Jahre nach dem Erbfall bzw. nach einer 30-jährigen Schwebezeit noch zulässig ist oder ob die zeitliche Grenze des § 2210 BGB greift. Die Antwort auf diese Frage ist abhängig davon, ob es um eine Abwicklungs- oder eine Verwaltungsvollstreckung geht.

a) Abwicklungsvollstreckung

Die Abwicklungsvollstreckung kennt keine Höchstfrist.[558] § 2210 BGB ist nur auf die Verwaltungsvollstreckung anwendbar. Deswegen kann eine Abwicklungsvollstreckung auch noch 30 Jahre nach dem Erbfall beginnen.

b) Verwaltungsvollstreckung

Bei der Verwaltungsvollstreckung ist es dagegen denkbar, dass sie erst nach 30 Jahren oder mehr beginnt. Es stellt sich dann die Frage, ob die Frist des § 2210 S. 1 BGB den Beginn einer aufschiebend bedingt angeordneten Verwaltungsvollstreckung verhindert und ob die Verlängerungsmöglichkeiten des § 2210 S. 2 BGB zur Anwendung kommen können.

(i) Grundsatz der 30-jährigen Höchstfrist (§ 2210 S. 1 BGB)

Nach § 2210 S. 1 BGB wird eine nach § 2209 BGB getroffene Anordnung unwirksam, wenn seit dem Erbfall 30 Jahre verstrichen sind. Die Vorschrift regelt für den Normalfall einer Verwaltungsvollstreckung, dass der Erbe 30 Jahre nach dem Erbfall automatisch[559] seine vollständige Rechtsmacht erlangt. Auf diesen Regelfall bauen die Verlängerungsoptionen des § 2010 S. 2 BGB auf. Es handelt sich um Maßnahmen zur Verlängerung einer Testamentsvollstreckung, nicht

558 Soergel/*Damrau*, BGB, 13. A. (2002), § 2210 Rn. 1; MüKoBGB/*Zimmermann*, BGB, 7. A. (2017), § 2210 Rn. 2.

559 Bei der gesetzlichen Limitierung handelt es sich um einen Automatismus, der eintritt ohne Rücksicht darauf, ob der Erblasser damit einverstanden ist oder nicht; s. Bengel/*Reimann*/*J. Klinger*, HbTV, 6. A. (2017), § 7 Rn. 77.

um Möglichkeiten, den Beginn der Testamentsvollstreckung hinauszuschieben. Dies hat seinen Grund darin, dass der Gesetzgeber in den §§ 2197 ff. BGB von einer unbedingten und unbefristeten Testamentsvollstreckung ausging, die ihre Wirkungen bereits ab dem Erbfall entfaltet.

§ 2210 BGB könnte auch dahin gehend verstanden werden, dass die Latenzzeit einer aufschiebend bedingt angeordneten Verwaltungsvollstreckung vorbehaltlich der gesetzlichen Verlängerungsoptionen maximal 30 Jahre dauern darf. Auf den Zeitpunkt des Beginns der Testamentsvollstreckung käme es dann nicht an.

In den Gesetzesmaterialien finden sich hierzu keine Anhaltspunkte. Historisch betrachtet spricht die im Erbrecht[560] anzutreffende einheitliche zeitliche Begrenzung des Erblasserwillens dafür, die Frist unabhängig von dem Eintritt einer Bedingung mit dem Erbfall beginnen zu lassen.

Auch der Wortlaut der Norm knüpft nicht an den Beginn der Testamentsvollstreckung an, sondern explizit an den Erbfall. Hinzu kommt, dass sich der Charakter einer „nach § 2209 BGB getroffenen Anordnung"[561] nicht ändert, wenn diese unter einer Bedingung oder Zeitbestimmung steht. Auch eine bedingt angeordnete Verwaltungsanordnung ist eine solche im Sinne des § 2209 BGB. Der Wortlaut spricht daher für die Lesart, dass eine Verwaltungsanordnung 30 Jahre nach dem Erbfall unwirksam wird, unabhängig davon, ob diese überhaupt begonnen hat oder beginnen konnte.

Dieses Ergebnis entspricht ferner dem Normzweck, eine Perpetuierung des Erblasserwillens über den gesetzlichen Rahmen hinaus zu vermeiden, insbesondere außerhalb des Stiftungsrechts. Zudem wird so eine Kohärenz erreicht mit anderen „*rules against perpetuities*"[562]. Denn der Gesetzgeber hat die zeitliche Begrenzung der Verwaltungsvollstreckung aus denselben Gründen normiert wie bei der Einsetzung eines Nacherben, der Anordnung eines aufschiebend bedingten oder befristeten Vermächtnisses und dem Teilungsverbot (§§ 2109, 2162, 2044 Abs. 2 BGB).[563]

Letztlich sprechen verfassungsrechtliche Bedenken dagegen, die 30-Jahre-Frist des § 2210 BGB erst mit dem Zeitpunkt des Beginns der Testmentsvollstreckung beginnen zu lassen. Nach dem „Hohenzollern-Beschluss"[564] des

---

560 Vgl. §§ 2109, 2162, 2044 Abs. 2 BGB.

561 Vgl. § 2210 S. 1 BGB.

562 Vgl. Staudinger/*Reimann*, BGB, (Bearb. 2016), § 2210 Rn. 2 f. m.w.N.

563 MüKoBGB/*Zimmermann*, 7. A. (2017), § 2210 Rn. 1; BeckOK-BGB/*Lange*, 49. Ed. 01.02.2019, § 2210 Rn. 1; Staudinger/*Reimann*, BGB, (Bearb. 2016), § 2210 Rn. 20.

564 ZEV 2004, 241.

Bundesverfassungsgerichts sind überzogenen Verfügungen von Todes wegen im Zuge einer verfassungsrechtlich gebotenen Inhalts- und Ausübungskontrolle Grenzen gesetzt. Die §§ 138 Abs. 1, 242 BGB, über die das Verfassungsrecht in das Zivilrecht hineinwirkt, gelten auch im privatautonom ausgestalteten Erbrecht. Verfassungsrechtlich korrigiert werden allerdings nur Gestaltungen, die den Erben in gravierender Weise einschränken. Eine solche Einschränkung des Erben kann aber gerade darin gesehen werden, dass er möglicherweise 30 Jahre mit dem Nachlass nach Belieben verfahren kann, dann aber durch ein vom Erblasser frei gewähltes Ereignis aus seiner Rechtsmacht verdrängt wird. Der Erbe müsste dann gegebenenfalls nach drei Jahrzehnten den Nachlass und sein Eigenvermögen[565] auseinanderdividieren. 30 Jahre dürfte er nicht darauf vertrauen, dass ihm seine rechtliche Zuständigkeit erhalten bleibt. Dies kann als extreme Einschränkung des Erben angesehen werden.

Als Folgen sind denkbar, dass die betreffende Verfügung von Todes wegen nach § 138 Abs. 1 BGB nichtig ist. Alternativ ist eine Ausübungskontrolle nach § 242 BGB denkbar, welche die Wirksamkeit der Verfügung unberührt lässt, aber zu einer Anpassung ihres Inhalts führt. Die Anpassung wird wegen § 2084 BGB (*favor testamenti*) der Nichtigkeit regelmäßig vorzuziehen sein.[566] Es ist auch sachgerechter, die Laufzeit über § 242 BGB anzupassen, als durch Konstruktionen, die im Gesetz keine Stütze finden.[567]

Damit bleibt festzuhalten: Die Frist des § 2210 S. 1 BGB beginnt mit dem Erbfall. Das gilt auch, wenn die Ernennung des Testamentsvollstreckers unter einer aufschiebenden Bedingung steht. Der Beginn der Frist wird nicht etwa auf den Eintritt des auslösenden Ereignisses verlagert.[568]

Es stellt sich jedoch die Frage, ob die Regelung des § 2210 S. 2 BGB einen späteren Beginn der aufschiebend bedingten Testamentsvollstreckung ermöglicht.

---

565 Der Begriff stammt von *Muscheler*, Die Haftungsordnung der Testamentsvollstreckung, Habil. (1994), S. 6.

566 Bengel/*Reimann*/*J. Klinger*, HbTV, 6. A. (2017), § 7 Rn. 92.

567 *LG Berlin*, ZEV 2006, 506.

568 Zu dem gleichen Ergebnis kam der BFH in seiner Entscheidung vom 10.02.2015, Az. IX R 23/13 (BStBl. II 2015, 487), für den Beginn der Veräußerungsfrist des § 23 Abs. 1 S. 1 Nr. 1 EStG bei einem aufschiebend bedingten Kaufvertrag. Hierbei handelt es sich zwar um ein zweiseitiges Rechtsgeschäft, während die Ernennung des Testamentsvollstreckers eine einseitige letztwillige Verfügung ist. Die Ergebnisse sind aber insoweit konform, als die Suspensivwirkung einer aufschiebenden Bedingung nicht geeignet ist, den Beginn einer Frist, die an die Wirksamkeit eines Rechtsgeschäfts knüpft, zu verlagern.

(ii) Verlängerungsoptionen (§ 2210 S. 2 BGB)

Nach § 2210 S. 2 BGB kann der Erblasser als Ausnahme vom Regelfall des § 2210 S. 1 BGB anordnen, dass die Verwaltung bis zum Tode des Erben oder des Testamentsvollstreckers oder bis zum Eintritt eines anderen Ereignisses in der Person des einen oder des anderen fortdauern soll. Der Gesetzgeber hat dem Erblasser damit die Möglichkeit eingeräumt, sich von der grundsätzlichen zeitlichen Beschränkung der Perpetuierung des Vermögens zu lösen. Der BGH hat in seinem „Hohenzollern-Urteil" vom 5. Dezember 2007 (Az. IV ZR 275/06) hierzu festgestellt, dass der Erbe innerhalb des gesetzlichen Rahmens keine Anwartschaft darauf hat, ohne jegliche Beschränkung Erbe zu werden.[569] Durch die Anordnung einer erbrechtlich gestatteten zeitlichen Ausdehnung der Testamentsvollstreckung wird dem Erben auch keine von Art. 14 Abs. 1 GG geschützte Eigentumsposition entzogen.[570] Macht der Erblasser beispielsweise von der Möglichkeit Gebrauch, die Verwaltungsvollstreckung bis zum Lebensende des Erben andauern zu lassen, kann sich der Erbe hierauf einstellen. Wenn der Erblasser eine lebenslange, d.h. in zeitlicher Hinsicht maximale Ausdehnung der Testamentsvollstreckung zugelassen hat, kann es für den Erben keinen Unterschied machen, wann die Testamentsvollstreckung beginnt. Denn die Dauer der Testamentsvollstreckung unterschreitet dann in jedem Fall die gesetzlich gestattete Maximaldauer (*argumentum a maiore ad minus*). Dasselbe gilt für andere Ereignisse in der Person des Erben oder des Testamentsvollstreckers. Entscheidend ist, dass die Ausdehnung der Vollstreckung vom Willen des Erblassers erfasst und in seiner erbrechtlichen Verfügung angedeutet ist.

5. *Publizität der Testamentsvollstreckung*

a) Testament

Die letztwillige Verfügung des Erblassers selbst hat keine Legitimierungswirkung für das Amt des Testamentsvollstreckers, denn sie sagt nichts darüber aus, ob der Testamentsvollstrecker sein Amt auch angenommen hat. Das Gleiche gilt für die Erklärung des wahlberechtigten Dritten nach § 2198 Abs. 1 S. 1 BGB.

Die letztwillige Verfügung kann aber in anderer Hinsicht als Nachweis dienen. Testamente können zur Publizität beitragen, wenn das Testamentsvollstreckerzeugnis etwaige Beschränkungen oder Befristungen nicht korrekt

569 *BGH*, NJW 2008, 1157.
570 *BGH*, NJW 2008, 1157 (1160).

ausweist. In diesem Kontext ist die Entscheidung des OLG Düsseldorf vom 8. November 2016 (Az. I-3 Wx 47/16)[571] ergangen. Das Gericht musste darüber entscheiden, ob ein in beglaubigter Abschrift nebst Eröffnungsvermerk zur Grundbuchakte gereichtes notarielles Testament als Nachweis für das Ende der aufschiebend bedingten Testamentsvollstreckung dienen kann. Das OLG Düsseldorf bejahte dies und sah die Anforderungen des § 35 Abs. 1 S. 2, Abs. 2 Hs. 2 GBO als erfüllt an. Danach ist ein Testament geeignet, den Inhalt des Testamentsvollstreckerzeugnisses zu ergänzen.

Dem kann grundsätzlich zugestimmt werden, jedoch nur in den Fällen, in denen beispielsweise das Grundbuchamt die Beendigung der Testamentsvollstreckung selbst festzustellen hat,[572] und jedenfalls dann, wenn der Fall einfach gelagert und eindeutig ist.[573]

Als Mittel zur Widerlegung der Vermutung der Vollständigkeit und Richtigkeit des Testamentsvollstreckerzeugnisses ist die letztwillige Verfügung, egal in welcher Form, ungeeignet, da der Gesetzgeber einen generellen öffentlichen Glauben nicht normiert hat.

Eine letztwillige Verfügung ist daher geeignet, den Beginn und das Ende einer bedingt angeordneten Testamentsvollstreckung[574] nachzuweisen. Damit dient sie in der Schwebezeit als Negativattest dafür, dass keine Testamentsvollstreckung angeordnet ist und der Erbe in Bezug auf den Nachlass rechtlich zuständig ist. Der Erbschein kann damit die Negativwirkung haben, die beim Testamentsvollstreckerzeugnis unzulässig ist. Dieses ist kein Negativzeugnis.[575]

---

571 FGPrax 2017, 35.

572 Für das Grundbuchamt: *OLG München*, ZEV 2006, 173 (174); Staudinger/*Herzog*, BGB (Bearb. 2016), § 2368 Rn. 58, *Demharter*, GBO, 30. A. (2016), § 35 Rn. 61, 21.

573 *OLG Düsseldorf*, FGPrax 2017, 35 (36); *Zimmermann*, ZEV 2006, 173 (175); a.M. *LG Köln*, MittRhNotK 1986, 49 (50).

574 Gemeint sind hier die Fälle einer echten Bedingung. Für die gestufte Testamentsvollstreckung stellt sich die Frage nicht, da beide Stufen „echte Testamentsvollstreckungen" sind und es gerade nicht zu einem Schwebezustand hinsichtlich der Wirkungen der Testamentsvollstreckung kommt, lediglich die Rechtsmacht des Testamentsvollstreckers ist latent in dem hier verstandenen Sinne. Beide Stufen sind in dem Testamentsvollstreckerzeugnis zu erwähnen. Die letztwillige Verfügung ist nicht geeignet, die Vermutungswirkung zu widerlegen, wohl aber die Legitimation des Testamentsvollstreckers (Rechtsmacht) nachzuweisen.

575 Vgl. nur Palandt/*Weidlich*, BGB, 78. A. (2019), § 2368 Rn. 4; Keidel/*Zimmermann*, FamFG, 19. A. (2017), § 345 Rn. 35.

b) Testamentsvollstreckerzeugnis

Es stellt sich die Frage, ob dem Testamentsvollstrecker in der Latenzzeit, also bis zum Eintritt der Bedingung, ein Testamentsvollstreckerzeugnis erteilt werden kann mit dem Hinweis auf die bedingte Ernennung.

Blickt man auf den Zweck des Testamentsvollstreckerzeugnisses, erscheint der Sinn eines solchen Nachweises zweifelhaft. Denn der Nachweis der Aufgabe und der Legitimation des Testamentsvollstreckers ist nur relevant, wenn er tatsächlich verwalten kann, er mithin ernannt worden ist und sein Amt angenommen hat und die Annahme wirksam ist.

Zwar kann der Ernannte die Erklärung zur Annahme des Testamentsvollstreckeramtes vor dem Eintritt der Bedingung an das Nachlassgericht richten, die Annahme wird allerdings erst bei Eintritt der Bedingung wirksam.[576]

Das Gleiche gilt für eine unter einer Zeitbestimmung angeordneten Ernennung. Auch hier beginnt das Amt nicht vor dem Ablauf der Frist. In der Schwebezeit der aufschiebend bedingt angeordneten Testamentsvollstreckung kann es daher kein Zeugnis über eine latente Testamentsvollstreckung geben.

c) Grundbuch

Es stellt sich weiter die Frage, ob eine aufschiebend bedingt angeordnete Testamentsvollstreckung erst bei Eintritt der Bedingung im Grundbuch verlautbart werden darf oder ob auf sie bereits in der Latenzzeit hingewiesen werden darf.

(i) OLG Köln Beschluss vom 3. November 2014 (Az. 2 Wx 304/14)

Ausschließlich das OLG Köln hat zu der Frage Stellung genommen, ob ein Testamentsvollstreckervermerk auch dann in das Grundbuch einzutragen ist, wenn die Ernennung des Testamentsvollstreckers unter einer noch nicht eingetretenen aufschiebenden Bedingung oder Befristung steht.

Das OLG Köln lehnte in seiner Entscheidung vom 3. November 2014 (Az. 2 Wx 304/14)[577] die Eintragung eines Testamentsvollstreckervermerks ab.[578] Und zwar ausdrücklich sowohl hinsichtlich des regulären Vermerks

576 Staudinger/*Reimann*, BGB (Bearb. 2016), § 2202 Rn. 14.

577 ZEV 2015, 277.

578 Die Vorinstanz (*AG Bonn*, Beschluss v. 12.09.2014, Az. MH-809-24 – juris) bejahte noch die Eintragungsfähigkeit eines Testamentsvollstreckervermerks im Falle einer aufschiebend bedingten Testamentsvollstreckung unter Hinweis auf die Literaturmeinung von *Zeiser* in: Hügel, GBO, 3. A. (2015), § 52 Rn. 43 ff., und BeckOK-GBO/*Zeiser*, 35. Ed. 01.03.2019, § 52 Rn. 33.

(„Testamentsvollstreckung ist angeordnet.“) als auch hinsichtlich einer modifizierten Form („Bedingte und befristete Testamentsvollstreckung ist angeordnet.“). Im Streitfall hatte das Grundbuchamt die letztere Variante zunächst eingetragen. Dem trat das OLG Köln mit den Argumenten entgegen, dass

- erstens kein Schutzbedürfnis für das Verfügungsrecht des Testamentsvollstreckers bestehe,
- zweitens die Lage mit derjenigen beim Erbschein vergleichbar sei,
- drittens keine Gefahr eines gutgläubigen Erwerbs bestehe und
- viertens ein solcher Vermerk zu einer faktischen Verfügungssperre führe.

Sinn und Zweck des gemäß § 52 GBO einzutragenden Testamentsvollstreckervermerks sei zwar in der Tat der Schutz des alleinigen Verfügungsrechts des Testamentsvollstreckers. Da die Verfügungsbeschränkung des Erben gemäß § 2211 Abs. 2 BGB nach allgemeiner Meinung nicht gegenüber gutgläubigen Dritten wirke, müsse das Verfügungsrecht des Testamentsvollstreckers gegen die Wirkungen des öffentlichen Glaubens geschützt werden. Bei einer lediglich aufschiebend bedingt angeordneten Testamentsvollstreckung bestehe aber noch keine entsprechende Einschränkung der Verfügungsbefugnis des bzw. der Erben bis zum Bedingungseintritt. Solange keiner der beteiligten Erben unter Betreuung stehe, unterlägen diese nach der gesetzlichen Regelung keinerlei Verfügungsbeschränkungen. Dementsprechend bestehe auch kein Verfügungsrecht eines Testamentsvollstreckers. Auch die Notwendigkeit eines Schutzes vor einem gutgläubigen Erwerb gem. § 2211 Abs. 2 BGB bestehe daher nicht.[579]

Auch die Gefahr, dass nach Bedingungseintritt die Ernennung des Testamentsvollstreckers übersehen werden könne, rechtfertige es nicht, bereits während des Schwebezustands die bedingt angeordnete Testamentsvollstreckung im Grundbuch zu vermerken. Dieser Gefahr könne durchaus wirksam durch die zeitnahe Eintragung eines Testamentsvollstreckervermerks nach Bedingungseintritt entgegengewirkt werden und sie sei hinnehmbar.[580]

Vor allem aber stünden dem mit einer „vorsorglichen Eintragung“ verbundenen Vorteil, frühzeitig den Schutz eines etwaigen späteren Verfügungsrechts des Testamentsvollstreckers zu gewährleisten, gewichtige Nachteile entgegen. Insoweit sei zunächst zu berücksichtigen, dass das Grundbuch durch eine derartige Eintragung unklar würde, weil sich aus ihm nicht mehr mit hinreichender

---

579 *OLG Hamm*, ZEV 2015, 277 (278).
580 *OLG Hamm*, ZEV 2015, 277 (278 f.).

Deutlichkeit ergäbe, welche Personen tatsächlich verfügungsbefugt seien. Auch würde ein Testamentsvollstreckerzeugnis, welches verlässlich über den Umfang der Verfügungsbefugnis des Testamentsvollstreckers Auskunft geben könne, vor Bedingungseintritt nicht existieren. Ist nämlich die Testamentsvollstreckung aufschiebend bedingt angeordnet, könne ein Testamentsvollstreckerzeugnis erst nach Eintritt der Bedingung erteilt werden. Vor allem aber wäre das rechtlich unbeschränkte Verfügungsrecht des Erben in tatsächlicher Hinsicht erheblich eingeschränkt. Sofern nämlich der bzw. die Erben beabsichtigten, das betroffene Grundstück zu belasten oder zu veräußern, würde bereits die Eintragung der bedingten Testamentsvollstreckung etwaige Erwerbsinteressenten oder potenzielle Kreditgeber zu Zweifeln an der Verfügungsbefugnis der eingetragenen Eigentümer veranlassen. Derartige Zweifel könnten nur mit erheblichem Aufwand ausgeräumt werden. Zudem erscheine es fraglich, ob sich etwaige Erwerbsinteressenten oder potenzielle Kreditgeber zum Nachweis der Nichtanordnung einer Betreuung – wie das Grundbuchamt – mit einem Negativattest des örtlich zuständigen Amtsgerichts und im Übrigen mit einer eidesstattlichen Versicherung der eingetragenen Eigentümer zufriedengeben würden.[581]

(ii) Literatur

Mit denselben Argumenten wie dem OLG Köln verneint ein Großteil der Literatur die Eintragung eines Testamentsvollstreckervermerks vor dem Eintritt der Bedingung bzw. des Termins.[582]

(iii) Zeiser

Einen anderen Standpunkt vertritt *Zeiser*[583], auf den noch das AG Bonn[584] als Vorinstanz zum OLG Köln seine Entscheidung gestützt hatte. Danach soll

---

581 *OLG Hamm*, ZEV 2015, 277 (278 f.).

582 Bengel/*Reimann*, HbTV, 6. A. (2017), § 2 Rn. 286; *Keim*, MittBayNot 2016, 235 (237); *Schuck*, RNotZ 2015, 174 (177); Palandt/*Weidlich*, BGB, 78. A. (2019), Einf. v. 2197 Rn. 6; BeckOK-BGB/*Lange*, 49. Ed. 01.02.2019, § 2205 Rn. 57; *Winkler*, Der Testamentsvollstrecker, 22. A. (2016), Rn. 724; *Firsching/Graf*, NachlassR-HdB, 10. A. (2014), Rn. 4.310; Staudinger/*Herzog*, BGB (Bearb. (2016), § 2353 Rn. 511; RGRK-BGB/*Kregel*, § 2364 Rn. 2; Soergel/*Zimmermann*, BGB, 13. A. (2002), § 2364 Rn. 3; Erman/*U. Simon*, BGB, 15. A. (2017), § 2364 Rn. 2; MüKoBGB/*Grziwotz*, 7. A. (2017), § 2353 Anhang Verfahrensrecht zum Erbschein Rn. 94.

583 in: Hügel, GBO, 3. A. (2015), § 52 Rn. 43 ff., sowie *ders.* in: BeckOK-GBO, 35. Ed. 01.03.2019, § 52 Rn. 35.

584 *AG Bonn*, Beschluss v. 12.09.2014, Az. MH-809-24 – juris.

ein Testamentsvollstreckervermerk auch dann eingetragen werden, wenn die Ernennung des Testamentsvollstreckers unter einer aufschiebenden Bedingung oder Befristung steht, weil sonst die Testamentsvollstreckung nach Eintritt der Bedingung bzw. des Termins übersehen und damit der Sinn und Zweck des Testamentsvollstreckervermerks verfehlt werden könnte, nämlich die mögliche Verfügung des nicht (mehr) verfügungsberechtigten Erben zu verhindern.[585] In diesen Fällen sei vielmehr bei einer Verfügung zu prüfen, ob noch der Erbe oder bereits der Testamentsvollstrecker verfügungsberechtigt ist.

(iv) Litzenburger

Litzenburger[586] differenziert zwischen Befristungen und Bedingungen. Erstere seien sowohl im Erbschein als auch im Grundbuch zu vermerken, nicht aber aufschiebende Bedingungen, weil deren Eintritt begriffsnotwendig ungewiss sei.[587] *Litzenburger* betont auch die vom OLG Köln sowie der herrschenden Literatur befürchtete Gefahr der faktischen Verfügungssperre. Sowohl der Testamentsvollstreckervermerk im Grundbuch als auch der Erbschein würden ausschließlich die Rechtslage zur Zeit der Eintragung bzw. der Erteilung bezeugen. Deshalb könne allenfalls darin vermerkt werden, dass der Testamentsvollstrecker unter einer bestimmten aufschiebenden Bedingung ernannt worden sei. Ein Vermerk über eine ungewisse, erst in Zukunft beginnende Testamentsvollstreckung würde den Rechtsverkehr verunsichern und damit faktisch zur Unmöglichkeit der Verfügung über Grundbesitz führen. Der Nachweis des Nichteintritts von Tatsachen („negative Tatsachen") könne nicht geführt werden, sondern allenfalls – gegenüber dafür zuständigen Behörden oder Gerichten – durch eidesstattliche Versicherung glaubhaft gemacht werden. Im Privatrechtsverkehr scheide diese Art der Glaubhaftmachung aber aus, so dass Rechtsgeschäfte mit den – materiell eigentlich verfügungsberechtigten – Erben erschwert seien, wenn nicht gar unmöglich gemacht würden, wenn man es zuließe, eine aufschiebend bedingte Testamentsvollstreckung einzutragen. Dies gelte für Erbschein und Grundbuch gleichermaßen. Deshalb sei eine aufschiebend bedingt angeordnete Testamentsvollstreckung vor Eintritt der Bedingung weder im Erbschein anzugeben noch im Grundbuch zu vermerken.

Anders soll es sich nach *Litzenburger* dagegen bei einer aufschiebend befristeten Anordnung verhalten. Es bestünden keine Bedenken, diese sowohl im

585 BeckOK-GBO, 32. Ed. 01.05.2018, § 52 Rn. 35.
586 ZEV 2015, 279 f.
587 ZEV 2015, 279 (280).

Erbschein als auch im Grundbuch zu vermerken. Denn weder das Grundbuch noch die Geschäftspartner des Erben hätten Probleme damit, diesen Vermerk zu verifizieren.

(v) Stellungnahme

Dem vom OLG Köln und der h.M. in der Literatur vertretenen Standpunkt ist zuzustimmen. Neben den bereits vorgebrachten Argumenten ist hervorzuheben, dass der Aussagegehalt des Grundbuchs durch einen Testamentsvollstreckervermerk in der Latenzzeit verwässert wäre und damit die maßgebliche Funktion des starken Rechtscheinträgers verloren ginge. Denn für den Rechtsverkehr würde sich nicht mehr deutlich ergeben, ob der Erbe oder der Testamentsvollstrecker verfügungsbefugt ist.

Bei allen grundbuchrechtlichen Überlegungen darf zudem der Erblasserwille nicht außer Acht gelassen werden. Wenn der Erblasser die Suspensivwirkung der aufschiebenden Bedingung ausdrücklich gewünscht hat, wäre es nicht in seinem Sinne, den Erben durch einen latenten Testamentsvollstreckervermerk zu beschweren, denn es könnte sein, dass die Bedingung nie eintritt.

Vor allem kann der Grundbuchordnung selbst ein Argument gegen die Eintragung eines Testamentsvollstreckervermerks vor Eintritt der Bedingung entnommen werden: Der Testamentsvollstreckervermerk ist in der Schwebezeit, in welcher der Erbe in seiner Rechtsmacht unbeschränkt ist, funktions- und gegenstandslos. Gegenstandslose Eintragungen sind gemäß den §§ 84 ff. GBO von Amts wegen zu löschen. Der Testamentsvollstrecker hat vielmehr erst im Rahmen der Konstituierung des Nachlasses zu bewirken, dass der Testamentsvollstreckervermerk eingetragen wird. Dieses Prozedere entspricht dem grundbuchrechtlichen Antragsverfahren und der Bezeugung der einzutragenden Tatsachen im Zeitpunkt der Eintragung.

Das Gleiche muss für die von *Litzenburger* benannten „aufschiebenden Befristungen" gelten. Ein Testamentsvollstreckervermerk vor dem Eintritt des Termins ist funktionslos. Selbst wenn man annimmt, dass der Rechtsverkehr den Eintritt des Termins problemlos verifizieren könnte, was nur bei einer datumsmäßigen Bezeichnung der Fall wäre, ist es nicht die Funktion des Grundbuchs, die Dauer und den Beginn der Testamentsvollstreckung zu bestätigen. Angaben zur Dauer der Testamentsvollstreckung enthält das Grundbuch generell nicht. Auch das Ende der Testamentsvollstreckung wird im Grundbuch nicht eingetragen. Der Testamentsvollstreckervermerk wird vielmehr aufgrund eines Unrichtigkeitsnachweises (§ 22 GBO) oder nach Maßgabe der §§ 84 ff. GBO aufgrund von Gegenstandslosigkeit gelöscht.

In der Latenzzeit ist daher bis zum Eintritt der Bedingung kein Testamentsvollstreckervermerk im Grundbuch einzutragen, und zwar weder für die aufschiebend bedingte noch für eine befristet oder terminiert angeordnete Testamentsvollstreckung.

d) Erbschein

Es stellt sich weiter die Frage, ob während der Latenzzeit bis zum Eintritt der Bedingung ein Testamentsvollstreckervermerk im Erbschein einzutragen ist.

Die Rechtsprechung hat zu dieser Frage noch nicht Stellung genommen. Die Meinungen in der Literatur sind einstimmig: Die Testamentsvollstreckung ist vor dem Eintritt der Bedingung nicht im Erbschein anzugeben.[588] Etwas anderes soll nach *J. Mayer* und *Zimmermann* gelten, wenn die Bedingung so beschaffen ist, dass über ihren Eintritt kein Zweifel besteht.[589]

Ein Vermerk dürfte während der Latenzzeit unstreitig nicht lauten: „Es ist Testamentsvollstreckung angeordnet". Denn eine solche Angabe im Erbschein wäre unrichtig, solange und soweit die Bedingung noch nicht eingetreten ist. Der öffentliche Glaube des Erbscheins würde dann entgegen seiner Funktion etwas Falsches enthalten und damit Unsicherheit in den Rechtsverkehr bringen. Entscheidend für die Aufnahme des Testamentsvollstreckervermerks ist allein der Beginn der Testamentsvollstreckung, weil der Erbe erst dann aus seiner Verfügungsmacht verdrängt ist.[590] Die Testamentsvollstreckung könnte daher allenfalls unter Angabe der hinausgeschobenen Wirkung im Erbschein angegeben werden.[591]

Im Hinblick auf die Funktion des Erbscheins, die Rechte und die Legitimation des Erben auszuweisen, und aus Gründen der Klarheit erscheint es jedoch sachgerecht, vor dem Eintritt der Bedingung im Erbschein keinen Vermerk über die latente Testamentsvollstreckung aufzunehmen. Denn ein solcher Vermerk

---

588 Bengel/*Reimann*, HbTV, 6. A. (2017), § 2 Rn. 284 und 286; Erman/*Simon*, BGB, 14. A. (2014), § 2364 Rn. 2; Palandt/*Weidlich*, BGB, 78. A. (2019), Einf. v. § 2197 Rn. 5; MüKoBGB/*J. Mayer*, 6. A. (2013), § 2364 Rn. 9; *Zimmermann*, Die Testamentsvollstreckung, 4. A. (2014), Rn. 236; *Keim*, MittBayNot 2016, 238; *Schuck*, RNotZ 2015, 177; *Litzenburger*, ZEV 2015, 279; OLG Köln ZEV 2015, 277, auch wenn die Entscheidung zur Grundbucheintragung ergangen ist.

589 MüKoBGB/*J. Mayer*, 6. A. 2013, § 2364 Rn. 9; *Zimmermann*, Die Testamentsvollstreckung, 4. A. (2014), Rn. 236; *ders.* in: Soergel, BGB, 13. A. (2002), § 2368 Rn. 8.

590 MüKoBGB/*J. Mayer*, 6. A. (2013), § 2364 Rn. 3; Bamberger/Roth/*Siegmann/Höger*, 3. A. (2012), § 2368 Rn. 2; Staudinger/*Schilken*, BGB (Bearb. 2004), § 2368 Rn. 3.

591 Staudinger/*Reimann*, BGB (Bearb. 2016), Vorbem. zu §§ 2197 ff., Rn. 110.

würde den Erben mit dem „Makel“ einer latenten Testamentsvollstreckung belasten, obwohl der Eintritt der Bedingung ungewiss ist. Der Rechtsverkehr könnte durch den Vermerk einer latenten Testamentsvollstreckung von Rechtsgeschäften mit dem Erben abgeschreckt werden, ohne dass ein Grund hierfür besteht. Insoweit wäre ein Erbe, der seine Rechtstellung (nur) durch öffentliches Testament nachweist, grundlos bessergestellt, wenn die bedingt angeordnete Testamentsvollstreckung nicht ohne Weiteres ersichtlich ist, also dann, wenn man erst durch Auslegung zu dem Ergebnis gelangt, dass der Testamentsvollstrecker unter einer aufschiebenden Bedingung ernannt ist.

Gegen die Eintragung eines Vermerks über die aufschiebende Bedingung im Erbschein spricht ein weiteres Verkehrsschutzargument: Die latente Testamentsvollstreckung in Form der aufschiebend bedingten Ernennung des Testamentsvollstreckers ist nach richtiger Ansicht auch im Grundbuch nicht zu vermerken.[592] Weist somit auch der Erbschein keinen Vermerk über das aufschiebend bedingte Testamentsvollstreckeramt aus, gibt es im Erbschein und im Grundbuch in dieser Hinsicht einen Gleichlauf der Verlautbarung. Das ist für den Rechtsverkehr deshalb nützlich, weil der Erbschein regelmäßig die Grundlage für die Eintragung des Testamentsvollstreckervermerks im Grundbuch ist (§ 35 Abs. 1 S. 1 GBO).[593] Zudem könnte sich der Rechtsverkehr auf den Inhalt im Grundbuch und im Erbschein gleichermaßen verlassen.

e) Europäisches Nachlasszeugnis

Für Erbfälle ab dem 17. August 2015 und im räumlichen Anwendungsbereich der EuErbVO kann ein Erbe seine Rechtsstellung neben dem Erbschein auch durch das Europäische Nachlasszeugnis (Art. 62 ff. EuErbVO) nachweisen. Ein eigenständiges Pendant für den Testamentsvollstrecker, etwa in Form eines Europäischen Testamentsvollstreckerzeugnisses, existiert nicht. Vielmehr ist das Europäische Nachlasszeugnis zur Verwendung insbesondere durch den Erben oder den Testamentsvollstrecker bestimmt, die sich in einem anderen Mitgliedstaat auf ihre Rechtsstellung berufen oder ihre Rechte als Erbe bzw. als Testamentsvollstrecker ausüben müssen (Art. 63 Abs. 1 EuErbVO). In der Zeit bis zum Eintritt der Bedingung übt der Testamentsvollstrecker allerdings noch kein Amt aus, auf das er sich berufen könnte. Der Erbe wiederum beruft sich nur auf seine eigene Rechtsstellung und wird kein Interesse an der

---

592 Siehe hierzu unter Kapitel 5 § 3 II. 5. c).

593 Zur Legitimationswirkung des Erbscheins s. *Muscheler*, Erbrecht (2010), Bd. II, Rn. 3330 f.

Verlautbarung der latenten Testamentsvollstreckung haben und einen entsprechenden Antrag nicht stellen.

f) Handelsregister

Es stellt sich weiter die Frage, ob eine aufschiebend bedingt angeordnete Testamentsvollstreckung in der Latenzzeit im Handelsregister zu verlautbaren ist. Die Rechtsprechung musste hierüber noch nicht entscheiden. Auch die Literatur hat zu dieser Frage noch nicht Stellung genommen.

Für eine handelsregisterrechtliche Verlautbarung einer aufschiebend bedingten Testamentsvollstreckung spricht die Informationsfunktion des Handelsregisters: Dem Rechtsverkehr sollen die wichtigsten Rechtsverhältnisse der Unternehmen bzw. deren Gesellschafter offenbart werden.[594] Die Testamentsvollstreckung ist als wichtiges Rechtsverhältnis zum Erben anzusehen, da sie sich unmittelbar auf die Rechtsmacht des Erben auswirkt.

Ferner spricht für eine Verlautbarung die Tendenz, dass im Handelsregister nicht nur das einzutragen ist, was gesetzlich ausdrücklich angeordnet ist, sondern jeder sinnvolle Inhalt.[595] Die Testamentsvollstreckung ist dann ein solcher sinnvoller Inhalt, wenn der Gegenstand der Verwaltung ein Handelsgeschäft oder Unternehmensanteile sind.[596]

Gegen eine Verlautbarung im Handelsregister sprechen die Argumente, die der Publizität des latenten Testamentsvollstreckeramtes im Grundbuch entgegengehalten werden.[597] Hervorzuheben ist die Gefahr, dass das Register unverständlich und unübersichtlich wird. Dieses Argument veranlasste den BGH, sich gegen die Eintragungsfähigkeit eines Testamentsvollstreckervermerks in der GmbH-Gesellschafterliste auszusprechen.[598] Das Argument der drohenden Unübersichtlichkeit wird in diesem Kontext auch nicht dadurch entwertet, dass der BGH einen Testamentsvollstreckervermerk bei Kommanditbeteiligungen zugelassen hat. Der Grund war dort unter anderem die Abschirmwirkung des

---

594 *Baumbach/Hopt*, HGB, 38. A. (2018), § 8 Rn. 1.

595 *Baumbach/Hopt*, HGB, 38. A. (2018), § 8 Rn. 5; Staudinger/*Reimann*, BGB (Bearb. 2016), Vorbem. zu §§ 2197 ff. Rn. 131. Die Tendenz bringt auch § 2 Abs. 3 GesLV zum Ausdruck.

596 Zum Verwaltungsrecht des Testamentsvollstreckers hinsichtlich eines Handelsgeschäfts oder eines Geschäftsanteils s. Staudinger/*Reimann*, BGB (Bearb. 2016), § 2205, Rn. 142 ff.; *Muscheler*, Die Haftungsordnung der Testamentsvollstreckung, Habil. (1994), S. 285 ff., 431 ff.

597 Siehe hier unter Kapitel 5 § 3 II. 5. c).

598 NJW 2015, 1303 (1304).

§ 2214 Abs. 1 BGB.[599] Die Haftungsverhältnisse sind allerdings bei GmbH-Anteilen und bei Kommanditbeteiligungen naturgemäß unterschiedlich.

Doch auch wenn der BGH die Interessen des Rechtsverkehrs aufgrund der Haftungsverhältnisse stärker gewichtet als die Klarheit des Registers, bleibt die Gefahr der Unverständlichkeit und Übersichtlichkeit bestehen. Letztlich können die Haftungsverhältnisse bei einer aufschiebend bedingt angeordneten Testamentsvollstreckung nicht dazu führen, dass die Klarheit des Registers zurücktreten muss. Denn eine Abschirmwirkung gibt es in der Latenzzeit bis zum Eintritt der Bedingung oder des Termins nicht. Damit entfällt eines der Hauptargumente des BGH für die Eintragungsfähigkeit eines Testamentsvollstreckervermerks.[600]

Die Eintragungsfähigkeit zu verneinen entspricht auch dem Willen des Erblassers, wenn er die Testamentsvollstreckung unter einer echten aufschiebenden Bedingung oder eines Termins angeordnet hat. Denn das Konkurrenzverhältnis zwischen Erbe und Testamentsvollstrecker soll so ausgestaltet sein, dass der Erbe in der Latenzzeit bis zum Eintritt der Bedingung frei verwalten kann.

Es bleibt damit festzuhalten: Ein Testamentsvollstreckervermerk wird aufgrund der Suspensivwirkung bis zum Eintritt der Bedingung nicht ins Handelsregister eingetragen.

III. Ergebnis

Der Erblasser kann die Ernennung des Testamentsvollstreckers aufschiebend bedingen. Er räumt damit dem Erben eine freie Rechtsstellung ein. Die Wirkungen der Testamentsvollstreckung sind im Falle einer echten Bedingung bis zum Eintritt der Bedingung suspendiert. Der Erbe kann, sofern er nicht den Beschränkungen eines Vor- oder Miterben unterliegt, frei über die Nachlassgegenstände verfügen (§ 2211 Abs. 1 BGB). Der Nachlass ist auch nicht vor den Privatgläubigern des Erben abgeschirmt. Bei Eintritt der Bedingung übernimmt der Testamentsvollstrecker den Nachlass in dem Umfang, wie ihn der Erbe bis dahin selbst verwaltet hat. Der Testamentsvollstrecker hat gegen den Erben einen vorbereitenden Auskunftsanspruch gemäß § 2218 Abs. 1 i.V.m. § 666 i.V.m. §§ 269, 260 BGB. Erst mit Eintritt der Bedingung kann er den Nachlass vom Erben herausverlangen. Die Frist des § 2210 S. 1 BGB beginnt mit dem Eintritt des Erbfalls und nicht mit dem Eintritt der Bedingung. In der

599 DNotZ 2012, 788 (790).
600 DNotZ 2012, 788 (790).

Latenzzeit der Auslegungsvariante 1 wird die Testamentsvollstreckung zudem nicht nach außen verlautbart.

Die Zeit bis zum Eintritt des Ereignisses, das die Bedingung auslöst, kann also mangels echter Vorwirkungen nur mit der Gestaltung einer „echten Testamentsvollstreckung" gefüllt werden. Das Attribut „echt" meint dabei das Modell einer Testamentsvollstreckung, die nach den §§ 2197 ff. BGB zulässig ist.

§ 4 Auslegungsvariante 2: gestufte Testamentsvollstreckung

In der Auslegungsvariante 2 geht es dem Erblasser darum, die Wirkungen der Testamentsvollstreckung zeitweise zu beschränken. Der Nachlass soll dennoch lückenlos von einem Testamentsvollstrecker verwaltet werden. Dies kann dadurch geschehen, dass der Erblasser dem Testamentsvollstrecker zeitweise Rechtsmacht mit unterschiedlichem Umfang zuweist und den Erben neben oder getrennt vom Testamentsvollstrecker in irgendeiner Form (dinglich) an der Verwaltung des Nachlasses beteiligt. Das Amt des Testamentsvollstreckers soll in der Zeit der „begrenzten Rechtsmacht" nur latent in Erscheinung treten. Auf der weiteren Stufe ist der Testamentsvollstrecker dagegen nicht in seiner Rechtsmacht beschränkt. Die Testamentsvollstreckung soll auf dieser weiteren Stufe ihre Wirkungen entsprechend dem Regelungsmodell der §§ 2197 ff. BGB entfalten. Auf die Reihenfolge der Stufen kommt es nicht an. Die Stufe der begrenzten Rechtsmacht des Testamentsvollstreckers kann der Stufe des Regelungsmodells der §§ 2197 ff. BGB vor- oder nachgeschaltet sein.

I. Die Modelle einer „gestuften Testamentsvollstreckung"

Charakteristisch für Bedingungen und Befristungen ist, dass sie die Wirkungen eines Rechtsgeschäfts für eine gewisse Dauer unterbinden. Dadurch werden die Rechtswirkungen für den oder die Beteiligten eines Rechtsgeschäfts in zeitlicher Hinsicht in gewisser Weise beherrschbar gemacht. Regelmäßig gilt bei Bedingungen ein Alles-oder-nichts-Prinzip. Entweder die Rechtswirkungen gelten oder nicht.

Ein Beherrschbarmachen ist auch dadurch möglich, dass die Wirkungen eines Rechtsgeschäfts und die Rechtsmacht bezüglich eines Rechtsobjekts stufenweise ausgelöst bzw. eingeräumt werden. Kennzeichnend für diese Gestaltungen ist, dass derjenige, der das Rechtsgeschäft initiiert, einem anderen etwas sukzessiv zuwendet oder einen anderen sukzessiv mit Rechtsmacht ausstattet. Die Stufen sind zwar auch mit einer aufschiebenden Bedingung oder Befristung des Eintritts der (weiteren) Stufe verbunden. Das Alles-oder-nichts-Prinzip wird jedoch durch die Abstufung ersetzt. Die gewünschten Rechtsfolgen werden dosiert. Solche Konstruktionen sind bei jeder Art von Übergabeverträgen etwa mit Nießbrauchsvorbehalt oder Geschäftsbesorgungen denkbar. Bei genauer Betrachtung werden keine Rechtswirkungen einer an sich voll übertragenen Rechtsposition bzw. Rechtsmacht beschränkt. Vielmehr werden Rechtspositionen und Befugnisse zeitweise nur latent, d.h. beschränkt, eingeräumt.

Der Gesetzgeber hat in den §§ 2197 ff. BGB die Grundlage für ein Modell gestufter Rechtsmacht geschaffen. Die erste Möglichkeit der Abstufung, die der Gesetzgeber vorgesehen hat, ist die Unterscheidung zwischen der Abwicklungs- und der Verwaltungsvollstreckung. So kann der Erblasser anordnen, dass sich die Testamentsvollstreckung nach Erledigung der (Abwicklungs-)Aufgaben als Verwaltungsvollstreckung fortsetzen soll (vgl. § 2209 S. 1 Hs. 1 BGB). Die Abstufung ist darin zu sehen, dass aus den unterschiedlichen Aufgaben im Rahmen der Abwicklungs- und der Verwaltungsvollstreckung eine unterschiedliche Rechtsmacht resultiert. Sowohl im Grundmodell der Abwicklungsvollstreckung (§ 2205 BGB) als auch im Modell der Verwaltungsvollstreckung (§ 2209 BGB) kann der Erblasser die Rechtsmacht des Testamentsvollstreckers bestimmen. Der Erblasser ist auch nicht daran gehindert, die Rechtsmacht im Rahmen der Abwicklungsvollstreckung und der Verwaltungsvollstreckung unterschiedlich auszugestalten. Er kann somit verschiedene Modelle der Testamentsvollstreckung stufenweise zusammensetzen.

Das Gleiche gilt für den Inhalt im Rahmen des jeweiligen Vollstreckungstyps. Beispielsweise kann es die familiäre Situation erforderlich machen, dass der Erblasser die Verwaltungsvollstreckung nur für bestimmte Zeitabschnitte oder bestimmte Lebensphasen anordnet, jeweils mit unterschiedlichem Macht- und Aufgabenkreis.

Ein Regelmodell einer latenten Testamentsvollstreckung in Form der „gestuften Testamentsvollstreckung“[601] enthält das Gesetz in den §§ 2197 ff. BGB nicht. Zudem hat sich gezeigt, dass die Wirkungen der Testamentsvollstreckung[602] nur eintreten können, wenn der Erblasser dem Testamentsvollstrecker Rechtmacht in Form eines *latenten Verwaltungsrechts* zuweist.[603]

---

601 *Grotheer* verwendet hierfür den Begriff „intervallartig“ bzw „zweistufig angeordnete Testamentsvollstreckung“ (siehe BeckOGK-BGB, Stand 01.06.2020, § 2197 Rn. 203 und 203.3). *Wendt* spricht insoweit von einer „vorgezogenen (Teil-)Vollstreckung“ (ErbR 2018, 242 (247 f.)).

602 Siehe hierzu Kapitel 2.

603 Siehe hierzu oben Kapitel 5 § 2 V. sowie die §§ 2211 Abs. 1 und 2214 BGB.

Eine bloß beaufsichtigende Testamentsvollstreckung (§ 2208 Abs. 2 BGB) eignet sich daher von vornherein nicht zur Begründung einer latenten Testamentsvollstreckung. Denn der rein beaufsichtigende Testamentsvollstrecker hat nach ganz herrschender Meinung kein eigenes Verwaltungsrecht.[604] Vielmehr sind ausschließlich die Erben zur Ausführung der Verfügungen des Erblassers berufen. Der Testamentsvollstrecker kann von den Erben lediglich die Durchführung der Anordnungen des Erblassers verlangen. Mit dem Verlust der Regelaufgabe und des Verwaltungsrechts geht nach herrschender Meinung ein Verlust der Wirkungen der §§ 2211 Abs. 1 und 2214 BGB einher.[605]

Fraglich ist, wie die Stufe der begrenzten Rechtsmacht (Latenz) stattdessen ausgestaltet werden kann. Nach *Reimann*[606] sind zwei Varianten denkbar:

- In der ersten Variante möchte der Erblasser, dass der Erbe neben dem Testamentsvollstrecker dinglich bei der Verwaltung des Nachlasses mitwirkt.[607] Der Erbe soll dann als weiterer Testamentsvollstrecker mitwirkungsberechtigt sein (Erben-Mittestamentsvollstrecker).[608]
- In der zweiten Variante soll der Erbe nur hinsichtlich der Verfügungsbefugnis mitwirkungsberechtigt sein, jedoch nicht bei sonstigen Verwaltungsmaßnahmen.[609] Denkbar wäre, dass der Erblasser dem Testamentsvollstrecker die Befugnis, über Nachlassgegenstände zu verfügen (§ 2208 Abs. 1 S. 1 i.V.m. § 2205 S. 2 BGB), entzogen und angeordnet hat, dass der Testamentsvollstrecker bei Verfügungen über Nachlassgegenstände die Zustimmung

---

604 Staudinger/*Reimann*, BGB (Bearb. 2016), § 2208 Rn. 21; Palandt/*Weidlich*, BGB, 78. A. (2019), § 2208 Rn. 6; MüKoBGB/*Zimmermann*, 7. A. (2017), § 2208 Rn. 12; Erman/*M. Schmidt*, BGB, 15. A. (2017), § 2208 Rn. 5; *Zimmermann*, Testamentsvollstreckung, 4. A. (2014), Rn. 183; a.A. *Lange/Kuchinke*, Erbrecht, 5. A. (2001), § 31 V 1a Fn. 115, hinsichtlich Aufwendungsersatz.

605 MüKoBGB/*Zimmermann*, 7. A. (2017), § 2208 Rn. 12; *Ulmer*, JuS 1986, 856, 859; Staudinger/*Reimann*, BGB (Bearb. 2016), § 2208 Rn. 21; Palandt/*Weidlich*, BGB, 78. A. (2019), § 2211 Rn. 1; Erman/*M. Schmidt*, BGB, 15. A. (2017), § 2208 Rn. 2.

606 Vgl. Staudinger, BGB (Bearb. 2016), Vorbem. zu §§ 2197 ff. BGB, Rn. 56, in Bezug auf eine Beschränkung der Rechte des Testamentsvollstreckers nach § 2208 BGB und damit mittelbar auf die Gestaltung einer beschränkten Rechtsmacht des Testamentsvollstreckers (gestufte Testamentsvollstreckung).

607 *Reimann* spricht plakativ von einer „demokratischen Beteiligung“ des Erben bei bestimmten Maßnahmen, s. Staudinger, BGB (Bearb. 2016), Vorbem. zu §§ 2197 ff. BGB, Rn. 56.

608 Staudinger/*Reimann*, BGB (Bearb. 2016), Vorbem. zu §§ 2197 ff. BGB, Rn. 56.

609 Siehe Staudinger/*Reimann*, BGB (Bearb. 2016), Vorbem. zu §§ 2197 ff. BGB, Rn. 56.

des Erben benötigt (*Zustimmungsmodell*). Die Sphäre des Testamentsvollstreckers wäre in dieser Variante von der Sphäre des Erben getrennt.[610]

Die Rechtsgrundlage für ein solches Zustimmungsmodell ist klärungsbedürftig.[611] Insbesondere stellt sich die Frage, wie die Verfügungsbefugnis des Testamentsvollstreckers ausgestaltet sein kann und wie das Verdrängungsprinzip der Testamentsvollstreckung[612] beachtet werden kann.

II. Die Erben-Mittestamentsvollstreckung (§ 2224 BGB)

1. Dogmatische Konstruktion in der Latenzzeit

Der Erblasser kann für die Dauer der Latenzzeit mehrere Testamentsvollstrecker ernennen (§ 2197 Abs. 1 BGB). Er hat insbesondere die Möglichkeit, den Alleinerben[613] als einen von mehreren Mittestamentsvollstreckern zu ernennen.[614] Der Erbe hätte dann die Möglichkeit, so lange bei der Verwaltung des Nachlasses mitzuwirken, bis das Ereignis eintritt, ab welchem der Erbe aus seiner Rechtsmacht verdrängt sein soll. Die Erben-Mittestamentsvollstreckung (§ 2224 BGB) würde dann zu einer umfassenden Testamentsvollstreckung nach dem Regelungsmodell der §§ 2197 ff. BGB erwachsen. Der Erbe würde das Amt des Mittestamentsvollstreckers also lediglich „auf Zeit“ ausüben.

Die Mittestamentsvollstrecker dürften nach herrschender Meinung[615], nach welcher ein Erbe nicht einziger Testamentsvollstrecker sein kann, dem gesetzlichen Regelungsmodell entsprechend (§ 2224 Abs. 1 BGB, Gesamttestamentsvollstrecker) das Amt des Testamentsvollstreckers nur gemeinschaftlich ausüben.[616] Die einzelnen Testamentsvollstrecker dürften und könnten eine Rechtshandlung nur vornehmen, wenn alle Mittestamentsvollstrecker

610 Siehe Staudinger/*Reimann*, BGB (Bearb. 2016), Vorbem. zu §§ 2197 ff. BGB, Rn. 56.

611 Staudinger/*Reimann*, BGB (Bearb. 2016), Vorbem. zu §§ 2197 ff. BGB, Rn. 56

612 Siehe hierzu unter Kapitel 2 § 2.

613 Auch ein Miterbe kann Testamentsvollstrecker sein, s. *KG*, JR 1952, 324; *BGH*, DNotZ 1959, 480; *Muscheler*, Erbrecht (2010), Bd. II, Rn. 2750; Bengel/*Reimann*, HbTV, 6. A. (2017), § 2 Rn. 210.

614 Siehe hierzu unter Kapitel 1 und Kapitel 4 § 5 II. 7. und III. 3.

615 *RGZ* 77, 177 (178); *RGZ* 163, 57 (58); *KG*, OLGZ 1967, 358 (361); *BayObLG*, ZEV 2002, 24 (25); *BayObLG*, ZEV 2006, 455 (456); Bengel/*Reimann*, HbTV, 6. A. (2017), § 2 Rn. 207.

616 Siehe hierzu unter Kapitel 1.

sich einig sind.[617] Bei Meinungsverschiedenheiten über die Führung des Amtes müsste das Nachlassgericht entscheiden (§ 2224 Abs. 1 S. 1 Hs. 2 BGB).[618]

Nach Ansicht von *Muscheler*[619] und *Adams*[620] eröffnet sich ein weiterer Gestaltungsspielraum: Der Erblasser kann von dem gesetzlichen Regelungsmodell des Gesamttestamentsvollstreckers abweichen und Anordnungen zur Amtsführung der Mittestamentsvollstrecker treffen (§ 2224 Abs. 1 S. 3 BGB). Er kann insbesondere in einer Kollegialverfassung Regeln zu den Stimmverhältnissen aufstellen oder jedem Testamentsvollstrecker einen eigenen Wirkungskreis zuweisen, innerhalb dessen er ohne Mitwirkung der anderen selbstständig handeln kann (Nebenvollstreckung oder Geschäftsordnungslösung)[621].[622] Diese in der Praxis nützlichen und friedenssichernden Möglichkeiten zugunsten des Erben wären dem Erblasser nach der herrschenden Meinung versagt.

2. Wirkungen und Folgen der Erben-Mittestamentsvollstreckung in der Latenzzeit

Die Wirkungen der Erben-Mittestamentsvollstreckung und der Testamentsvollstreckung nach dem Regelungsmodell der §§ 2197 ff. BGB unterscheiden sich nicht. Das heißt, die Verdrängungswirkung nach § 2211 Abs. 1 BGB, die Abschirmwirkung nach § 2214 BGB und die Grundsätze über die Kompetenzsurrogation entfalten sich bereits in der Latenzzeit. Der Erblasser kann insbesondere den Umfang der Kompetenzsurrogation frei bestimmen.[623] Der Nachlass ist bereits ab dem Erbfall ein Sondervermögen. Gleichwohl wäre der Erbe nicht nur hinsichtlich der Verfügungsbefugnis, sondern auch bei Verwaltungsmaßnahmen mitwirkungsberechtigt, sofern der im Testament bekundete Wille des Erblassers hierauf gerichtet ist.

Muscheler[624] weist darauf hin, dass bei einer Erben-Vollstreckung Zweifel darüber bestehen können, ob der Erben-Vollstrecker als Erbe oder als

---

617 Staudinger/*Reimann*, BGB (Bearb. 2016), § 2224 Rn. 11.

618 Das ergibt sich zwangsläufig daraus, dass das Einstimmigkeits- und nicht das Mehrheitsprinzip gilt, s. *Muscheler*, Erbrecht (2010), Bd. II, Rn. 2752.

619 Erbrecht (2010), Bd. II, Rn. 2751.

620 Interessenkonflikte des Testamentsvollstreckers, Diss. (1997), *dies.* ZEV 1998, 321 ff.

621 Staudinger/*Reimann*, BGB (Bearb. 2016), § 2224 Rn. 7.

622 *Muscheler*, Erbrecht (2010), Bd. II, Rn. 2752.

623 Siehe hierzu unter Kapitel 2 § 4; *Muscheler*, Die Haftungsordnung der Testamentsvollstreckung, Habil. (1994), S. 260 f., sowie *ders.*, Erbrecht (2010), Bd. II, (2010), Rn. 2781 ff.

624 Erbrecht (2010), Bd. II, Rn. 2751.

Testamentsvollstrecker gehandelt hat. Eine Zuordnung der jeweiligen Rechtshandlung ist insbesondere im Hinblick auf § 2217 BGB relevant.[625] Nach Ansicht *Muschelers* ist von der Regel auszugehen, dass der Erben-Vollstrecker nach der Annahme des Amtes (§ 2202 BGB) im Zweifel als Testamentsvollstrecker gehandelt hat.[626] Das ist sachgerecht, denn der Erbe kann selbst entscheiden, ob er sein Amt offenlegt oder nicht. Der Rechtsverkehr kann nach der Annahme des Amtes davon ausgehen, dass der Erben-Vollstrecker auch in Ausübung seines Amtes handeln möchte. Dem Erben stand es schließlich frei, das Amt abzulehnen (§ 2202 Abs. 2 BGB).

Die allgemeine Zulässigkeit der Alleinerben-Testamentsvollstreckung[627] ist auch dann von Vorteil, wenn einer der Mittestamentsvollstrecker wegfällt. Die gesetzliche Regel des § 2224 Abs. 1 S. 2 BGB sieht für diesen Fall vor, dass die übrigen Testamentsvollstrecker das Amt allein führen (§ 2224 Abs. 1 S. 2 BGB). Ist nur noch der Erbe als Mittestamentsvollstrecker im Amt, könnte dieser nach der herrschenden Meinung das Amt nicht allein führen. Der Erblasser müsste damit durch Ersatzernennung bzw. -bestimmung (§§ 2197 Abs. 2, 2198, 2199, 2200 BGB) für Ersatz sorgen. Andernfalls bestünde die Gefahr, dass die Testamentsvollstreckung endet.[628] Sie besteht dagegen nicht, wenn man davon ausgeht, dass der Erbe alleiniger Testamentsvollstrecker sein kann.[629] Der Ansicht von *Muscheler* und *Adams* ist daher zu folgen.

3. *Zwischenergebnis*

Ein Erblasser, der seinen Nachlass erst ab dem Eintritt eines bestimmten Ereignisses oder Zeitpunktes durch die Wirkungen der Testamentsvollstreckung (§§ 2205, 2209, 2211 Abs. 1, 2212, 2214 BGB) schützen will, kann den Erben in der Zeit vor dem Eintritt des Ereignisses oder Zeitpunktes zum Mittestamentsvollstrecker ernennen (Erben-Mittestamentsvollstrecker-Modell).[630] Der Nachlass ist dann lückenlos durch die Wirkungen der Testamentsvollstreckung geschützt. Der Wille des Erblassers zielt in diesem Fall darauf, dass der

---

625 *Muscheler*, Erbrecht (2010), Bd. II, Rn. 2752.
626 *Muscheler*, Erbrecht (2010), Bd. II, Rn. 2752.
627 Begriff stammt von *Muscheler*, Erbrecht (2010), Bd. II, Rn. 2751; siehe hierzu auch *Adams*, Interessenkonflikte des Testamentsvollstreckers, Diss. (1997); *dies.*, ZEV 1998, 321 ff.
628 *Muscheler*, Erbrecht (2010), Bd. II, Rn. 2761.
629 *Muscheler*, Erbrecht (2010), Bd. II, Rn. 2751; *Adams*, Interessenkonflikte des Testamentsvollstreckers, Diss. (1997), *dies.*, ZEV 1998, 321 ff.
630 Staudinger/*Reimann*, BGB (Bearb. 2016), Vorbem. zu §§ 2197 ff. BGB, Rn. 56.

Erben-Mittestamentsvollstrecker nicht nur hinsichtlich der Verfügungsbefugnis, sondern auch hinsichtlich allgemeiner Verwaltungsmaßnahmen mitwirkungsberechtigt ist.

III. Das Zustimmungsmodell (§§ 177, 180, 182 ff. BGB analog)

1. Dogmatische Konstruktion in der Latenzzeit

Der Wille des Erblassers kann darauf gerichtet sein, dass der Erbe nur bei Verfügungen über Nachlassgegenstände, jedoch nicht allgemein bei Verwaltungsmaßnahmen des Nachlasses beteiligt sein soll.[631] Der Erblasser kann diesen Willen in seiner letztwilligen Verfügung auf unterschiedliche Weise zum Ausdruck bringen.

Denkbar wäre eine letztwillige Gestaltung, bei der der Testamentsvollstrecker nur mit Zustimmung des Erben über Nachlassgegenstände verfügen kann. Das wäre der Fall, wenn der Testamentsvollstrecker nach § 2208 Abs. 1 S. 1 i.V.m. § 2205 S. 2 BGB in seiner Befugnis, über Nachlassgegenstände zu verfügen, beschränkt ist. Die Position des Erben wäre stärker und die Position des Testamentsvollstreckers wäre schwächer als bei einer regulären Fremdverwaltung durch den Testamentsvollstrecker. Das Amt des Testamentsvollstreckers wäre dennoch bereits latent vorhanden, da der Erblasser dem Testamentsvollstrecker die restlichen Bestandteile der Rechtsmacht, insbesondere das Recht zum Besitz und das Recht zu allgemeinen Verwaltungsmaßnahmen, zugewiesen hätte.

Die Rechtsgrundlage einer solchen Gestaltung ist klärungsbedürftig. Insbesondere stellt sich die Frage, wie die Verfügungsbefugnis des Testamentsvollstreckers ausgestaltet sein und wie das Verdrängungsprinzip der Testamentsvollstreckung[632] beachtet werden kann.

Es hat sich gezeigt, dass der Erblasser sämtliche Bestandteile der Rechtsmacht – also auch die Verfügungsbefugnis – des Testamentsvollstreckers nach außen beschränken kann.[633] Ein wegen § 2211 Abs. 1 BGB verfügungsloser Zustand entsteht jedoch nicht.[634] Die Anordnung des Erblassers nach § 2208 Abs. 1 S. 1 i.V.m. § 2205 S. 2 BGB führt zu einer kooperativen Verwaltungszuständigkeit, das heißt zu einer Bindung der Verfügungen des

---

631 Siehe Staudinger/*Reimann*, BGB (Bearb. 2016), Vorbem. zu §§ 2197 ff. BGB, Rn. 56.
632 Siehe hierzu unter Kapitel 1 und Kapitel 2 § 2.
633 Siehe hierzu unter Kapitel 4.
634 Siehe hierzu unter Kapitel 4 § 3, § 4 und § 5.

Testamentsvollstreckers an die Zustimmung des Erben.[635] Die Rechtsgrundlage für das Zusammenwirken von Erbe und Testamentsvollstrecker im Außenverhältnis während der Latenzzeit ist, wie gezeigt, die analoge Anwendung der §§ 177, 180, 182 ff. BGB.[636] Danach kann ein in der Verfügungsmacht beschränkter Testamentsvollstrecker (§ 2208 Abs. 1 S. 1 i.V.m. § 2205 S. 2 BGB) über einen Nachlassgegenstand verfügen, wenn der Erbe dies gemäß §§ 177 Abs. 1, 180 BGB analog genehmigt. Der Erbe kann auch bereits seine Einwilligung (§§ 182, 183 BGB) erteilen. Die Zustimmung des Erben ist nicht lediglich deklaratorisch, sondern konstitutiv für die Wirksamkeit der Verfügung.

Mit der Beschränkung der Verfügungsbefugnis des Testamentsvollstreckers nach § 2208 Abs. 1 S. 1 i.V.m. § 2205 S. 2 BGB ist nach dem gesetzgeberischen Gesamtkonzept keine Einschränkung der ordnungsmäßigen (§ 2216 Abs. 1 BGB) und effektiven Verwaltung[637] des Nachlasses verbunden. Der Erbe ist daher nicht nur berechtigt, sondern verpflichtet, bei Maßnahmen mitzuwirken, die zur ordnungsmäßigen Verwaltung erforderlich sind und die der Testamentsvollstrecker wegen der Begrenzung seiner Rechtsmacht nach § 2208 Abs. 1 S. 1 i.V.m. § 2205 S. 2 BGB nicht allein vornehmen könnte.[638] Die Zustimmungspflicht des Erben folgt unmittelbar aus dem Rechtsverhältnis des Erben zum Testamentsvollstrecker: Wenn der Erbe schon sein Einverständnis mit Maßnahmen des Testamentsvollstreckers erklären muss, die zur ordnungsmäßigen Verwaltung erforderlich sind, dann muss er erst recht bei Maßnahmen mitwirken, die zur ordnungsmäßigen Verwaltung erforderlich sind und die der Testamentsvollstrecker wegen der Begrenzung seiner Rechtsmacht nach § 2208 Abs. 1 S. 1 i.V.m. § 2205 S. 2 BGB nicht allein vornehmen könnte. Andernfalls könnte der Erbe die Testamentsvollstreckung behindern und so dem Interesse des Erblassers an einer effektiven Testamentsvollstreckung zuwiderhandeln.

2. *Die Ausgestaltung des latenten Verwaltungsrechts des Testamentsvollstreckers*

Die Wirkungen der Testamentsvollstreckung setzen tatbestandlich voraus, dass der Erblasser dem Testamentsvollstrecker Rechtsmacht zugewiesen hat.[639] Auf den Umfang der Rechtsmacht kommt es nicht an: Die tatbestandliche

635 Siehe hierzu unter Kapitel 4 § 5 III. 4.
636 Siehe hierzu unter Kapitel 4 § 5 III. 4.
637 Siehe hierzu Kapitel 1.
638 Siehe hierzu Kapitel 4 § 5 III. 4.
639 Siehe hierzu unter Kapitel 2.

Voraussetzung „der Verwaltung des Testamentsvollstreckers unterliegend“ ist auch erfüllt, wenn der Testamentsvollstrecker in seiner Rechtsmacht beschränkt ist. Er hat dann ein „latentes Verwaltungsrecht“.[640]

Beim Zustimmungsmodell hat der Erblasser dem Testamentsvollstrecker die Rechtsmacht zur Verwaltung des Nachlasses zugewiesen, wenn auch insoweit beschränkt, als die Verfügungsbefugnis des Testamentsvollstreckers an die Zustimmung des Erben gekoppelt ist. Hinsichtlich der Verdrängungswirkung des § 2211 Abs. 1 BGB ergibt sich damit aufgrund der erforderlichen Zustimmung des Erben folgende Lesart: Über einen der Verwaltung des Testamentsvollstreckers unterliegenden Nachlassgegenstand kann der Erbe nicht *allein* verfügen.

Das Amt des Testamentsvollstreckers wäre auch dann nur latent vorhanden, wenn der Erblasser den Testamentsvollstrecker isoliert mit der Ausübung des Besitzes beauftragen würde. Denn darin liegt zugleich eine faktische Beschränkung der Verfügungsbefugnis (§ 2208 Abs. 1 S. 1 i.V.m. § 2205 S. 2 BGB).

Da der Testamentsvollstrecker in der Zeit der Latenz stets ein Verwaltungsrecht hat, kann auch die Kompetenzsurrogation zur Anwendung kommen. Veräußert der Testamentsvollstrecker einen Nachlassgegenstand, dann unterliegen die Kaufpreisforderung und der erhaltene Kaufpreis seiner Verwaltung. Auch neu erworbenes Vermögen unterliegt seiner Verwaltung. Wendet man richtigerweise § 1638 Abs. 2 BGB als Analogiebasis für die Kompetenzsurrogation an, dann kann der Erblasser den Umfang der Kompetenzsurrogation bei einer von ihm angeordneten Testamentsvollstreckung frei bestimmen.[641]

Die Wirkungen der Erben-Mittestamentsvollstreckung unterscheiden sich damit nicht von dem gesetzlichen Modell der §§ 2197, 2224 BGB.

IV. Das Ende der Latenzphase

1. Unbeschränktes Verwaltungsrecht des Testamentsvollstreckers

Mit dem Eintritt der Bedingung bzw. des Ereignisses, von welchem der Erblasser die vollen Wirkungen der Testamentsvollstreckung abhängig machen wollte, fallen die Beschränkungen der Rechtsmacht des Testamentsvollstreckers nach § 2208 Abs. 1 S. 1 i.V.m. § 2205 S. 2 BGB weg. Der Testamentsvollstecker ist ab diesem Zeitpunkt in der Lage, den Nachlass uneingeschränkt zu

640 Siehe hierzu unter Kapitel 4.

641 *Muscheler*, Die Haftungsordnung der Testamentsvollstreckung, Habil. (1994), S. 260 f.

verwalten und über Nachlassgegenstände zu verfügen. Durch das latente Verwaltungsrecht war der Testamentsvollstrecker bereits mit dem Nachlass befasst und ist mit dem Erbfall vertraut.

2. *Erstellung eines weiteren Nachlassverzeichnisses*

Im Hinblick auf die reinen Verwaltungsaufgaben stellt sich die Frage, ob der Testamentsvollstrecker beim Übergang vom latenten zum vollständigen Verwaltungsrecht ein (weiteres) Nachlassverzeichnis erstellen muss. Nach § 2215 Abs. 1 BGB ist er verpflichtet, unverzüglich nach der Annahme des Amtes ein Verzeichnis der seiner Verwaltung unterliegenden Nachlassgegenstände zu erstellen. Stichtag ist dabei nach überwiegender Ansicht der Tag der Amtsannahme, nicht der Todestag des Erblassers.[642]

Bei der gestuften Testamentsvollstreckung nimmt der Testamentsvollstrecker das Amt formal betrachtet nur einmal an. Der Übergang von der latenten

642 § 2215 Abs. 1 BGB ordnet nicht an, auf welchen Stichtag sich das Verzeichnis beziehen soll. § 2215 Abs. 2 BGB schreibt nur vor, dass der Testamentsvollstrecker das Verzeichnis mit der Angabe des Tages der Aufnahme zu versehen hat. Für den Stichtag kommen der Zeitpunkt des Erbfalls und derjenige der Annahme des Amtes in Betracht. Rechtsprechung und Literatur sind sich einig, dass der Testamentsvollstrecker das Nachlassverzeichnis auf den Stichtag der Annahme des Amtes zu errichten hat (MüKoBGB/*Zimmermann*, 7. A. (2017), § 2215 Rn. 5; NK-BGB/*Kroiß*, 4. A. (2014), § 2215 Rn. 9, Staudinger/*Reimann*, BGB (Bearb. 2016), § 2215 Rn. 9; BeckOK-BGB/*Lange*, 49. Ed. 01.02.2019, § 2215 Rn. 5; zuvor bereits BeckOK-BGB/*J. Mayer*, 36. Ed. 01.02.2015; § 2215 Rn. 15; Bengel/Reimann/*Klumpp*, HbTV, 6. A. (2017), § 3 Rn. 17; Mayer/Bonefeld/*J. Mayer*, Testamentsvollstreckung, 4. A. (2014), § 8 Rn. 8; *OLG Köln*, BeckRS 2009, 86768). Dem ist zuzustimmen. Die Auskunft ist eine Wissenserklärung. Der Testamentsvollstrecker kann daher nur verpflichtet sein, über einen Nachlassbestand Auskunft zu erteilen, den er überhaupt ermitteln konnte. Über den Nachlassbestand zum Zeitpunkt des Erbfalls kann er keine Auskunft geben, da er zum damaligen Zeitpunkt noch nicht Testamentsvollstrecker war und daher vom Umfang des Nachlasses keine Kenntnis erhalten konnte. A.A. *OLG Schleswig*, FamRZ 2007, 307 (308), mit dem Argument, dass der Todestag für den Nachlass konstitutiv sei, ohne jedoch zu begründen, wie der Testamentsvollstrecker etwaige Veränderungen feststellen soll. In diesem Sinne auch *Zimmermann*, Die Testamentsvollstreckung, 4. A. (2014), Rn. 353, letztlich aber mit demselben Ergebnis wie dem der h.M., dass der Testamentsvollstrecker zu vermerken habe, wenn er Verschiebungen nicht nachvollziehen kann. In diesem Fall könne er das Nachlassverzeichnis mit entsprechendem Hinweis auch auf den Tag der Amtsannahme erstellen.

zur vollständigen Testamentsvollstreckung stellt jedoch eine Zäsur dar, die eine „Zwischenbilanz“ auf den Stichtag des Bedingungseintritts bzw. des Zeitmoments rechtfertigen könnte.

Dem Nachlassverzeichnis kommt eine wichtige Beweisfunktion zu.[643] Mit ihm kann nachgewiesen werden, dass die in ihm aufgeführten Gegenstände zum Nachlass gehören und damit dem Verwaltungsrecht des Testamentsvollstreckers unterliegen. Ist das Verwaltungsrecht in gestufter Form gestaltet, bietet es sich an, die zur jeweiligen Stufe gehörenden Nachlassgegenstände auch gestuft zu erfassen und damit dem jeweiligen Inhaber der Rechtsmacht zuzuordnen.

Für den Erben ist dies vorteilhaft, da er gegenüber dem Testamentsvollstrecker einen Nachweis im Falle einer Haftung hat. Der Testamentsvollstrecker kann sich wiederum für den Zeitraum entlasten, in welchem er den Nachlass nicht allein verwaltet hat.

Darüber hinaus ist das Bedürfnis, Vermögensveränderungen in der Schwebezeit zwischen Todestag und Amtsannahme zu dokumentieren, auch bei einer Testamentsvollstreckung anerkannt. Unabhängig davon, welchen Stichtag man als maßgeblich ansieht, kann es in der Schwebezeit zwischen Erbfall und Amtsannahme zu Veränderungen kommen. Sollte der Testamentsvollstrecker dies feststellen, wird in der Praxis einstimmig ein besonderer Hinweis im Nachlassverzeichnis empfohlen.[644] Das Bedürfnis, Veränderungen im Nachlassbestand zu erfassen und damit dem Inhaber der Rechtsmacht zuzuordnen, besteht bei der gestuften Testamentsvollstreckung in gleicher Weise.

Der Testamentsvollstrecker muss daher bei der Annahme des Amtes und zum Ende der Latenzzeit jeweils ein Nachlassverzeichnis erstellen (Anfangs- bzw. Schlussverzeichnis). Das Nachlassverzeichnis im Zeitpunkt der Annahme des Amtes sollte einen Vermerk über Vermögensveränderungen zwischen dem Erbfall und diesem Zeitpunkt enthalten, soweit diese dem Testamentsvollstrecker bekannt sind. Die Vermögensveränderungen zwischen dem Todeszeitpunkt und dem Zeitpunkt des Bedingungseintritts bzw. des Zeitmoments ergeben sich aus einem Vergleich der beiden Nachlassverzeichnisse.

---

643 Staudinger/*Reimann*, BGB (Bearb. 2016,) § 2215 Rn. 5; Bengel/Reimann/*Klumpp*, HbTV, 6. A. (2017), § 3 Rn. 20 ff.

644 Bengel/Reimann/*Klumpp*, HbTV, 6. A. (2017), § 3 Rn. 18; NK-BGB/*Kroiß*, 4. A. (2014), § 2215 Rn. 9; Staudinger/*Reimann*, BGB (Bearb. 2016), § 2215 Rn. 9; BeckOK-BGB/*Lange* BGB, 49. Ed. 01.02.2019, § 2215 Rn. 5; im Ergebnis auch *Zimmermann*, Die Testamentsvollstreckung, 4. A. (2014), Rn. 353.

V. Dauer der Testamentsvollstreckung

Der Erblasser, der Inhalt und Umfang der Wirkungen der Testamentsvollstreckung von Bedingungen und Zeitbestimmungen abhängig macht, verfolgt einen Gesamtplan. Er möchte seinem Willen möglichst lange und effektiv Geltung verschaffen. Wählt er hierzu die Variante der gestuften Testamentsvollstreckung, stellt sich die Frage der Zulässigkeit einer zeitlichen Ausdehnung der Testamentsvollstreckung in gleicher Weise wie bei einer Testamentsvollstreckung nach dem gesetzlichen Regelungsmodell. Die Anordnung der Verwaltungsvollstreckung, egal auf welcher Stufe, würde grundsätzlich nach § 2210 S. 1 BGB mit dem Ablauf von 30 Jahren seit dem Erbfall von selbst unwirksam werden. Soll die Verwaltung durch den Testamentsvollstrecker nach dem Erbfall länger als 30 Jahre dauern, muss der Erblasser von den Verlängerungsmöglichkeiten des § 2210 S. 2 BGB Gebrauch machen.[645] Die Anordnung des Erblassers ist gegebenenfalls unter Berücksichtigung des gestalterischen Gesamtplans des Erblassers auszulegen. In Zweifelsfällen kann die gestufte Ausgestaltung der Rechtsmacht zwischen dem Erben und dem Testamentsvollstrecker ein Indiz dafür sein, die Testamentsvollstreckung möglichst lange und umfangreich andauern zu lassen.

VI. Der Nachweis des Amtes in der Latenzphase

Die Rechtsmacht des Testamentsvollstreckers ist in der Zeit des latenten Testamentsvollstreckeramtes dadurch beschränkt, dass er die Verfügungsbefugnis über die Nachlassgegenstände in Kooperation mit dem Erben wahrnimmt (§ 2208 Abs. 1 S. 1 i.V.m. § 2205 S. 2 BGB). Es stellt sich die Frage, wie der Rechtsverkehr von dieser Beschränkung der Rechtsmacht Kenntnis erlangen kann.

1. Testamentsvollstreckerzeugnis

Das Testamentsvollstreckerzeugnis enthält im Regelfall den Namen des Erblassers und denjenigen der zum Testamentsvollstrecker ernannten Person. Ist der Testamentsvollstrecker in der Verwaltung des Nachlasses beschränkt oder hat der Erblasser angeordnet, dass der Testamentsvollstrecker in der Eingehung von Verbindlichkeiten für den Nachlass nicht beschränkt sein soll, so ist dies ebenfalls anzugeben (§ 354 Abs. 2 FamFG). Enthält das Zeugnis keine besondere Angabe, bedeutet dies, dass dem Testamentsvollstrecker die nach dem gewöhnlichen gesetzlichen Inhalt mit seinem Amt verbundenen

645 Siehe hierzu oben Kapitel 5 § 3 II. 4 b) (ii).

Befugnisse zustehen (§§ 2205 ff., 2212, 2213 BGB).[646] Der öffentliche Glaube bestimmt umgekehrt auch, welche Abweichungen vom gesetzlichen Regelungsmodell im Zeugnis aufzunehmen sind. Ein vom Regelfall abweichender Inhalt ergibt sich bei jeder Sonderform der Testamentsvollstreckung.[647] Das heißt, alle vom Erblasser wirksam angeordneten Abweichungen vom gesetzlichen Regelungsmodell der §§ 2203 ff. BGB müssen im Zeugnis vermerkt werden, soweit sie für die Gutglaubensfunktion von Bedeutung sind.[648] Dieser allgemeine Grundsatz kann § 2368 Abs. 1 S. 2 BGB a.F.[649] bzw. dem inhaltsgleichen § 354 Abs. 1 FamFG entnommen werden.[650]

Bei den Abweichungen handelt es sich insbesondere um folgende Fälle:

- Beschränkungen der Verwaltungsaufgabe und der Rechtsmacht[651]
- Erweiterung der Abwicklungsvollstreckung auf die Verwaltungsvollstreckung (§ 2209 BGB)[652]
- gegenständliche Beschränkungen der Testamentsvollstreckung[653]
- Bindung des Testamentsvollstreckers an die Zustimmung des Alleinerben[654]
- Beschränkung der Verwaltungsaufgabe auf die Vermächtniserfüllung[655]
- rein beaufsichtigende Testamentsvollstreckung nach § 2208 Abs. 2 BGB[656]
- Teilungsanordnungen und Auseinandersetzungsverbote[657]

---

646 *KG*, RPfleger 1991, 318 (319); MüKoBGB/*Grziwotz*, 7. A. (2017), § 2368 Rn. 35; *Winkler*, Der Testamentsvollstrecker, 22. A. (2016), Rn. 692; *v. Lübtow*, Erbrecht (1971), S. 976; *Lange/Kuchinke*, Erbrecht, 5. A. (2001) § 39 VIII 3a; Planck/*Greiff*, 4. A. (1930), § 2368 Rn. 4.

647 *KG*, RPfleger 1991, 318; *BayObLGZ* 92, 175; *OLG Zweibrücken*, FamRZ 1998, 581; *OLG Düsseldorf*, FamRZ 2011, 1174.

648 Staudinger/*Reimann*, BGB (Bearb. 2016), § 2208 Rn. 6, 20; *Zimmermann*, Die Testamentsvollstreckung, 4. A. (2014), Rn. 269.

649 I.d.F. vor dem Gesetz v. 29.06.2015 (BGBl. I S. 1042) m.W.v. 17.08.2015.

650 Noch zu § 2368 Abs. 1 S. 2 BGB a.F.: *Zimmermann*, Die Testamentsvollstreckung, 4. A. (2014), Rn. 269.

651 § 354 Abs. 2 FamFG, Bengel/*Reimann*, HbTV, 6. A. (2017), § 2 Rn. 310.

652 Palandt/*Weidlich*, BGB, 78. A. (2019), § 2368 Rn. 3 m.w.N.

653 § 354 Abs. 2 FamFG; Bengel/*Reimann*, HbTV, 6. A. (2017), § 2 Rn. 311; Soergel/*Damrau*, BGB, 13. A. (2002), § 2368 Rn. 9.

654 *Zimmermann*, Die Testamentsvollstreckung, 4. A. (2014), Rn. 269.

655 *OLG Düsseldorf*, RNotZ 2013, 305.

656 *BayObLG*, NJW-RR 1991, 523; Bengel/*Reimann*, HbTV, 6. A. (2017), § 2 Rn. 310.

657 *Zimmermann*, Die Testamentsvollstreckung, 4. A. (2014), Rn. 269; a.A. Soergel/*Damrau*, BGB, 13. A. (2002), § 2368 Rn. 10.

- Beschränkung auf die Verwaltung des Anwartschaftsrechts des Nacherben[658]
- Abweichungen von der gesetzlichen Dauer der Testamentsvollstreckung, z.B. bei einer auflösenden Bedingung oder besonderen Endzeitpunkten (§ 2210 S. 2 BGB)[659].

Nicht aufzunehmen sind Befreiungen vom Verbot des § 181 BGB[660], nur im Innenverhältnis wirkende Verwaltungsanordnungen (§ 2216 Abs. 2 BGB)[661] sowie Beschränkungen, die sich aus anderen Rechtsbereichen ergeben, beispielsweise dem Gesellschaftsrecht.[662]

Damit kann festgehalten werden: Die Beschränkungen des Testamentsvollstreckers nach § 2208 Abs. 1 S. 1 i.V.m. § 2205 S. 2 BGB sind auch in der Latenzphase der gestuften Testamentsvollstreckung im Testamentsvollstreckerzeugnis zu vermerken.

2. *Grundbuch*

Die Testamentsvollstreckung wird im Grundbuch nur dem Grunde nach verlautbart.[663] Der Name des Testamentsvollstreckers wird nicht genannt, auch wenn der missverständliche Wortlaut des § 52 GBO[664] dies nahelegen könnte.

Die Grundbuchordnung enthält keine Regel, nach der Modifizierungen bezüglich der Rechtsmacht des Testamentsvollstreckers im Grundbuch einzutragen sind. In der Literatur wird die Möglichkeit einer Eintragung von Modifizierungen im Grundbuch einhellig mit dem Argument abgelehnt, dass sich die Beschränkungen des Testamentsvollstreckers in seiner Rechtsmacht aus dem Testamentsvollstreckerzeugnis bzw. aus der letztwilligen Verfügung ergeben.[665]

---

658 *Zimmermann*, Die Testamentsvollstreckung, 4. A. (2014), Rn. 269.

659 *OLG Düsseldorf*, FamRZ 2011, 1174; Palandt/*Weidlich*, BGB, 78. A. (2019), § 2368 Rn. 3.

660 *OLG Hamm*, ZEV 2004, 288 (289).

661 *OLG Düsseldorf*, FamRZ 2014, 330; Palandt/*Weidlich*, BGB, 78. A. (2019), § 2368 Rn. 2; BeckOK-BGB/*Siegmann*/*Höger*, 46. Ed. 01.05.2018, § 2368 Rn. 17a; Bengel/*Reimann*, HbTV, 6. A. (2017), § 2 Rn. 312.

662 *BGH*, ZEV 1996, 110 (111); Palandt/*Weidlich*, BGB, 78. A. (2019), § 2368 Rn. 3, Bengel/*Reimann*, HbTV, 6. A. (2017), § 2 Rn. 312; Damrau/*Tanck*/*Uricher*, Erbrecht, 3. A. (2014), § 2368 Rn. 3.

663 Bengel/*Reimann*, HbTV, 6. A. (2017), § 2 Rn. 276.

664 „Ist ein Testamentsvollstrecker ernannt, so ist dies […] miteinzutragen“.

665 Staudinger/*Reimann*, BGB (Bearb. 2016), Vorbem. zu §§ 2197 ff. Rn. 126; BeckOK-GBO/*Zeiser*, 32. Ed. 01.05.2018, § 52 Rn. 32; *Schöner*/*Stöber*, Grundbuchrecht, 15.

Dem ist zuzustimmen. Das Grundbuch hat die Funktion, im Interesse des Rechtsverkehrs Klarheit über dingliche Rechtsverhältnisse an Grundstücken zu schaffen. Aufgrund der Verdrängungswirkung (§ 2211 Abs. 1 BGB) gehört hierzu die Eintragung der Testamentsvollstreckung dem Grunde nach. Demgegenüber ist es nicht Aufgabe und Funktion des Grundbuchs, ein originäres Publizitätsmittel für das Amt des Testamentsvollstreckers zu sein. Diese Funktion hat das Testamentsvollstreckerzeugnis. Ließe man die Eintragung von Modifizierungen hinsichtlich der Rechtsmacht zu, bestünde die Gefahr, dass die starke Rechtsscheinwirkung des Grundbuchs verwässert wird. Denn die inhaltlichen Beschränkungen lassen sich mitunter nicht in der für die Eintragung in das Grundbuch gebotenen Kürze und Prägnanz eintragen. Geboten wäre insofern eine Verkürzung der letztwilligen Anordnung. Damit wäre jedoch die Gefahr der inhaltlichen Verfälschung verbunden.

3. *Erbschein*

Entsprechend dem Zweck des Testamentsvollstreckervermerks sind nur solche Testamentsvollstreckungen in den Erbschein aufzunehmen, welche die Verfügungsbefugnis des Erben oder der Erbeserben einschränken (Differenzierungsgebot).[666] Nicht aufzunehmen ist daher eine nur beaufsichtigende Testamentsvollstreckung (§ 2208 Abs. 2 BGB) oder der Umstand, dass nur ein Vermächtnisvollstrecker ernannt ist (§ 2223 BGB), weil dessen Ernennung die Verfügungsbefugnis des Erben unberührt lässt.[667] Ebenfalls im Erbschein auszuweisen sind Beschränkungen der Rechte des Testamentsvollstreckers, wenn sie zu einer Stärkung der Rechtsposition des Erben führen.[668] Dies ist bei einer Beschränkung der Verfügungsbefugnis des Testamentsvollstreckers gemäß

A. (2012), Rn. 3467; Bauer/*Schaub*, GBO, 4. A. (2018), § 52 Rn. 24; Meikel/*Böhringer*, GBO, 11. A. (2014), § 52 Rn. 26 f.; a.A. wohl nur *Schmenger*, BWNotZ 2004, 97 (106).

666 MüKoBGB/*J. Mayer*, 6. A. (2013), § 2364 Rn. 4.

667 Die ältere Rechtsprechung (*KGJ* 43, 92 (95 f.); 46, 141 (144)) hat darauf abstellt, dass dem Testamentsvollstrecker am Nachlass „irgendwelche Verwaltungsbefugnisse" zustehen müssen. Dies erscheint jedoch zu weit zu gehen, da jeder Testamentsvollstrecker „Verwaltungsaufgaben mit Nachlassbezug" haben muss, sonst ist er kein Testamentsvollstrecker, allenfalls Berater des Erben (s. MüKoBGB/*J. Mayer*, 6. A. (2013), § 2364 Rn. 4.)

668 MüKoBGB/*Grziwotz*, 7. A. (2017), § 2353 Rn. 39; Staudinger/*Reimann*, BGB (Bearb. 2016), Vorbem. zu §§ 2197 ff Rn. 112; Palandt/*Weidlich*, BGB, 78. A. (2019), § 2353 Rn. 13.

§ 2208 Abs. 1 S. 1 i.V.m. § 2205 S. 2 BGB der Fall. Das heißt, während der Zeit der Latenz ist diese im Erbschein zu vermerken.

4. *Europäisches Nachlasszeugnis*

Das Europäische Nachlasszeugnis ist ein Nachweis für die Rechtsstellung des Erben (Art. 63 Abs. 2 lit. a EuErbVO) sowie für die Befugnisse des Testamentsvollstreckers (Art. 63 Abs. 2 lit. c EuErbVO). Dementsprechend werden die Person des Testamentsvollstreckers sowie dessen Befugnisse und Beschränkungen auch während der Zeit der Latenz im Europäischen Erbschein vermerkt (Art. 68 EuErbVO).[669] Der Inhalt des Europäischen Nachlasszeugnisses entspricht dem des nationalen Erbscheins, jedoch mit dem Unterschied, dass nicht zwingend sämtliche der in Art. 63 Abs. 2 lit. a–c EuErbVO aufgelisteten Angaben im Zeugnis zu machen sind, sondern nur diejenigen, die für die Zwecke des Nachlasszeugnisses erforderlich sind.[670]

VII. Ergebnis

Die gestufte Testamentsvollstreckung ist ein Gestaltungsmodell, bei dem der zum Testamentsvollstrecker ernannten Person stufenweise Rechtsmacht mit unterschiedlichem Umfang (latentes Verwaltungsrecht) eingeräumt wird, damit der Nachlass auch in Zeiten der Latenz lückenlos organisatorisch durch den Testamentsvollstrecker verwaltet wird. In der Zeit der Latenz ist der Testamentsvollstrecker in seinen Befugnissen beschränkt. Es gibt zwei Varianten der gestuften Testamentsvollstreckung:

- In der ersten Variante ernennt der Erblasser den Erben zum Erben-Mittestamentsvollstrecker. Der Erbe ist dann wie ein weiterer Testamentsvollstrecker mitwirkungsberechtigt, d.h. auch im Hinblick auf Verfügungen über Nachlassgegenstände und sonstige Verwaltungsmaßnahmen.
- In der zweiten Variante beschränkt der Erblasser den Testamentsvollstrecker in seiner Verfügungsmacht (§ 2208 Abs. 1 S. 1 i.V.m. § 2205 S. 2 BGB). Verfügungen über Nachlassgegenstände sind dann nur mit Zustimmung des Erben möglich (§§ 177, 180, 182 ff. BGB analog). Die Sphäre des Testamentsvollstreckers ist in dieser Variante von der Sphäre des Erben getrennt. Der Erbe ist von sonstigen Verwaltungsmaßnahmen ausgeschlossen.

---

669 MüKoBGB/*Dutta*, 7. A. (2018), EuErbVO Art. 68 Rn. 11.
670 MüKoBGB/*Dutta*, 7. A. (2018), EuErbVO Art. 68 Rn. 2.

Die Wirkungen der Testamentsvollstreckung entfalten sich in beiden Varianten. Der Bestand des Nachlasses kann und muss durch ein Anfangs- und Schlussnachlassverzeichnis dokumentiert werden. Die Beschränkungen gemäß § 2208 Abs. 1 S. 1 i.V.m. § 2205 S. 2 BGB sind im Testamentsvollstreckerzeugnis, im Erbschein und im Europäischen Nachlasszeugnis zu vermerken, nicht dagegen im Grundbuch.

§ 5 Sonderfall: Kombination von Testamentsvollstreckung und Einsetzung eines Nacherben

I. Grundsätzliche Wertungen

Der Erblasser hat neben der Ernennung eines Testamentsvollstreckers die Möglichkeit, durch die Einsetzung eines Nacherben die Weitergabe seines Vermögens dergestalt zu steuern, dass der Erbe in seiner Rechtsmacht beschränkt ist. Kennzeichnend für die Nacherbfolge ist das zeitliche Aufeinanderfolgen verschiedener Erben desselben Erblassers[671] bezüglich desselben Vermögens (Erbschaft).[672] Rechtstechnisch ist der Vorerbe unter einer auflösenden Bedingung oder Bestimmung eines Endtermins eingesetzt, der Nacherbe aufschiebend bedingt oder befristet.

Der Vorerbe ist nach dem gesetzlichen Regelbild in seiner Rechtsmacht beschränkt (§§ 2113 ff. BGB). Nach § 2113 Abs. 1 BGB ist eine Verfügung des Vorerben im Falle des Eintritts der Nacherbfolge insoweit unwirksam, als sie das Recht des Nacherben vereiteln oder beeinträchtigen würden. Eine den §§ 2113 ff. BGB unterfallende Verfügung wird im Falle des Eintritts der Nacherbfolge *ex nunc* unwirksam.[673] Die mit dem Nacherbfall eintretende

---

671 Der Nacherbe beerbt nicht den Vorerben, einheitliche Meinung, s. etwa *Kipp/Coing* Erbrecht § 47 I vor 1; *v. Lübtow*, Erbrecht (1971), S. 868; *Lange/Kuchinke*, Erbrecht, 5. A. (2001), § 28 I 2a; *Brox/Walker*, Erbrecht, 27. A. (2016), Rn. 343; *Muscheler*, Erbrecht (2010), Bd. II, Rn. 2473; Burandt/Rojahn/*Lang*, Erbrecht, 2. A. (2014), Rn. 3; Soergel/*Harder/Wegmann*, BGB, 13. A. (2002), Vor § 2100 Rn. 1; Staudinger/*Avenarius*, BGB (Bearb. 2013), § 2100 Rn. 97; Bamberger/Roth/*Litzenburger*, BGB, 3. A. (2012), § 2100 Rn. 2; Erman/*M. Schmidt*, BGB, 15. A. (2017), § 2100 Rn. 8; *Jauernig/Stürner*, BGB, 16. A. (2015), § 2100 Rn. 1; NK-BGB/*Gierl*, 5. A. (2018), § 2100, Rn. 5; Palandt/*Weidlich*, BGB, 78. A. (2019), § 2100 Rn. 1; MüKoBGB/*Grunsky*, 7. A. (2017), § 2100 Rn. 1; *Zawar*, NJW 2007, 2353.

672 Palandt/*Weidlich*, BGB, 78. A. (2019), Einf. v. § 2100 Rn. 1.

673 *BGH*, NJW 1969, 2043 (2044); vgl. Staudinger/*Avenarius*, BGB (Bearb. 2013), § 2113 Rn. 32; Palandt/*Weidlich*, BGB, 78. A. (2019), § 2113 Rn. 8; Burandt/Rojahn/*Lang*, Erbrecht, 2. A. (2014), § 2113 Rn. 52.

Unwirksamkeit wirkt absolut und kann von jedermann geltend gemacht werden. Der Vorerbe ist nur Verfügungsberechtigter auf Zeit.[674] Der Nacherbe kann dem der Verfügungsbeschränkung unterliegenden Rechtsgeschäft jedoch zustimmen. Die Zustimmung hat zur Folge, dass die Verfügung in analoger Anwendung des § 185 BGB von Anfang an wirksam ist.[675] Rechtstechnisch ist die Zustimmung nicht im Sinne des § 182 BGB, sondern als ein Verzicht auf das Nacherbenrecht zu verstehen, sie schließt damit dessen Vereitelung oder Beeinträchtigung aus. Das Verfügungsgeschäft bleibt auch für die Zeit ab dem Nacherbfall wirksam.[676] Unabhängig von der Zustimmung des Nacherben, hat der Erblasser die Möglichkeit, den Vorerben von den Beschränkungen und Verpflichtungen des § 2113 Abs. 1 und der §§ 2114, 2116 bis 2119, 2123, 2127 bis 2131, 2133, 2134 BGB zu befreien (§ 2136 BGB).

Hier zeigen sich strukturelle Ähnlichkeiten zu dem Fall eines Testamentsvollstreckers, der nach § 2208 Abs. 1 S. 1 i.V.m. § 2205 S. 2 BGB in seiner Rechtsmacht beschränkt ist, und damit zugleich zur latenten Testamentsvollstreckung (gestufte Testamentsvollstreckung). In beiden Fällen ist der „Verwalter" des Nachlasses, im Fall der Nacherbschaft der Vorerbe und im anderen Fall der Testamentsvollstrecker, in seiner Rechtsmacht beschränkt. In beiden Fällen besteht ein gesetzliches Schuldverhältnis. In beiden Fällen muss der andere an dem gesetzlichen Schuldverhältnis Beteiligte (Erbe bzw. Nacherbe) an Maßnahmen mitwirken, die zur ordnungsmäßigen Verwaltung erforderlich sind. Es kommt daher in beiden Fällen zu einer kooperativen Verwaltungszuständigkeit. Die Situation, in welcher der Erbe mit einer aufschiebend bedingten Vollstreckung beschwert ist, ähnelt insoweit ebenfalls der Lage des Vor- und Nacherben.

Bereits der historische Gesetzgeber attestierte der Testamentsvollstreckung eine gewisse Nähe zur Vor- und Nacherbschaft.[677] Das zeitliche Aufeinanderfolgen verschiedener Erben desselben Erblassers führt dazu, dass der Nachlass

---

674 *BGHZ* 52, 269 (270).

675 *BGH*, NJW 1963, 2320; vgl. Staudinger/*Avenarius*, BGB (Bearb. 2013), § 2113 Rn. 17; Burandt/Rojahn/*Lang*, Erbrecht, 2. A. (2014), § 2113 Rn. 18. Sind Nachnacherben bestimmt, so müssen auch sie oder für sie bestellte Pfleger zustimmen, vgl. Staudinger/*Avenarius*, BGB, (Bearb. 2013), § 2113 Rn. 32; *Heider*, ZEV 1995, 1; Burandt/Rojahn/*Lang*, Erbrecht, 2. A. (2014), § 2113 BGB Rn. 20.

676 *BGH*, NJW 1963, 2320 (2322); *OLG München*, NJW-RR 2014, 8 (9); *OLG Schleswig*, RPfleger 1968, 325; Palandt/*Weidlich*, BGB, 78. A. (2019), § 2113 Rn. 6; BeckOK-BGB/*Litzenburger*, Stand: 01.05.2013, § 2113, Rn. 26.

677 *Mugdan*, Denkschrift, S. 866.

zunächst in der Hand des Vorerben ein rechtlich getrenntes Sondervermögen bildet. Die Entstehung des Sondervermögens wird nach allgemeiner Meinung damit begründet, dass für die Nachlassgegenstände im Interesse des Nacherben Sonderregelungen bestehen. Zu nennen sind insbesondere die in § 2111 BGB geregelte dingliche Surrogation sowie die in den §§ 2113 ff. BGB geregelten Verfügungsbeschränkungen.[678]

II. Denkbare Kombinationen

Die Kombination von Testamentsvollstreckung und Einsetzung eines Nacherben ist grundsätzlich in folgenden Konstellationen denkbar:

- Die Testamentsvollstreckung gilt nur während der Vorerbschaft (Konstellation 1). Hierzu zählen die Testamentsvollstreckung für den Vorerben sowie die Nacherbenvollstreckung nach § 2222 BGB.
- Die Testamentsvollstreckung gilt sowohl für die Vor- als auch für die Nacherbschaft (Konstellation 2).
- Die Testamentsvollstreckung gilt nur für die Nacherbschaft und tritt nach Eintritt des Nacherbfalls in Kraft (Konstellation 3).

1. Testamentsvollstreckung während der Vorerbschaft (Konstellation 1)

a) Testamentsvollstreckung für den Vorerben

Während der Vorerbschaft kann sich die Testamentsvollstreckung auf den Vorerben und/oder auf den Nacherben beziehen. Soweit sich die Testamentsvollstreckung allein auf den Vorerben bezieht, hat der Testamentsvollstrecker nur die Befugnisse, die der Erbe selbst hätte, wenn keine Testamentsvollstreckung angeordnet wäre.[679] Seine Rechtsmacht wird durch die §§ 2113 ff. BGB eingeschränkt, soweit der Vorerbe nicht von den Beschränkungen befreit ist.[680] Das

---

678 Vgl. etwa Palandt/*Weidlich*, BGB, 78. A. (2019), § 2100 Rn. 2; BeckOK-BGB/*Litzenburger*, 43. Ed. 15.06.2017, § 2100 Rn. 25; Erman/*M. Schmidt*, BGB, 15. A. (2017), § 2111 BGB, Rn. 1.

679 Staudinger/*Reimann*, BGB (Bearb. 2016), § 2205 Rn. 226.

680 *Lange/Kuchinke*, Erbrecht, 5. A. (2001), § 31 VI 2 a); Staudinger/*Reimann*, BGB (Bearb. 2016), § 2205 Rn. 226; MüKoBGB/*Zimmermann*, 7. A. (2017), § 2222 Rn. 9; Erman/*M. Schmidt*, BGB, 15. A. (2017), § 2222 Rn. 4; Palandt/*Weidlich*, 77. A. (2018), § 2205 Rn. 24; *OLG München*, ZEV 2016 325; a.A. Bamberger/Roth/*J. Mayer*, BGB, 3. A. (2012), § 2205 Rn. 4, und *Winkler*, Der Testamentsvollstrecker, 22. A. (2016), Rn. 215, wobei die von der a.M. zitierte Entscheidung *RGZ* 1938, 1454 den Sachverhalt eines befreiten Vorerben betrifft.

heißt, der Testamentsvollstrecker kann die in den §§ 2113 ff. BGB bezeichneten Rechtsgeschäfte nur unter Mitwirkung des Nacherben vornehmen.[681] Dabei steht ihm der Anspruch des Vor- gegen den Nacherben nach § 2120 BGB zur Seite. Danach ist der Nacherbe dem Vorerben gegenüber verpflichtet, seine Einwilligung zu einer Verfügung zu erteilen, die der Vorerbe nicht mit Wirkung gegen den Nacherben vornehmen kann, die aber zur ordnungsmäßigen Verwaltung erforderlich ist, insbesondere zur Berichtigung von Nachlassverbindlichkeiten. Die Wirkungen der Testamentsvollstreckung treten während der Dauer der Vorerbschaft uneingeschränkt ein. Die Frage nach Vorwirkungen auf einen dem Bedingungseintritt (Eintritt des Nacherbfalls) vorgelagerten Zeitpunkt stellt sich dann nicht.

Fraglich ist, ob auch die Testamentsvollstreckung während der Vorerbschaft eine gestufte und damit latente sein kann. Problematisch erscheint dabei eine Latenzphase, in der ein in der Verfügungsmacht beschränkter Testamentsvollstrecker (§ 2208 Abs. 1 S. 1 i.V.m. §§ 2205, 2206 BGB) den Nachlass für den Vorerben verwaltet. Soweit die Rechtsmacht nicht beim Testamentsvollstrecker liegt, bleibt sie beim Erben. Aufgrund der Sperrwirkung des § 2211 Abs. 1 BGB sehen sich der Vorerbe und der Testamentsvollstrecker hinsichtlich der Verfügungsmacht allerdings ebenfalls mit einer Pattsituation[682] konfrontiert.

Aufgelöst wird die Pattsituation auch in diesem Fall über eine analoge Anwendung der §§ 177, 180, 182 ff. BGB. Danach kann der Testamentsvollstrecker nur unter Mitwirkung des Vorerben verfügen. Der nicht befreite Vorerbe hat jedoch zusätzlich die Beschränkungen der §§ 2112 bis 2115 BGB zu berücksichtigen. Das heißt, insbesondere bei Verfügungen über Grundstücke (§ 2113 BGB) bedarf es der Mitwirkung des Nacherben, ggf. Nachnacherben oder deren Ergänzungspflegern. Damit erweitert sich die kooperative Verwaltungszuständigkeit von zwei auf mindestens drei Personen.

---

681 H.M.: etwa Palandt/*Weidlich*, BGB, 78. A. (2019), § 2113 Rn. 1, § 2120 Rn. 1; *Harder* ist dagegen der Ansicht, dass § 2113 BGB, wonach die Verfügung des Vorerben über ein zur Erbschaft gehörendes Grundstück sowie eine unentgeltliche Verfügung über andere zur Erbschaft gehörende Gegenstände im Falle des Eintritts der Nacherbfolge insoweit unwirksam sind, als sie das Recht des Nacherben vereiteln oder beeinträchtigen würden, keine Anwendung findet, wenn die Verfügung zur Berichtigung von Nachlassverbindlichkeiten oder zur ordnungsmäßigen Verwaltung der Erbschaft erforderlich ist (siehe DNotZ 1994, 822 (837).

682 Siehe hierzu Kapitel 4 § 3.

Das Gleiche gilt für die Variante der Erben-Mittestamentsvollstreckung. Der Vorerbe kann als Mittestamentsvollstrecker nicht mehr Befugnisse haben, als er ohne Testamentsvollstreckung hätte.

b) Nacherbenvollstreckung (§ 2222 BGB)

Die Nacherbenvollstreckung (§ 2222 BGB) beschränkt nicht den Vorerben, der ohnehin durch die Einsetzung eines Nacherben belastet ist, sondern den Nacherben, da dieser seine Rechte nicht selbst wahrnehmen und seine Pflichten nicht erfüllen kann.[683] Der Testamentsvollstrecker hat bei der Nacherbentestamentsvollstreckung nicht mehr, aber auch nicht weniger Rechte und Pflichten, als sie dem Nacherben im Allgemeinen gegenüber einem Vorerben vor Eintritt des Nacherbfalls zustehen.[684] Der Aufgabenbereich des Nacherben ergibt sich daher aus den §§ 2116–2123, 2127, 2128 BGB und aus § 773 ZPO und nicht aus den §§ 2205 ff. BGB.[685] Der Testamentsvollstrecker hat insbesondere kein allgemeines Verwaltungsrecht.[686]

Möchte der Erblasser die Wirkungen einer regulären Testamentsvollstreckung, insbesondere die der §§ 2211, 2214 BGB, zum Tragen bringen, muss er für den Vorerben ebenfalls Testamentsvollstreckung anordnen. Die Wirkungen der Testamentsvollstreckung lassen sich mit einer bloßen Nacherbenvollstreckung daher nicht begründen. Der Testamentsvollstrecker tritt während der Vorerbschaft lediglich im Hintergrund in Erscheinung.

2. Die Testamentsvollstreckung gilt für die Vor- und für die Nacherbschaft (Konstellation 2)

Die Frage nach Vorwirkungen[687] der Testamentsvollstreckung stellt sich in der Konstellation 2 nicht, da die Testamentsvollstreckung ohnehin für die Vor- und Nacherbschaft gilt. Der Nachlass ist damit lückenlos mit Testamentsvollstreckung behaftet. Das Verwaltungsrecht des Testamentsvollstreckers bestimmt

---

683 MüKoBGB/*Zimmermann*, 7. A. (2017), § 2222 Rn. 2; Staudinger/*Reimann*, BGB (Bearb. 2016), § 2222 Rn. 4; Palandt/*Weidlich*, BGB, 78. A. (2019), § 2222 Rn. 2.

684 *BGHZ* 127, 260 (263); Soergel/*Damrau*, BGB, 13. A. (2002), § 2222 Rn. 5 ff.; Bengel/Reimann/*Schaub*, HbTV, 6. A. (2017), § 4 Rn. 209; Staudinger/*Reimann*, BGB (Bearb. 2016), § 2222 Rn. 11 ff.

685 MüKoBGB/*Zimmermann*, 7. A. (2017), § 2222 Rn. 5; Staudinger/*Reimann*, BGB (Bearb. 2016), § 2222 Rn. 11,

686 Staudinger/*Reimann*, BGB (Bearb. 2016), § 2222 Rn. 11; MüKoBGB/*Zimmermann*, 7. A. (2017), § 2222 Rn. 2; Palandt/*Weidlich*, BGB, 78. A. (2019), § 2222 Rn. 3.

687 Siehe hierzu Kapitel 5 § 2.

sich nach § 2205 S. 1 BGB, seine Verfügungsmacht nach § 2205 S. 2 BGB.[688] Die Verfügungsbeschränkungen des § 2113 BGB gelten grundsätzlich nicht.[689] Der Erblasser kann die Rechtsmacht des Testamentsvollstreckers dennoch durch Beschränkungen latent ausgestalten.[690] Es stellen sich dann dieselben Fragen wie bei einem Nachlass ohne Nacherbfolge. Auch eine aufschiebend bedingte Testamentsvollstreckung im Hinblick auf den Vorerben ist denkbar.[691]

3. *Die Testamentsvollstreckung gilt nur für die Nacherbschaft und tritt nach Eintritt des Nacherbfalls in Kraft (Konstellation 3)*

Sofern nur für den Nacherbfall Testamentsvollstreckung angeordnet ist, ergeben sich keine Unterschiede zu einer Testamentsvollstreckung, die unter einer echten aufschiebenden Bedingung steht.[692] Das Amt des Testamentsvollstreckers und die Wirkungen der Testamentsvollstreckung beginnen erst mit dem Nacherbfall.

§ 6 Ergebnisse

Der Erblasser kann die Wirkungen der Testamentsvollstreckung von dem Eintritt eines bestimmten, von ihm frei wählbaren Ereignisses abhängig machen. Es ist eine Frage der Auslegung des Erblasserwillens, ob der Erblasser den Testamentsvollstrecker unter einer echten aufschiebenden Bedingung ernennt oder eine gestufte Testamentsvollstreckung anordnen möchte.

Eine echte aufschiebende Bedingung suspendiert die Wirkungen der Testamentsvollstreckung bis zum Eintritt der Bedingung. Der Testamentsvollstrecker hat in der Latenzzeit kein Verwaltungsrecht, lediglich einen vorbereitenden Auskunftsanspruch gegen den Erben (§ 2218 Abs. 1 i.V.m. § 666 i.V.m. §§ 269, 260 BGB). Der Erbe kann, sofern er nicht den Beschränkungen

---

688 *Lange/Kuchinke*, Erbrecht, 5. A. (2001), § 31 VI 2.

689 *BGHZ* 40, 115 (119); *BayObLG*, MitBayNot 1991, 122 (123); *KG*, OLGZ 30, 200; 34, 298; *OLG Dresden*, OLGZ 35, 372; *OLG Neustadt/Weinstr.*, NJW 1956, 1881; Planck/*Flad*, 4. A. (1930), § 2205 Rn. 7a; Staudinger/*Avenarius*, BGB (Bearb. 2013), § 2113 Rn. 7; Staudinger/*Reimann*, BGB (Bearb. 2016), § 2205 Rn. 227; Erman/*M. Schmidt*, BGB, 15. A. (2017), § 2113 BGB, Rn. 2; *Lange/Kuchinke*, Erbrecht, 5. A. (2001), § 31 VI 2 a); a.A. *Greiser*, DFG 1936, 245 (247).

690 Siehe hierzu Kapitel 4.

691 Siehe hierzu oben Ziffer 2.

692 Siehe hierzu oben Kapitel 5 § 3.

eines Vor- oder Miterben unterliegt, frei über die Nachlassgegenstände verfügen (§ 2211 Abs. 1 BGB).

Bei einer gestuften Ernennung des Testamentsvollstreckers bestehen die Wirkungen der Testamentsvollstreckung lückenlos. Der Erblasser hat zwei Gestaltungsmöglichkeiten, um eine gestufte Testamentsvollstreckung anzuordnen:

- In der ersten Variante ernennt der Erblasser den Erben zum Erben-Mittestamentsvollstrecker (§ 2224 BGB). Der Erbe ist dann wie ein weiterer Testamentsvollstrecker mitwirkungsberechtigt, d.h. auch im Hinblick auf Verfügungen über Nachlassgegenstände und sonstige Verwaltungsmaßnahmen.
- In der zweiten Variante beschränkt der Erblasser den Testamentsvollstrecker in seiner Verfügungsmacht (§ 2208 Abs. 1 S. 1 i.V.m. § 2205 S. 2 BGB). Verfügungen über Nachlassgegenstände sind dann nur mit der Zustimmung des Erben möglich (§§ 177, 180, 182 ff. BGB analog). Der Erbe ist von sonstigen Verwaltungsmaßnahmen ausgeschlossen.

Kapitel 6 Latenzfall 2: Ämterkonkurrenz und konkurrenzähnliche Situationen

§ 1 Überblick

In der zweiten der oben in Kapitel 4 § 1 gebildeten Fallgruppen besteht hinsichtlich der Ernennung des Testamentsvollstreckers Klarheit. Auch das Amt des Testamentsvollstreckers hat bereits begonnen. Der Testamentsvollstrecker trifft jedoch bei der Ausübung seines Amtes auf eine Person, die ebenfalls mit Wirkung für den Nachlass bzw. für den Erben tätig wird. Als Personen neben dem Testamentsvollstrecker kommen in Betracht:

- ein vom Erblasser Bevollmächtigter
- die Eltern des Erben
- der Vormund des Erben
- ein Ergänzungspfleger des Erben
- der Betreuer des Erben
- ein Nachlasspfleger
- ein Nachlassverwalter oder
- ein Insolvenzverwalter.

Es stellt sich dann die Frage, ob das Amt des Testamentsvollstreckers und die Wirkungen der Testamentsvollstreckung ruhen oder ob beide Personen nebeneinander mit unterschiedlichen Machtbereichen tätig werden. Die gleiche Frage stellt sich, wenn der zum Testamentsvollstrecker Ernannte zugleich der gesetzliche Vertreter oder der Ergänzungspfleger des Erben sein soll (Personenidentität).

§ 2 Bevollmächtigung und Testamentsvollstreckung

Einem Erblasser, der die Abwicklung und Verwaltung seines Nachlasses durch eine vom ihm ausgewählte Person steuern möchte, stehen zur Erreichung dieses Ziels zwei rechtliche Mittel zur Verfügung: Er kann eine Person über seinen Tod hinaus bevollmächtigen und/oder einen Testamentsvollstrecker ernennen.[693]

---

693 Siehe etwa Bengel/Reimann/*Dietz*, HbTV, 6. A. (2017), § 1 Rn. 35; Staudinger/*Reimann*, BGB (Bearb. 2016), Vorbem. zu §§ 2197 ff., Rn. 59; *Joachim/Lange*, ZEV 2019, 62; *v. Schwander*, RNotZ 2019, 57.

I. Vollmachten mit Bezug auf den Nachlass

Bei den Vollmachten, die über den Tod des Erblassers hinausreichen, wird zwischen transmortalen und postmortalen Vollmachten unterschieden.[694] Postmortale Vollmachten ermächtigen erst mit dem Tod des Erblassers zum Handeln.[695] Transmortale Vollmachten können bereits zu Lebzeiten des Vollmachtgebers ausgeübt werden und erlöschen nicht mit dem Tod des Erblassers.[696] Beide Vollmachten sind nach der ganz herrschenden Meinung[697] zulässig[698] und unterscheiden sich nur hinsichtlich ihres Beginns.[699] Sie ermöglichen Rechtsgeschäfte mit Wirkung für den Nachlass vorzunehmen, ohne dass der Erbe bereits feststeht oder der Testamentsvollstrecker sein Amt bereits angenommen hat (§ 2202 BGB).[700] Bevollmächtigter kann sowohl der Testamentsvollstrecker („Testamentsvollstreckervollmacht")[701] als auch der Erbe oder eine dritte Person sein („konkurrierende Vollmacht")[702].

Bei der „Testamentsvollstreckervollmacht"[703] sind die Befugnisse aufgrund der Vollmacht einerseits und aufgrund der Ernennung zum Testamentsvollstrecker andererseits grundsätzlich voneinander zu unterscheiden. Sofern vom Umfang der erteilten Vollmacht gedeckt, kann der Bevollmächtigte schon vor

---

694 Zum Meinungsstand ausführlich *Muscheler*, Die Haftungsordnung der Testamentsvollstreckung, Habil. (1994), S. 373 ff.

695 *Muscheler*, Erbrecht (2010), Bd. II, Rn. 2888; Palandt/*Weidlich*, BGB, 78. A. (2019), Einf. v. § 2197 Rn. 9; *v. Schwander*, RNotZ 2019, 57 (58); *Keim*, DNotZ 2008, 175 (176).

696 *Muscheler*, Erbrecht (2010), Bd. II, Rn. 2888; Palandt/*Weidlich*, BGB, 78. A. (2019), Einf. v. § 2197 Rn. 9; Staudinger/*Reimann*, BGB (Bearb. 2016), Vorbem. zu §§ 2197 ff. Rn. 60; *v. Schwander*, RNotZ 2019, 57 (58); *Weidlich*, MittBayNot 2013, 196; *Keim*, DNotZ 2008, 175 (176).

697 Std. Rspr. siehe etwa *RGZ* 114, 351 (354); *BGH*, NJW 1962, 1718 (1719); *BGH*, NJW 1969, 1245; *BGH*, NJW 1976, 1130; *BGH*, NJW 1983, 1487; *BGH*, FamRZ 1985, 693; *BGHZ* 99, 97; *BGHZ* 127, 239; *OLG Köln*, DNotZ 1993, 136; *OLG München*, ZEV 2014, 615; *OLG München*, FGPRax 2017, 65; BeckOK-OGK/*Grotheer*, Stand 01.05.2018, § 2197 Rn. 140; Palandt/*Weidlich*, BGB, 78. A. (2019), Einf. v. § 2197 Rn. 10 ff.; *Muscheler*, Die Haftungsordnung der Testamentsvollstreckung, Habil. (1994), S. 375 ff. sowie Erbrecht (2010), Bd. II, Rn. 2888 jeweils m.w.N. aus der Literatur.

698 Zur Zulässigkeit von trans- und postmortalen Vollmachten s. ausführlich *Muscheler*, Die Haftungsordnung der Testamentsvollstreckung, Habil. (1994), S. 375 ff.

699 Palandt/*Weidlich*, BGB, 78. A. (2019), Einf. v. § 2197 Rn. 9.

700 *Joachim/Lange*, ZEV 2019, 62 m.w.N.

701 *Becker*, ZEV 2018, 692.

702 *Becker*, ZEV 2018, 692 (693).

703 *Becker*, ZEV 2018, 692.

der Annahme des Amtes (§ 2202 BGB) über Nachlassgegenstände verfügen.[704] Auch das Schenkungsverbot gemäß § 2205 S. 3 i.V.m. § 2207 S. 2 BGB gilt nicht generell für den trans- bzw. postmortal Bevollmächtigen.[705] Der Bevollmächtigte muss auch nicht die Anordnungen befolgen, die der Erblasser für die Verwaltung durch letztwillige Verfügung getroffen hat (§ 2216 Abs. 2 BGB).[706] Anderseits verdrängt die Vollmacht den Erben nicht aus seiner Rechtsmacht (§ 2211 Abs. 1 BGB)[707] und schirmt den Nachlass auch nicht vor den Eigengläubigern des Erben ab (§ 2214 BGB).[708] Nach dem Erbfall bleibt die Vollmacht grundsätzlich jederzeit – auch für den Testamentsvollstrecker – widerruflich[709], die Ernennung des Testamentsvollstreckers als letztwillige Verfügung hingegen nicht.

Es zeigt sich, dass der Bestandsschutz und die Wirkungen der Vollmacht gegenüber der Testamentsvollstreckung erheblich schwächer sind.[710] Gleichwohl kann der Erblasser die rechtlichen Handlungsmöglichkeiten des Testamentsvollstreckers durch die Testamentsvollstreckervollmacht erweitern.

II. Konkurrierende Vollmacht

Zu einem echten Konkurrenzverhältnis zwischen dem Testamentsvollstrecker und dem Bevollmächtigten mit nebeneinander bestehenden Zuständigkeiten kann es kommen, wenn der Bevollmächtigte nicht zugleich der zum Testamentsvollstrecker Ernannte ist.[711] In diesem Fall stellt sich die Frage, in welchem Verhältnis die Rechtsmacht des Testamentsvollstreckers zur Rechtsmacht des Bevollmächtigten steht. Insbesondere ist auch bedeutsam, ob trans- und

704 *Becker*, ZEV 2018, 692 (692 f.).
705 *Becker*, ZEV 2018, 692 (693).
706 *Becker*, ZEV 2018, 692 (693).
707 *Muscheler* Die Haftungsordnung der Testamentsvollstreckung, Habil. (1994), S. 377; Staudinger/*Reimann*, BGB (Bearb. 2016), Vorbem. zu § 2197 ff. Rn. 72.
708 *Muscheler* Die Haftungsordnung der Testamentsvollstreckung, Habil. (1994), S. 377; Staudinger/*Reimann*, BGB (Bearb. 2016), Vorbem. zu § 2197 ff. Rn. 74.
709 Zur Frage, ob die postmortale Vollmacht unwiderruflich ausgestaltet werden kann, siehe ausführlich *Muscheler* Die Haftungsordnung der Testamentsvollstreckung, Habil. (1994), S. 385 ff.; BeckOK-OGK/*Grotheer*, Stand 01.05.2018, § 2197 Rn. 169 ff.; Staudinger/*Reimann*, BGB (Bearb. 2016), Vorbem. zu §§ 2197 ff. Rn. 88 ff.; Palandt/*Weidlich*, BGB, 78. A. (2019), Einf. v. § 2197 Rn. 13.
710 *Muscheler* Die Haftungsordnung der Testamentsvollstreckung, Habil. (1994), S. 377; Staudinger/*Reimann*, BGB (Bearb. 2016), Vorbem. zu § 2197 ff. Rn. 72.
711 *Becker*, ZEV 2018, 692 (692 ff.).

postmortale Vollmachten für Dritte die Rechte des Testamentsvollstreckers begrenzen oder ob die Verdrängungswirkung der Testamentsvollstreckung auch für den Bevollmächtigen gilt.

1. Meinungsstand

Zur Auflösung des Konkurrenzverhältnisses zwischen Testamentsvollstreckung und Bevollmächtigung werden drei Standpunkte vertreten:[712]

- Die herrschende Meinung[713] geht von einem generellen Nebeneinander von Testamentsvollstreckung und Bevollmächtigung aus. Danach sind Testamentsvollstreckung und Bevollmächtigung voneinander unabhängig. Das soll insbesondere gelten für die zeitliche Abfolge der Ernennung des Testamentsvollstreckers bzw. der Erteilung der Vollmacht.[714] Das Hauptargument für diese isolierende Betrachtungsweise ist, dass der Bevollmächtigte seine Rechtsmacht nicht vom Erben herleite, sondern vom Erblasser selbst.[715] Die Verdrängungswirkung gemäß § 2211 Abs. 1 BGB würde danach nicht für den Bevollmächtigten gelten.
- Eine andere Meinung geht davon aus, dass die Rechtsmacht des Bevollmächtigten nur dann nicht durch die Verdrängungswirkung der Testamentsvollstreckung eingeschränkt ist, wenn und soweit der Erblasserwille erkennbar ist, dass die Rechtsmacht des Testamentsvollstreckers nach § 2208 Abs. 1

---

712 Hierzu grundlegend Bengel/Reimann/*Dietz*, HbTV, 6. A. (2017), § 1 Rn. 35 ff.; Staudinger/*Reimann*, BGB (Bearb. 2016), Vorbem. zu § 2197 ff. Rn. 76; *Weidlich*, MittBayNot 2013, 196; *Becker*, ZEV 2018, 692 (693).

713 Aus der Rechtsprechung siehe etwa *RGZ* 88, 345; 106, 186; *BGH*, NJW 1962, 1718 (1719); *KGJ* 37, A 231 (237 f.); *OLG Hamm*, BB 1956, 900; *OLG Köln*, NJW-RR 1992, 1357; *OLG München*, ZEV 2012, 376; Staudinger/*Schilken*, BGB (Bearb. 2014), § 168 Rn. 32a; MüKoBGB/*Schubert*, 8. A. (2018), § 168 Rn. 40 ff.; BeckOK-OGK/*Grotheer*, Stand 01.05.2018, § 2197 Rn. 158 ff.; *Muscheler* Die Haftungsordnung der Testamentsvollstreckung, Habil. (1994), S. 381; *Endemann*, Erbrecht, 1. Hälfte, § 30 V b; Soergel/*Leptien*, BGB, 13. A. (1999), § 168 Rn. 31; Soergel/*Damrau*, BGB, 13. A. (2002), § 2205 Rn. 62; BeckOK-BGB/*Lange*, 49. Ed. 01.02.2019, § 2197 Rn. 40; Erman/*M. Schmidt*, 15. A. (2017), BGB, Vor § 2197 Rn. 9; Palandt/*Weidlich*, Einf. v. § 2197 Rn. 12; BeckOGK/*Grotheer*, 01.05.2018, § 2197 Rn. 158; *Merkel* WM 1987, 1001 (1003 f.); *Kurze*, ZErb 2008, 399 (408 f.).

714 *RGZ* 88, 345; 106, 186; *BGH*, WM 1962, 840; *OLG Hamburg*, DNotZ 1967, 31; *OLG München*, ZEV 2012, 376; Bengel/Reimann/*Dietz*, HbTV, 6. A. (2017), § 1 Rn. 36.

715 Siehe etwa Bengel/Reimann/*Dietz*, HbTV, 6. A. (2017), § 1 Rn. 36.

BGB eingeschränkt ist. Diesen Standpunkt vertritt *Zimmermann* für den bevollmächtigten Erben.[716]

- *Reimann* geht von einem generellen Vorrang der Testamentsvollstreckung aus.[717] Nach ihm beruht der Übergang bzw. die Entstehung der über den Tod hinausdauernden Vollmacht nicht auf dem Willen des Erblassers, sondern auf dem Grundsatz der Universalsukzession, wonach alle nicht höchstpersönlichen Rechte und Pflichten auf den Erben übergehen.[718] Der vom Erblasser Bevollmächtigte sei nach dem Erbfall als Bevollmächtigter des Erben anzusehen.[719] Deshalb könne er auch nur im Rahmen der Verfügungsmacht des Erben handeln.[720] Demnach wäre der Bevollmächtigte aufgrund der Testamentsvollstreckung gemäß § 2211 Abs. 1 BGB aus seiner Verfügungsmacht verdrängt.[721]

2. *Stellungnahme*

Bei genauer Betrachtung des Meinungsspektrums zeigt sich, dass bei der Untersuchung des Konkurrenzverhältnisses von Bevollmächtigung und Testamentsvollstreckung zwei Themen auseinandergehalten werden müssen, aus denen sich folgende Prüfstruktur[722] ergibt:

- Erstens muss geprüft werden, ob der vom Erblasser Bevollmächtigte wie der Erbe selbst der Verdrängungswirkung der Testamentsvollstreckung (§ 2211 Abs. 1 BGB) unterliegt.
- Das zweite Thema ist eine Frage der Auslegung bzw. der Rechtsgestaltung, nämlich, ob eine Einschränkung der Befugnisse des Bevollmächtigten oder des Testamentsvollstreckers (§ 2208 Abs. 1 BGB) durch den Erblasser im Hinblick auf den jeweils anderen angenommen bzw. gestaltet werden kann.

Man könnte nun versuchen, die Antwort auf die Frage, ob der vom Erblasser Bevollmächtigte wie der Erbe selbst der Verdrängungswirkung der Testamentsvollstreckung (§ 2211 Abs. 1 BGB) unterliegt, wiederum in der Antwort auf die Frage zu suchen, wer nach dem Erbfall der Vertretene – also das

716 MüKoBGB/*Zimmermann*, 7. A. (2017), § 2211 Rn. 13.
717 Staudinger/*Reimann*, BGB (Bearb. 2016), Vorbem. zu § 2197 ff. Rn. 60, 80.
718 Staudinger/*Reimann*, BGB (Bearb. 2016), Vorbem. zu § 2197 ff. Rn. 60, 80.
719 Staudinger/*Reimann*, BGB (Bearb. 2016), Vorbem. zu § 2197 ff. Rn. 60, 80.
720 Staudinger/*Reimann*, BGB (Bearb. 2016), Vorbem. zu § 2197 ff. Rn. 60, 80.
721 Staudinger/*Reimann*, BGB (Bearb. 2016), Vorbem. zu § 2197 ff. Rn. 60.
722 So auch *v. Schwander*, RNotZ 2019, 57 (63).

Zurechnungssubjekt – ist.[723] Klar ist, dass der Bevollmächtigte nicht für den abstrakten Nachlass handelt.[724] Klar ist auch, dass die Rechtsfolgen der betätigten trans- oder postmortalen Vollmacht den Erben als den neuen Inhaber des Nachlassvermögens treffen.[725] Die hier zu beantwortende Frage ist jedoch perspektivisch[726] eine andere. Es geht nicht darum, wer der Vertretene ist und wen die Rechtsfolgen treffen. Entscheidend ist vielmehr, vom wem der Bevollmächtigte seine Rechtsposition herleitet.[727] Dies muss nicht zwingend der Vertretene als das Zurechnungssubjekt sein.

Muscheler stellt hierzu fest, dass nicht der Erbe, sondern der Erblasser die Vollmacht erteilt hat.[728] Diese Aussage muss in ihrer Klarheit ungeachtet des oft zu lesenden Satzes, dass die Vollmacht nach dem Tod des Vollmachtgebers wie eine von den Erben selbst erteilte Vollmacht wirkt,[729] bestehen bleiben. *Muscheler* stellt in diesem Kontext weiter fest, dass es nach dem Erbfall zu einem Auseinanderfallen zwischen der Person des Vollmachtgebers und der des Vertretenen kommt.[730] Folgerichtig muss mit *Muscheler* weiter differenziert werden: „Soweit es um das Zurechnungssubjekt der Rechtswirkungen geht, ist die Person des Erben entscheidend. Soweit Art, Ausmaß und Voraussetzungen der Vollmachtswirkungen in Frage stehen, bleibt die Tatsache zu berücksichtigen, dass es der Erblasser war, der die Vollmacht erteilt hat. Es wird also, pointiert gesprochen, nicht die Vollmachtgeberposition, sondern nur die Person des Vertretenen vererbt“[731]. Mit dem Erbfall tritt lediglich eine Änderung in der Person des Vertretenen ein, nicht aber hinsichtlich des Umfangs und Inhalts der Vollmacht.[732]

---

723 Ausführlich zum Meinungsstand *Muscheler*, Die Haftungsordnung der Testamentsvollstreckung, Habil. (1994), S. 379 ff.

724 Staudinger/*Reimann*, BGB (Bearb. 2016), Vorbem. zu § 2197 ff. Rn. 71.

725 *Muscheler*, Die Haftungsordnung der Testamentsvollstreckung, Habil. (1994), S. 380.

726 In diesem Zusammenhang grundsätzlich zu den Perspektiven, aus denen heraus die rechtliche Beurteilung zu erfolgen hat, siehe *Muscheler*, Die Haftungsordnung der Testamentsvollstreckung, Habil. (1994), S. 380.

727 Siehe hierzu *Muscheler*, Die Haftungsordnung der Testamentsvollstreckung, Habil. (1994), S. 380.

728 *Muscheler*, Die Haftungsordnung der Testamentsvollstreckung, Habil. (1994), S. 380.

729 MüKoBGB/*Leipold*, 7. A. (2017), § 1922 Rn. 67; Staudinger/*Reimann*, BGB (Bearb. 2016), Vorbem. zu § 2197 ff. Rn. 72.

730 *Muscheler*, Die Haftungsordnung der Testamentsvollstreckung, Habil. (1994), S. 380.

731 *Muscheler*, Die Haftungsordnung der Testamentsvollstreckung, Habil. (1994), S. 380.

732 MüKoBGB/*Leipold*, 8. A. (2018), § 168 Rn. 51 f.; Palandt/*Weidlich*, Einf. v. § 2197 Rn. 10.

Bei der hier zu beantwortenden Frage geht es nicht um das Zurechnungssubjekt, sondern um Art und Ausmaß der Wirkungen der Vollmacht, weshalb auf die Person des Erblassers abzustellen ist. Der Erblasser selbst kann nicht der Verdrängungswirkung der von ihm selbst angeordneten Testamentsvollstreckung unterliegen. Das muss im Grundsatz auch für seinen Bevollmächtigten gelten. Der Erbe rückt im Wege der Universalsukzession in die Rechtslagen ein, die der Erblasser geschaffen hat.[733] Er bekommt nur die Position des Vertretenen vererbt. Diese Sicht verstößt auch nicht gegen den Grundsatz, dass der Erblasser keine Befugnisse bei sich zurückbehalten kann (*nemo minus iuris transferre potest quam ipse habet*).[734] Denn durch die trans- und postmortale Vollmacht behält der Erblasser keine Rechte zurück, er schafft lebzeitig eine Rechtslage, in die der Erbe eintritt. Dies wäre auch ohne Testamentsvollstreckung zweifelsfrei möglich. Die Ernennung eines Testamentsvollstreckers kann hieran nichts ändern.

Aus diesen Gründen kann die Verdrängungswirkung der Testamentsvollstreckung nur zu Lasten des Erben, nicht aber zu Lasten des Bevollmächtigten wirken.[735] Richtig erscheint es daher, mit der differenzierenden Sichtweise von *Muscheler*, von dem Grundsatz auszugehen, dass die konkurrierende Vollmacht durch die Rechtswirkungen der Testamentsvollstreckung nicht eingeschränkt wird.

3. *Regelungsmöglichkeiten*

Die Meinungen von *Reimann* und *Zimmermann* sind jedoch bei der zweiten hier zu lösenden Frage zu berücksichtigen. Denn im Allgemeinen, so konstatiert das OLG München in seinem Beschluss vom 15. November 2011 (Az.: 34 Wx 388/11)[736], „wird es der maßgebliche Wille des Erblassers sein, dass keine voneinander unabhängigen Machtbefugnisse verschiedener Personen (Testamentsvollstrecker hier, Bevollmächtigter da) mit gegenseitiger Störungsmöglichkeit nebeneinander bestehen."[737] Die Auflösung der Konkurrenz zwischen

---

733 *Muscheler*, Die Haftungsordnung der Testamentsvollstreckung, Habil. (1994), S. 376.

734 Siehe hierzu *Kegel*, FS Richard Lange (1976), 927 (939 f.); *Reimann*, FamRZ 1995, 588 (592).

735 *Muscheler*, Die Haftungsordnung der Testamentsvollstreckung, Habil. (1994), S. 381; *Endemann*, Erbrecht, 1. Hälfte, § 30 V b; MüKoBGB/*Schubert*, 8. A. (2018), § 168 Rn. 52; BeckOK-OGK/*Grotheer*, Stand 01.05.2018, § 2197 Rn. 158; *v. Schwander*, RNotZ 2019, 57 (63).

736 DNotZ 2012, 303.

737 DNotZ 2012, 303 (304); so auch *Becker*, ZEV 2018, 692 (693 f.).

dem Bevollmächtigten und dem Testamentsvollstrecker durch Einschränkung der Befugnisse des Bevollmächtigten oder des Testamentsvollstreckers (§ 2208 BGB) kann demnach im Sinne des Erblassers sein.

Die Regelungs- und Auslegungsmöglichkeiten zur Auflösung des Konkurrenzverhältnisses zwischen dem Testamentsvollstrecker und dem Bevollmächtigten lassen sich in drei Kategorien einteilen:[738]

- Erstens könnte der Erblasser Anordnungen zum Bestand der Vollmacht bzw. zur Ernennung des Testamentsvollstreckers treffen.
- Zweitens könnte der Erblasser Regeln für das Innenverhältnis der Vollmacht treffen.
- Drittens könnte der Erblasser die Rechte des Testamentsvollstreckers gemäß § 2208 Abs. 1 BGB beschränken oder Anordnungen für die Verwaltung des Nachlasses gemäß § 2216 Abs. 2 BGB treffen.

Die erste Kategorie betrifft das grundsätzlich bestehende Recht zum Widerruf der Vollmacht, welches nach dem Erbfall nicht nur dem Erben, sondern auch dem Testamentsvollstrecker zusteht.[739] Um den Erfolg der Testamentsvollstreckung nicht zu gefährden, könnte der Erblasser den Testamentsvollstrecker ermächtigen, etwaige Erblasservollmachten, die im Rahmen der ordnungsmäßigen Verwaltung hinderlich sind, zu widerrufen. Der Widerruf wäre – wie auch im gesetzlichen Regelfall – in das Ermessen des Testamentsvollstreckers gestellt.[740] Eine gewisse Exklusivität der Testamentsvollstreckung könnte der Erblasser dadurch erreichen, dass er den Widerruf der Vollmachten bereits im Rahmen der Ernennung der Testmentsvollstreckung regelt. Der Erblasser könnte anordnen, dass er sämtliche zu Lebzeiten erteilte Vollmachten mit dem Erbfall oder mit der Annahme des Amtes des Testamentsvollstreckers (§ 2202 BGB) widerruft.[741]

Die zweite Kategorie betrifft nur das Innenverhältnis der Vollmacht. Der Bestand und der Umfang der Vollmacht im Verhältnis zu Dritten bleibt hierbei unberührt. *Becker* hat hierfür

- die „*Amtsannahmelösung*“
- die „*Ressortlösung*“ sowie

---

738 Instruktiv zu den Regelungsmöglichkeiten *Becker*, ZEV 2018, 692 ff.

739 *Becker*, ZEV 2018, 692 (693).

740 Siehe *Becker*, ZEV 2018, 692 (693 f.), der hierfür den Begriff „autonome Lösung“ gebildet hat.

741 *Becker*, ZEV 2018, 692 (694).

- die „*Konkurrenzlösung mit Zustimmungserfordernissen im Innenverhältnis zugunsten des Testamentsvollstreckers*“

entwickelt.[742]

Nach der „*Amtsannahmelösung*“ darf der Bevollmächtige mit dem Eintritt des Erbfalls von der Vollmacht nicht mehr Gebrauch machen, wenn und soweit ein Testamentsvollstrecker sein Amt angenommen hat und ihm die zum Nachweis seiner Amtsstellung erforderlichen Unterlagen erteilt worden sind. Bei der „*Ressortlösung*“ darf der Bevollmächtigte von der Vollmacht nicht mehr in den Bereichen Gebrauch machen, für die der Erblasser Testamentsvollstreckung angeordnet hat. Bei der „*Zustimmungslösung*“ darf der Bevollmächtigte von der Vollmacht nur mit Zustimmung des Testamentsvollstreckers Gebrauch machen. Es handelt sich also um eine kooperative Verwaltungszuständigkeit, die ein echtes Nebeneinander von Vollmacht und Testamentsvollstreckung ermöglicht. Bei der „*Amtsannahmelösung*“ und der „*Ressortlösung*“ stehen Testamentsvollstreckung und Bevollmächtigung im Hinblick auf den Verwaltungsgegenstand in einem Alternativverhältnis. Bei allen drei Lösungen der zweiten Kategorie bleiben die Wirkungen der Testamentsvollstreckung gegenüber dem Erben (§ 2211 Abs. 1 BGB, Verdrängungswirkung) und gegenüber den Eigengläubigern des Erben (§ 2214 BGB, Abschirmwirkung) unberührt.

Die dritte Kategorie betrifft die Befugnisse des Testamentsvollstreckers. Der Erblasser könnte im Wege einer Verwaltungsanordnung (§ 2216 Abs. 2 BGB) festlegen, dass der Testamentsvollstrecker bei bestimmten Rechtshandlungen der Zustimmung des Bevollmächtigten bedarf. *Becker* verwendet hierfür den Begriff „*Konkurrenzlösung mit Zustimmungserfordernissen im Wege der Verwaltungsanordnung zu Gunsten des Vollmachtnehmers im Testament/Erbvertrag*“[743]. Wenn der Erblasser noch einen Schritt weiter gehen möchte, könnte er die Rechtsmacht des Testamentsvollstreckers gemäß § 2208 Abs. 1 BGB beschränken, also latent[744] ausgestalten.[745] Der Bevollmächtigte wäre dann verfügungsbefugt, wenn der Erblasser dem Testamentsvollstrecker die Verfügungsmacht gemäß § 2208 Abs. 1 S. 1 i.V.m. § 2205 S. 2 BGB entzogenen hat. Der Erbe wäre gemäß § 2211 Abs. 1 BGB verdrängt.

742 *Becker*, ZEV 2018, 692 (694).
743 *Becker*, ZEV 2018, 692 (694).
744 Siehe hierzu unter Kapitel 4.
745 Siehe hierzu auch *v. Schwander*, RNotZ 2019, 57 (63).

Die Gesamtkonzeption von Testamentsvollstreckung und Bevollmächtigung darf jedoch nicht zu einer Umgehung der §§ 2197 ff. BGB führen.[746] Deshalb wäre die Ausgestaltung der Vollmacht, insbesondere durch den Ausschluss der Möglichkeit zum Widerruf der trans- und postmortalen Vollmacht, die ihrem Wesen nach einer nach § 2208 Abs. 1 BGB beschränkten Testamentsvollstreckung gleichkommt, aber keine formwirksame letztwillige Verfügung ist, unzulässig.[747]

Die vorgenannten Lösungen lassen sich auch im Wege der Auslegung begründen, wenn sich ein entsprechender Wille des Erblassers ermitteln lässt.

III. Fazit

Als Fazit bleibt der Grundsatz festzuhalten, dass die Rechtsmacht des trans- oder postmortal Bevollmächtigen durch die Verdrängungswirkung der Testamentsvollstreckung (§ 2211 Abs. 1 BGB) nicht eingeschränkt wird. Umgekehrt wird die Rechtsmacht des Testamentsvollstreckers grundsätzlich durch die trans- oder postmortale Vollmacht nicht eingeschränkt. Dies führt zu einem Nebeneinander von Bevollmächtigung und Testamentsvollstreckung, mithin zu einer echten Rechtsmachtkonkurrenz zwischen dem Bevollmächtigten und dem Testamentsvollstrecker. Der Erblasser kann von dem aufgestellten Grundsatz abweichen, indem er einerseits Regeln zur Ausübung und zum Umfang der Vollmacht aufstellt oder andererseits die Rechte des Testamentsvollstreckers einschränkt. Bei der Auslegung der Erblasseranordnungen ist zu berücksichtigen, dass ein Erblasser regelmäßig keine voneinander unabhängigen Machtbefugnisse des Testamentsvollstreckers einerseits und des Bevollmächtigten andererseits mit gegenseitiger Störungsmöglichkeit schaffen möchte.

§ 3 Gesetzliche Vertretung und Testamentsvollstreckung

Es stellt sich weiter die Frage, ob das Amt des Testamentsvollstreckers ruht oder die Rechtsmacht des Testamentsvollstreckers beschränkt ist, wenn der Erbe unter elterlicher Sorge (§ 1626 BGB), Vormundschaft (§§ 1773 ff. BGB) oder Betreuung (§§ 1896 ff. BGB) steht. Für den Erben handeln dann dessen

---

746 Siehe hierzu *Muscheler*, Die Haftungsordnung der Testamentsvollstreckung, Habil. (1994), S. 388.

747 *BGH*, BeckRS 1976, 31116902; *Muscheler*, Die Haftungsordnung der Testamentsvollstreckung, Habil. (1994), S. 388; *Joachim/Lange*, ZEV 2019, 62 (63).

Eltern, ein Vormund oder ein Betreuer, die nicht zugleich Testamentsvollstrecker bezüglich des zu verwaltenden Vermögens sind (keine Personenidentität).

I. Elterliche Sorge (§ 1626 BGB)

Ein Minderjähriger ist erbfähig (§ 1923 Abs. 1 BGB) und kann daher als Erbe mit der Ernennung eines Testamentsvollstreckers (§ 2197 Abs. 1 BGB) beschwert sein. Grundsätzlich steht den Eltern die Sorge für das gesamte Vermögen des Kindes zu (§ 1626 Abs. 1 S. 2 Fall 2 BGB). Gehört zum Vermögen des Kindes ein Nachlass, für den ein Erblasser Testamentsvollstreckung angeordnet hat, dann treffen die Eltern als Inhaber der Vermögenssorge ihres Kindes (§ 1626 Abs. 1 S. 2 BGB) auf den Testamentsvollstrecker, dem der Erblasser das Recht zur Verwaltung des Nachlasses zugewiesen hat (§§ 2205 ff. BGB).

Die Ernennung des Testamentsvollstreckers hat nicht generell den Ausschluss der Eltern als gesetzliche Vertreter von der Verwaltung zur Folge.[748] Das Verwaltungsrecht der Eltern kann jedoch nicht weiter reichen als dasjenige ihres minderjährigen Kindes in seiner Rechtsstellung als Erbe. Das elterliche Verwaltungsrecht kann auch nicht weiter reichen als das eines volljährigen Erben.[749] Das Verdrängungsprinzip (§ 2211 Abs. 1 BGB) gilt daher auch für den minderjährigen Erben.[750] Das Verwaltungsrecht des Testamentsvollstreckers wird durch die Personen- und Vermögenssorge der Eltern (§ 1629 Abs. 1 S. 1 und 2 BGB) nicht eingeschränkt.[751]

II. Vormundschaft (§§ 1773 ff. BGB)

Eine Vormundschaft wird von Amts wegen (§ 1774 S. 1 BGB) angeordnet, wenn Eltern ihre elterliche Sorge nicht wahrnehmen können oder dürfen (§ 1773 Abs. 1 BGB). Der Umfang der gesetzlichen Vertretung des Mündels durch den Vormund entspricht demjenigen der Eltern.[752] Auch bei der Vormundschaft gilt daher: Die Vormundschaft hat keinen Einfluss auf das Verwaltungsrecht des Testamentsvollstreckers.[753] Denn die Vermögenssorge des Mündels

748 *BayObLG*, FamRZ 1989, 1342 (1343); *LG Dortmund*, NJW 1959, 2264; *Dölle*, Darstellung des deutschen Familienrechts mit rechtsvergleichenden Hinweisen (1964/1965), § 94 II 4.

749 *Muscheler*, Erbrecht (2010), Bd. II, Rn. 2702.

750 Staudinger/*Reimann*, BGB (Bearb. 2016), § 2209 Rn. 8; *LG Dortmund*, NJW 1959, 2264 (2265).

751 Palandt/*Götz*, BGB, 78. A. (2019), § 1629 Rn. 19.

752 Palandt/*Götz*, BGB, 78. A. (2019), § 1793 Rn. 5.

753 *Zimmermann*, Die Testamentsvollstreckung, 4. A. (2014), Rn. 195.

erstreckt sich nicht auf das Vermögen des Mündels, welches der Verwaltung des Testamentsvollstreckers unterliegt.[754] Der Testamentsvollstrecker bedarf für die Geschäfte, für die ein Vormund der Genehmigung des Familiengerichts bedürfte (§§ 1806 ff., 1821 f. BGB), keiner Genehmigung.[755]

III. Ergänzungspflegschaft (§ 1909 BGB)

Ein Ergänzungspfleger tritt an die Stelle von Eltern oder Vormund, wenn diese an der Ausübung des Sorgerechts tatsächlich oder rechtlich verhindert sind.[756] Der Ergänzungspfleger verdrängt zwar die elterliche Sorge (§ 1630 Abs. 1 BGB) bzw. die Vormundschaft (§ 1794 BGB). Da jedoch nur eine andere Person an Stelle von Eltern und Vormund handelt, kann die Rechtsmacht des Ergänzungspflegers nicht weiter reichen als die der Eltern bzw. des Vormunds. Die elterliche Sorge und Vormundschaft verdrängt jedoch - wie gezeigt - nicht die Rechtsmacht des Testamentsvollstreckers. Daher kann auch die Rechtsmacht des Ergänzungspflegers die Rechtsmacht des Testamentsvollstreckers und die Wirkungen der Testamentsvollstreckung nicht beschränken.

IV. Betreuung (§§ 1896 ff. BGB)

Eine der Vormundschaft vergleichbare Position ergibt sich bei der rechtlichen Betreuung (§§ 1896 ff. BGB). Der Betreuer nimmt die Rechte des Betreuten wahr. Der Aufgabenkreis des Betreuers kann die Sorge über geerbtes Vermögen des Betreuten umfassen, welches zugleich der Verwaltung eines Testamentsvollstreckers unterliegt. Der Betreuer ist dann einerseits für das sonstige Vermögen (Eigenvermögen[757]) des Erben und andererseits für das geerbte, der Testamentsvollstreckung unterliegende Vermögen zuständig.[758] Das erstere Vermögen verwaltet er nach den §§ 1908i Abs. 1, 1806 ff. BGB. Das zweitere

---

754 Palandt/*Götz,* BGB, 78. A. (2019), § 1793 Rn. 4.

755 *RGZ* 61, 139 (144); *BGH*, ZEV 2006, 262; *BayOblG*, FamRZ 1992, 604; *OLG Hamburg*, DNotZ 1983, 381; *KG*, OLGE 38, 259 (260); *OLG Karlsruhe*, ZEV 2015, 703; MüKoBGB/*Kroll-Ludwigs*, 7. A. (2017), § 1821 Nr. 13; NK-BGB/*Kroiß*, 5. A. (2018), § 2205 Rn. 12; Staudinger/*Reimann*, BGB (Bearb. 2016), Vorbem. § 2197 ff. Rn. 46; *Zimmermann*, Die Testamentsvollstreckung, 4. A. (2014), Rn. 196.

756 Palandt/*Götz,* BGB, 78. A. (2019), § 1909 Rn. 1 und 3.

757 Siehe zum Begriff *Muscheler*, Die Haftungsordnung der Testamentsvollstreckung, Habil. (1994), S. 6.

758 *Zimmermann*, Die Testamentsvollstreckung, 4. A. (2014), Rn. 197.

verwaltet der Testamentsvollstrecker, trotz der Zuständigkeit des Betreuers.[759] Der Testamentsvollstrecker bedarf für die Geschäfte, für welche ein Betreuer der Genehmigung des Betreuungsgerichts bedürfte (§§ 1806 ff., 1821 f. BGB), keiner Genehmigung.[760]

V. Fazit

Die Rechtslage ist eindeutig: Das Verwaltungsrecht des Testamentsvollstreckers wird durch die elterliche Sorge (§ 1626 BGB), die Vormundschaft (§§ 1773 ff. BGB), die Ergänzungspflegschaft (§ 1909 BGB) und die Betreuung (§§ 1896 ff. BGB) nicht beeinflusst. Die Rechtsmacht des Testamentsvollstreckers und die Wirkungen der Testamentsvollstreckung bleiben unberührt. Der Machtbereich der Eltern, des Vormunds, des Ergänzungspflegers bzw. des Betreuers lässt sich daher klar von dem des Testamentsvollstreckers abgrenzen, wenn die Person des Testamentsvollstreckers nicht mit dem Elternteil, dem Vormund oder dem Betreuer identisch ist.

§ 4 Gesetzlicher Vertreter oder Ergänzungspfleger als Testamentsvollstrecker (Personenidentität)

Die Rechtslage ist möglicherweise anders zu beurteilen, wenn der zum Testamentsvollstrecker Ernannte zugleich der gesetzliche Vertreter oder der Ergänzungspfleger des Erben ist, mithin eine Doppelfunktion innehat. Als gesetzliche Vertreter kommen die Eltern, der Vormund und der Betreuer[761] in Betracht.

Zum Testamentsvollstrecker kann grundsätzlich jede inländische oder ausländische natürliche oder juristische Person ernannt werden.[762] Bis auf die Regelung des § 2201 BGB gibt es keine weiteren gesetzlichen Verhinderungsgründe.[763]

---

759 *OLG Karlsruhe*, ZEV 2012, 555; *Zimmermann*, Die Testamentsvollstreckung, 4. A. (2014), Rn. 197.

760 *RGZ* 61, 139 (144); *BGH*, ZEV 2006, 262; *OLG Hamburg*, DNotZ 1983, 381; *BayOblG*, FamRZ 1992, 604; *KG*, OLGE 38, 259 (260); *OLG Karlsruhe*, ZEV 2015, 703; MüKoBGB/*Kroll-Ludwigs*, 7. A. (2017), § 1821 Nr. 13; NK-BGB/*Kroiß*, 5. A. (2018), § 2205 Rn. 12; Staudinger/*Reimann*, BGB (Bearb. 2016), Vorbem. § 2197 ff. Rn. 46; *Zimmermann*, Die Testamentsvollstreckung, 4. A. (2014), Rn. 197.

761 Folgende Ausführungen gelten für den Betreuer aufgrund des § 1908i BGB entsprechend.

762 *Muscheler*, Erbrecht (2010), Bd. II, Rn. 2747 ff.; Bengel/*Reimann*, HbTV, 6. A. (2017), § 2 Rn. 200 ff.

763 Siehe etwa Bengel/*Reimann*, HbTV, 6. A. (2017), § 2 Rn. 200.

Jedoch geht die Praxis in verschiedenen Konstellationen von einer Inkompatibilität der gesetzlichen Vertretung mit dem Amt des Testamentsvollstreckers aus,[764] mit der Folge, dass eine Ergänzungspflegschaft erforderlich ist (§ 1909 BGB).

I. Fallkonstellationen

In der Praxis haben sich insbesondere folgende Fallkonstellationen ergeben, in denen der Testamentsvollstrecker mit dem gesetzlichen Vertreter des Erben personenidentisch ist:

- Als Fallkonstellation 1 sei zunächst der von *Hartmann* in RNotZ 2008, 150 geschilderte Fall genannt: Die Eltern von minderjährigen Kindern machen in ihrer letztwilligen Verfügung von der Möglichkeit des § 1776 BGB Gebrauch und benennen für den Fall, dass ihre Kinder als Minderjährige beide Eltern verlieren, einen Vormund. Dieselbe Person soll über das 18. Lebensjahr hinaus den Nachlass als Testamentsvollstrecker verwalten. Ein Anfangstermin für die Testamentsvollstreckung wird von den Erblassern nicht bestimmt.
- Fallkonstellation 2 lag den Beschlüssen des OLG Schleswig vom 23. März 2007 (Az. 8 WF 191/06 und 195/06)[765] und des BGH vom 5. März 2008 (Az. XII ZB 2/07)[766] zugrunde. In beiden Sachverhalten hatte ein Großvater sein Enkelkind als Erben eingesetzt, einen Testamentsvollstrecker ernannt und die Eltern[767] des zum Erben eingesetzten Enkelkindes im Hinblick auf den Nachlass von der Vermögenssorge ausgeschlossen (§§ 1638 Abs. 1, 1909 Abs. 1 S. 2 BGB). Die alleinige Vermögenssorge sollte dem Testamentsvollstrecker obliegen.[768] Die Familiengerichte bestellten jeweils einen Ergänzungspfleger mit folgendem Wirkungskreis: *„Verwaltung des Vermögens, welches der Minderjährige von Todes wegen nach dem Erblasser X erhalten hat"*[769] bzw. *„Wahrnehmung der Rechte gegenüber dem Testamentsvollstrecker"*[770].
- Eine Kombination aus den Fallkonstellationen 1 und 2 liegt den Entscheidungen des OLG Hamm vom 15. Juli 2017 (Az. 7 WF 240/16)[771] und des OLG

---

764 Einen Überblick liefert Bengel/*Reimann*, HbTV, 6. A. (2017), § 2 Rn. 200 ff.
765 NJW-RR 2007, 1597.
766 ZEV 2008, 330; zuvor *OLG Zweibrücken*, ZEV 2007, 333.
767 Im Fall des BGH die geschiedene Mutter.
768 Im Fall des BGH war dies der von der Mutter geschiedene Vater des minderjährigen Erben.
769 Siehe *OLG Schleswig*, NJW-RR 2007, 1597.
770 Siehe *BGH*, ZEV 2008, 330.
771 BeckRS 2017, 113582.

Brandenburg vom 28. November 2018 (Az. 15 WF 196/18)[772] zugrunde. In beiden Fällen wollte ein Elternteil den anderen hinsichtlich der Vermögenssorge nach § 1638 Abs. 1 BGB ausschließen und von seinem Benennungsrecht nach § 1776 BGB sowie seinem Ernennungsrecht nach den §§ 1917 Abs. 1, 1909 Abs. 1 S. 2 BGB Gebrauch machen.
- Ähnlich gelagert ist Fallkonstellation 3, um die es in den Entscheidungen des OLG Hamm vom 13. Januar 1993 (Az. 15 W 216/92)[773] und des OLG Nürnberg vom 29. Juni 2001 (Az. 11 UF 1441/01)[774] ging. Die Erblasserin hatte die minderjährigen Kinder einer befreundeten Familie zu Erben und deren Vater zum Testamentsvollstrecker ernannt. Das Familiengericht ordnete zur Wahrung der Interessen der Minderjährigen gegenüber ihrem Vater und Testamentsvollstrecker jeweils Ergänzungspflegschaft an (§§ 181, 1629 Abs. 2. 1795 Abs. 2, 1796, 1909 Abs. 1 BGB).

II. Allgemeines zur Erforderlichkeit einer Ergänzungspflegschaft gemäß § 1909 BGB

Immer dann, wenn man davon ausgeht, dass das Amt des Testamentsvollstreckers und die gesetzliche Vertretung nicht in einer Person vereinbar sind, stellt sich die Frage, ob eine Ergänzungspflegschaft (§ 1909 BGB) erforderlich ist. In § 1909 Abs. 1 BGB sind die Regelungen in Satz 1 und Satz 2 zu unterscheiden.

1. § 1909 Abs. 1 S. 1 BGB

§ 1909 Abs. 1 S. 1 BGB ist Ausdruck des Prinzips, dass der Rechtsgrund der elterlichen Sorge oder der Vormundschaft, nämlich die Fürsorge für einen nicht (voll) geschäftsfähigen Minderjährigen, auch den Grund einer Pflegschaft bilden kann, soweit sich der elterliche oder vormundschaftliche Schutz aus einem in der Person des Vormunds oder des Inhabers der elterlichen Sorge liegenden Grund als unzulänglich erweist.[775]

Nach § 1909 Abs. 1 S. 1 BGB erhält, wer unter elterlicher Sorge oder unter Vormundschaft steht, für Angelegenheiten, an deren Besorgung die Eltern oder der Vormund gehindert sind, einen Pfleger (§ 1909 Abs. 1 S. 1 BGB).

---

772 ZEV 2019, 151 m. Anm. *Litzenburger.*

773 MittBayNot 1994, 53 m. Anm. *Reimann.*

774 DNotI-Report 2001, 198 = ZEV 2002, 158 m. Anm. *Schlüter.*

775 Motive, IV, S. 1253 f.; MüKoBGB/*Schwab*, 7. A. (2017), § 1909 Rn. 1.

Der Begriff der *Angelegenheiten* ist gesetzlich nicht definiert. Gemeint ist damit ein Sachverhalt, dessen Lösung oder Erledigung für jemanden von (großer) Bedeutung ist oder dessen Lösung oder Erledigung jemandes ureigene Sache ist, in die sich keiner einzumischen hat.[776]

Nicht unmittelbar beantworten lässt sich die Frage, wie der Begriff der *Besorgung* von Angelegenheiten in § 1909 Abs. 1 S. 1 BGB konturiert werden kann bzw. welche Formen der Besorgung infrage kommen. Grundsätzlich kommen als Handlungsmöglichkeiten Rechtsgeschäfte, rechtsgeschäftsähnliche und rein tatsächliche Maßnahmen in Betracht. Die gesetzlichen Ausschlusstatbestände des § 1795 Abs. 1 und des § 1795 Abs. 2 i.V.m. § 181 BGB gelten nach dem Gesetzeswortlaut ausschließlich für Rechtsgeschäfte.

In Zusammenhang mit dem Begriff der Besorgung steht der Begriff der *Verhinderung*, der im Gesetz ebenfalls nicht definiert ist. Nach herkömmlicher Auffassung fallen darunter sowohl die rechtliche als auch die tatsächliche Verhinderung.[777] Zu den Fällen der *rechtlichen* Verhinderung zählen insbesondere die Fälle des Ausschlusses der Vertretungsmacht kraft Gesetzes wegen Interessenkollision (§§ 181, 1629 Abs. 2 S. 1 i.V.m. § 1795 Abs. 1 Nr. 1–3 BGB). Als *tatsächliche* Gründe einer Verhinderung der Eltern oder des Vormunds werden herkömmlicherweise insbesondere Abwesenheit, Krankheit oder Strafhaft genannt.[778] In Betracht kommen aber auch Aspekte wie die Sachkunde oder die Geschäftsgewandtheit der Sorgeberechtigten.[779]

Im Gegensatz zu den Fällen der rechtlichen Verhinderung stellt sich nach der neueren Rechtsprechung des BGH (Beschluss vom 29. Mai 2013; Az. XII ZB 530/11)[780] sowie der Oberlandesgerichte Düsseldorf (Beschluss vom 21. November 2014, Az. II8 UF 149/14)[781], Nürnberg (Beschluss vom 7. Dezember 2015, Az. 9 UF 1276/15)[782] und Bamberg (Beschluss vom 13. August 2015; Az. 2 UF 140/15)[783] die Frage, ob und, wenn ja, in welchen Fällen eine

---

776 *Muscheler*, ZEV 2008, 332.

777 MüKoBGB/*Schwab*, 7. A. (2017), § 1909 Rn. 12; Palandt/*Götz*, BGB, 78. A. (2019), § 1909 Rn. 6; BeckOK-BGB/*Bettin*, 46. Ed. 01.05.2018, § 1909 Rn. 8 f.; *Muscheler*, ZEV 2008, 332 (332 f.).

778 MüKoBGB/*Schwab*, 7. A. (2017), § 1909 Rn. 13; Palandt/*Götz*, BGB, 78. A. (2019), § 1909 Rn. 6; *Muscheler*, ZEV 2008, 332.

779 Erman/*Roth*, BGB, 15. A. (2017), § 1909, Rn. 9.

780 NJW 2013, 3095 (3097); s.a *BGH*, Beschluss vom 29. Mai 2013 – XII ZB 124/12 –, juris.

781 FamRZ 2015, 678.

782 NJW 2016, 720.

783 FamRZ 2015, 152.

rein tatsächliche Verhinderung die Bestellung eines Ergänzungspflegers rechtfertigt.[784]

Der BGH und ihm folgend die beiden vorgenannten Oberlandesgerichte sehen in der Ergänzungspflegschaft ein klar konturiertes Rechtsinstitut, welches die bei der Vertretung des Minderjährigen entstehenden Lücken bei der Besorgung solcher Angelegenheiten schließt, in denen die Eltern oder der Vormund ihr Vertretungsrecht nicht ausüben können oder dürfen.[785] Diese Fälle ergäben sich aus dem Gesetz.[786] Bei bestehender Vormundschaft komme die Ergänzungspflegschaft grundsätzlich nur dann und nur insoweit in Betracht, als der Vormund von der Vertretung seines Mündels kraft Gesetzes ausgeschlossen (vgl. § 1795 Abs. 1, § 1795 Abs. 2 i.V.m. § 181 BGB) oder durch eine familiengerichtliche Entscheidung (vgl. §§ 1796 Abs. 1, 1801 und § 1837 Abs. 4 i.V.m. §§ 1666, 1666a BGB) in seiner Vertretungsmacht beschränkt worden sei.[787] Der BGH hält eine Ergänzungspflegschaft damit vorrangig bei Rechtsgeschäften für erforderlich und nicht bei sämtlichen Rechtshandlungen. Das soll insbesondere für die Fälle gelten, in denen sich der Vormund aus tatsächlichen Gründen als ungeeignet für die Besorgung bestimmter Angelegenheiten des Mündels erweist.[788] Ohne eine entsprechende Sorgerechtsbeschränkung durch gerichtliche Entscheidung sei für die Anordnung einer Pflegschaft wegen persönlicher Unzulänglichkeit des Vormunds grundsätzlich kein Raum.[789] Die bloß tatsächliche Verhinderung wird danach allenfalls in besonderen Fällen die Bestellung eines Ergänzungspflegers rechtfertigen können (z.B. in den genannten Fällen der Abwesenheit, Krankheit oder Strafhaft).[790]

Dem Standpunkt des BGH und der Oberlandesgerichte ist zuzustimmen. Es entspricht der Systematik des Gesetzes, dass eine Ergänzungspflegschaft nur in Ausnahmefällen in Betracht kommt, jedoch beispielsweise nicht schlechthin

784 MüKoBGB/*Schwab*, 7. A. (2017), § 1909 Rn. 12. In diese Richtung tendiert auch das *OLG Brandenburg*, FamRZ 2015, 1044 (Verhinderung einer Mutter nur im Rahmen der gesetzlich geregelten Fälle).

785 *BGH*, NJW 2013, 3095 (3097); *OLG Nürnberg*, NJW 2016, 720; *OLG Bamberg*, FamRZ 2015, 152; so auch *Gernhuber/Coester-Waltjen*, 6. A. (2010), § 75 Rn. 32.

786 *BGH*, NJW 2013, 3095 (3097).

787 *BGH*, NJW 2013, 3095 (3097); *OLG Nürnberg*, NJW 2016, 720; *OLG Bamberg*, FamRZ 2015, 152.

788 *BGH*, NJW 2013, 3095 (3097).

789 So auch MüKoBGB/*Schwab*, 7. A. (2017), § 1909 Rn. 14; Staudinger/*Bienwald*, BGB (Bearb. 2017), § 1909 Rn. 29.

790 So auch MüKoBGB/*Schwab*, 7. A. (2017), § 1909 Rn. 12.

zu dem Zweck, die Sachkunde oder Geschäftsgewandtheit der Sorgeberechtigten zu überprüfen. Denn die Familiengerichte wären auch in den Fällen mangelhafter Sachkunde oder Geschäftsgewandtheit nicht nur berechtigt, sondern verpflichtet, durch die Anordnung einer Ergänzungspflegschaft in deren gesetzliche Vertretungsmacht bezüglich bestimmter Angelegenheiten einzugreifen (§ 1794 BGB), ohne dass die Voraussetzungen der §§ 1666, 1666a BGB vorliegen müssten. Dies würde zu einer Vigilanzpflegschaft führen, die gemeinhin als unzulässig angesehen wird.[791] Auch Art. 6 Abs. 2 GG spricht gegen eine ständige gerichtliche Beobachtung der Eltern.[792]

2. § 1909 Abs. 1 S. 2 BGB

§ 1909 Abs. 1 S. 2 BGB betrifft den besonderen Fall, dass, im Falle des Vermögenserwerbs von Todes wegen, der Erblasser durch letztwillige Verfügung oder, im Falle einer unentgeltlichen Zuwendung unter Lebenden, der Zuwendende bei der Zuwendung bestimmt hat, der gesetzliche Vertreter solle das so erworbene Vermögen desjenigen, der unter elterlicher Sorge oder unter Vormundschaft steht, nicht verwalten. Das ist der Fall, wenn die Eltern gemäß § 1638 Abs. 1 BGB von der Vermögenssorge ausgeschlossen sind. Die elterliche Sorge erstreckt sich dann von vornherein nicht auf das dem Kind letztwillig oder unentgeltlich unter Lebenden unter Ausschluss elterlicher Vermögensverwaltung Zugewendete.[793] Eine mit § 1638 Abs. 1 BGB vergleichbare Bestimmung enthält § 1803 Abs. 1 BGB.[794] Im Fall des § 1909 Abs. 1 S. 2 BGB i.V.m. § 1638 Abs. 1 BGB sind die Eltern und im Fall des § 1909 Abs. 1 S. 2 BGB i.V.m. § 1803 Abs. 1 BGB ist der Vormund „qua schuldrechtlicher Bestimmung bzw. qua letztwilliger Verfügung“[795] ausgeschlossen.

---

791 MüKoBGB/*Schwab*, 7. A. (2017), § 1909 Rn. 38; Soergel/*Zimmermann*, BGB, 13. A. (2002), § 1909 Rn. 10 m.w.N.; s.a. *BGHZ* 65, 93 (101); *KG*, OLGRspr. 16, 36 und *Muscheler*, ZEV 2008, 332. Abgesehen davon kann im Lichte des wohl kaum zu bewältigenden Umsetzungsaufwands von einem praktischen Umsetzungshindernis gesprochen werden.

792 *Muscheler*, ZEV 2008, 332 (333).

793 MüKoBGB/*Schwab*, 7. A. (2017), § 1909 Rn. 2.

794 MüKoBGB/*Kroll-Ludwigs*, 7. A. (2017), § 1803 Rn. 1; Palandt/*Götz*, BGB, 78. A. (2019), § 1803 Rn. 1. A.A. wohl MüKoBGB/*Schwab*, 7. A. (2017), § 1909 Rn. 2, mit der Folge, dass die gesetzliche Vertretung trotz der Bestimmung des Erblassers oder Zuwendenden zunächst bestehen bleiben würde. In § 1638 Abs. 1 BGB gleichgelagerten Fällen soll das Familiengericht dann aber einen Pfleger gem. §§ 1794, 1909 Abs. 1 S. 2 BGB bestellen.

795 Siehe *Muscheler*, ZEV 2008, 332.

III. Gesetzlicher Vertreter als Testamentsvollstrecker

Es bleibt zu prüfen, ob bei einer Doppelstellung als Testamentsvollstrecker und als gesetzlicher Vertreter (Eltern, Vormund oder Betreuer) ein rechtlicher oder besonderer tatsächlicher Verhinderungsgrund vorliegt.

1. (Rechtliche) Verhinderung nach §§ 1629 Abs. 2 S. 1, 1795 Abs. 2 i.V.m. § 181 BGB

Fraglich ist zunächst, ob ein gesetzlicher Vertreter, der zugleich Testamentsvollstrecker ist, nicht per se wegen § 1795 Abs. 2 i.V.m. § 181 BGB bzw. §§ 1629 Abs. 2 S. 1, 1795 Abs. 2 i.V.m. § 181 BGB an der Ausübung der elterlichen Sorge gehindert ist.

Das ist zu verneinen. Denn § 181 BGB setzt voraus, dass ein gesetzlicher Vertreter im Namen des Vertretenen Geschäfte mit sich selbst vornimmt, die nicht allein der Erfüllung einer Verbindlichkeit dienen.[796] Das Amt des Testamentsvollstreckers verlangt jedoch für sich genommen solche Geschäfte weder notwendig noch regelmäßig.[797] Weder die Abwicklung noch die Verwaltung des Nachlasses erfordern notwendig und vorhersehbar Rechtsgeschäfte des Testamentsvollstreckers mit dem Erben, bei denen der Testamentsvollstrecker der gesetzliche Vertreter i.S.v. § 181 BGB wäre.[798] Eine abstrakt-generelle Unvereinbarkeit lässt sich aus den §§ 1629 Abs. 2 S. 1, 1795 Abs. 2 i.V.m. § 181 BGB daher nicht ableiten. Sofern eine konkrete Gefährdung der Interessen des Kindes besteht, ist allerdings ein Ergänzungspfleger zu bestellen.

2. Verhinderung nach §§ 1629 Abs. 2 Satz 3, 1796 BGB

Nach § 1796 Abs. 2 BGB bzw. §§ 1629 Abs. 2 S. 3, 1796 Abs. 2 BGB soll dem gesetzlichen Vertreter die Vertretungsmacht nur entzogen werden, wenn das Interesse des Kindes bzw. Mündels zum Interesse des Elternteils bzw. Vormunds in erheblichem Gegensatz steht. Im Folgenden geht es zwar nicht um einen Konflikt der Interessen des Kindes bzw. Mündels mit den Interessen der Eltern bzw. des Vormunds, sondern um die Frage, ob bei einer Doppelstellung als Testamentsvollstrecker und als gesetzlicher Vertreter ein Interessenwiderstreit vorliegt. Die von der Rechtsprechung entwickelten Grundsätze zum Vorliegen eines Interessenwiderstreits zwischen Kind bzw. Mündel und Elternteil

796 *BGH*, ZEV 2008, 330 (331).
797 *BGH*, ZEV 2008, 330 (331).
798 *BGH*, ZEV 2008, 330 (331).

bzw. Vormund sollen jedoch für den Konflikt zwischen den Interessen eines gesetzlichen Vertreters einerseits und eines Testamentsvollstreckers andererseits brauchbar gemacht werden. Dabei ist zu berücksichtigen, dass der leitende Gesichtspunkt der elterlichen Sorge, der Vormundschaft und der Pflegschaft der Schutz der Interessen des Mündels bzw. Pfleglings ist.[799] Demgegenüber wird der Testamentsvollstrecker nicht im Interesse des minderjährigen oder unter Vormundschaft stehenden Erben, sondern im Interesse des Erblassers tätig.[800]

In welchen Fällen allgemein ein Testamentsvollstrecker in einem Interessenwiderstreit bzw. Interessenkonflikt steht, wird von der Rechtsprechung unterschiedlich beurteilt.

a) *Reichsgericht*

Das Reichsgericht vertrat in seiner Entscheidung vom 26. Oktober 1911 (Az. Rep IV 34/11)[801] den Standpunkt, dass nicht Testamentsvollstrecker sein darf, wer in einem Interessenkonflikt steht.[802] Im Streitfall ging es um die Ernennung eines Vorerben zum Nacherbenvollstrecker gemäß § 2222 BGB. Das Reichsgericht ging davon aus, dass der Testamentsvollstrecker in einen „schroffen Interessenkonflikt hineingestellt" sei und dass eine „gedeihliche Führung des Amtes" (§ 2202 BGB) nicht möglich sei, weil diese die „Unbefangenheit des Amtsträgers" voraussetze.[803]

b) *Frühere obergerichtliche Rechtsprechung*

Die frühere einhellige obergerichtliche Rechtsprechung[804] baute auf der vorgenannten Entscheidung des Reichsgerichts auf und nahm generell einen Interessengegensatz an, wenn ein gesetzlicher Vertreter des Erben zugleich zum Testamentsvollstrecker ernannt wurde.

Die Argumentation der obergerichtlichen Rechtsprechung ist im Kern vergleichbar mit derjenigen des Reichsgerichts, dass niemand Richter in eigener

799 Siehe etwa Erman/*Roth*, BGB, 15. A. (2017), § 1909 Rn. 13.

800 Siehe Kapitel 1.

801 *RGZ* 77, 177.

802 Siehe dazu *Spernath*, ZErb 2016, 1 ff.

803 *RGZ* 77, 177 f., sowie *Spernath*, ZErb 2016, 1.

804 *BayObLG*, RPfleger 1977, 440; *OLG Hamm (15. Senat)*, MittBayNot 1994, 53; *OLG Nürnberg*, DNotI-Report 2001, 198; *OLG Schleswig*, NJW-RR 2007, 1597; a.A. bereits *OLG Zweibrücken*, ZEV 2007, 333, und nunmehr *OLG Hamm (7. Senat)*, BeckRS 2017, 113582.

Sache bzw. sein eigener Aufseher sein kann.[805] Der Testamentsvollstrecker habe gegenüber dem Erben die in den §§ 2215 bis 2217 BGB bestimmten Pflichten und könne ihm unter den Voraussetzungen des § 2219 BGB schadensersatzpflichtig werden. Der Testamentsvollstrecker handele im Interesse des Erblassers und die gesetzlichen Vertreter im Interesse des Minderjährigen. Der sich daraus ergebende Interessengegensatz sei so erheblich, dass er die Wahrnehmung der Aufgaben der beiden Ämter durch ein und dieselbe Person ausschließe, weshalb stets eine Ergänzungspflegschaft nach § 1909 Abs. 1 S. 1 BGB anzuordnen sei.[806] Zwischen rechtlicher Verhinderung wegen eines gesetzlichen Ausschlusses der Vertretungsmacht und rein tatsächlicher Verhinderung wurde nicht unterschieden.

c) BGH

Der 12. Senat des BGH ist der generalisierenden Betrachtungsweise der vormals vorherrschenden Rechtsprechung der Obergerichte in seinem Beschluss vom 5. März 2008 (Az. XII ZB 2/07)[807] nicht gefolgt. § 1796 BGB setze – anders als § 1795 BGB – einen sich aus den Umständen des Einzelfalls ergebenden Interessenwiderstreit voraus.

Der BGH geht zwar davon aus, dass ein „typischer" Interessengegensatz im Regelfall die Annahme rechtfertige, dass es auch im Einzelfall zu Konfliktsituationen kommen könne, denen durch die Bestellung eines Pflegers rechtzeitig vorgebeugt werden müsse. Diese Risikogeneigtheit eines „typischen" Interessengegensatzes würde indes nicht zwangsläufig zur Anordnung einer Ergänzungspflegschaft führen. Vielmehr sei in jedem Einzelfall im Wege einer Abwägung aller Umstände zu ermitteln, ob die vorbeugende Anordnung einer Ergänzungspflegschaft geboten oder ein Zuwarten – auch im wohlverstandenen Interesse des Vertretenen – ratsam erscheint.

Letzteres mag sich nach Ansicht des BGH dann anbieten, wenn ein minderjähriger Erbe von seinem zugleich zum Testamentsvollstrecker ernannten Elternteil gesetzlich vertreten wird und wenn aufgrund der bisherigen Erfahrungen und des engen persönlichen Verhältnisses der Beteiligten keinerlei

805 *Spernath*, ZErb 2016, 1.

806 *BayObLG*, RPfleger 1977, 440; *OLG Hamm (15. Senat)*, MittBayNot 1994, 53; *OLG Nürnberg*, DNotI-Report 2001, 198; *OLG Schleswig*, NJW-RR 2007, 1597; *OLG Schleswig*, NJW-RR 2007, 1597; a.A. *OLG Zweibrücken*, ZEV 2007, 333; *OLG Hamm (7. Senat)*, BeckRS 2017, 113582.

807 ZEV 2008, 330.

Anlass zu der Annahme besteht, der Vertreter werde – unbeschadet seiner eigenen Interessen – die Belange des Vertretenen nicht im gebotenen Maße wahren und fördern.[808] Der BGH spricht sich daher nur für den Fall einer hinreichend konkreten Gefährdung für eine Ergänzungspflegschaft aus.

d) Stellungnahme: abstrakter Interessengegensatz vs. konkrete Gefährdung

Der konkret-individuellen bzw. einzelfallbezogenen Sichtweise des BGH ist zuzustimmen.[809] Nur im Einzelfall kann entschieden werden, ob das Interesse des Minderjährigen zu dem Interesse der Eltern bzw. des Vormunds als gesetzlicher Vertreter einerseits und als Testamentsvollstrecker andererseits in erheblichem Gegensatz steht (§ 1796 BGB). Eine abstrakt generalisierende Betrachtungsweise mag zwar typisieren, wird jedoch dem Lebenssachverhalt nicht gerecht. Das gleiche gilt für den Konflikt zwischen den Interessen eines gesetzlichen Vertreters (z.B. der Eltern des Kindes) einerseits und eines Testamentsvollstreckers andererseits.

Das ergibt sich bereits unmittelbar aus dem Begriff „Angelegenheit“ in § 1909 Abs. 1 S. 1 BGB.[810] Bei einer „Angelegenheit“ geht es immer um einen individuellen Sachverhalt. Entscheidend sind deshalb die jeweilige individuelle Interessenlage und die Risikogeeignetheit des jeweiligen Rechtsgeschäfts. Hierbei ist zu beachten, dass die „Angelegenheiten“ stets das gesetzliche Schuldverhältnis zwischen Erbe und Testamentsvollstrecker (§ 2218 Abs. 1 BGB) betreffen, also das Innenverhältnis.

Sofern es sich bei den Angelegenheiten nicht um Rechtsgeschäfte handelt, bleibt zu prüfen, ob besondere Umstände im Sinne der neueren Rechtsprechung des BGH[811] und der Oberlandesgerichte Bamberg[812], Düsseldorf[813] und Nürnberg[814] vorliegen, die eine Pflegschaft aufgrund tatsächlicher Verhinderung rechtfertigen. Im Einzelnen kommen dabei im Verhältnis zum Testamentsvollstrecker folgende Angelegenheiten in Betracht:[815]

---

808 *BGH*, ZEV 2008, 330 (332).

809 So auch die überwiegende Literatur: *Muscheler*, ZEV 2008, 332; *Litzenburger*, FD-ErbR 2008, 261034; Staudinger/*Reimann*, BGB (Bearb. 2016), § 2197 Rn. 87 BGB; Bengel/*Reimann*, HbTV, 6. A. (2017), § 2 Rn. 215 ff., sowie ebd. *Bengel/Dietz*, § 5 Rn. 414 ff.

810 Siehe oben Einleitung zu Ziffer III sowie *Muscheler*, ZEV 2008, 332.

811 NJW 2013, 3095.

812 FamRZ 2015, 152.

813 FamRZ 2015, 678.

814 NJW 2016, 720.

815 Vgl. *Muscheler*, ZEV 2008, 332.

- Entgegennahme und Prüfung des Nachlassverzeichnisses (§ 2215 BGB)
- Kontrolle der ordnungsmäßigen Verwaltung (§ 2216 BGB; ggf. Geltendmachung eines Unterlassungsanspruchs bei ordnungswidrigen Verwaltungsmaßnahmen)
- Geltendmachung und Beteiligung an der Freigabe von Nachlassgegenständen (§ 2217 BGB)
- Geltendmachung eines Anspruchs auf Auskunft und Rechenschaft (§§ 2218 Abs. 1, 666 BGB)
- Geltendmachung eines Herausgabeanspruchs des aus der Verwaltung Erlangten (§§ 2218 Abs. 1, 667 BGB)
- Geltendmachung eines Zinsanspruchs nach §§ 2218 Abs. 1, 668 BGB
- Geltendmachung von Schadensersatz (§ 2219 BGB)
- Stellung eines Entlassungsantrags nach § 2227 Abs. 1 BGB.

Überblickt man die vorgenannten Angelegenheiten, bleibt festzustellen, dass es sich jedenfalls nicht um Rechtsgeschäfte handelt. Somit ist im Sinne der neueren Rechtsprechung des BGH[816] und der Oberlandesgerichte Nürnberg[817] und Bamberg[818] zu fragen, ob besondere Umstände vorliegen, die zu einer tatsächlichen Verhinderung und damit zu einer Ergänzungspflegschaft führen.

(i) Vermögensverzeichnis (§ 1640 BGB)

Die Eltern haben in der Regel dieselben Pflichten wie der Testamentsvollstrecker zu erfüllen. Dies gilt vor allem für die Aufstellung des Vermögensverzeichnisses (§ 1640 BGB). Daran ändert auch die Testamentsvollstreckung nichts, wenn ein Elternteil selbst Testamentsvollstrecker ist.[819]

Dem steht auch die Entscheidung des OLG Köln vom 19. Februar 2003 (Az. 4 WF 12/03)[820] nicht entgegen. Im Streitfall verneinte das OLG Köln eine Inventarisierungspflicht nach § 1640 BGB für den Fall der Nachlassverwaltung und zog Vergleiche zur Testamentsvollstreckung. Letztlich ging es um einen anders gelagerten Fall. Das OLG Köln verneinte die Inventarisierungspflicht nach § 1640 Abs. 1 S. 1 BGB bei einer Testamentsvollstreckung durch einen Dritten. Es ging

---

816 NJW 2013, 3095.
817 NJW 2016, 720.
818 FamRZ 2015, 152.
819 *KG*, JW 1934, 1293 f; Palandt/*Götz*, BGB, 78. A. (2019), § 1640 Rn. 3; MüKoBGB/*Huber*, 7. A. (2017), § 1640 Rn. 18; Staudinger/*Heilmann*, BGB (Bearb. 2016), Rn. 5; NK-BGB/*Rakete-Dombek*, 3. A. (2014), § 1640 Rn. 2.
820 FamRZ 2004, 1117.

mithin nicht um einen Fall der Personenidentität von gesetzlichem Vertreter und Testamentsvollstrecker. Ob in diesem Fall die Pflicht nach § 1640 BGB entfällt, kann für diese Untersuchung dahingestellt bleiben.[821] Jedoch müsste das, wenn schon bei Nichtidentität von gesetzlichem Vertreter und Testamentsvollstrecker die Inventarisierungspflicht entfallen soll, bei Personenidentität erst recht so sein.

Welche Befugnisse der gesetzliche Vertreter bzw. der Testamentsvollstrecker im Außenverhältnis hat, ist für das Innenverhältnis und damit auch für die Erforderlichkeit einer Pflegschaft nicht relevant.[822] Die Inventarisierungspflicht des Eltern-Testamentsvollstreckers genügt zur Wahrung der Interessen des Mündels und zur Kontrolle.[823] Sofern man die Geltendmachung und Erfüllung der Verbindlichkeiten aus den §§ 2215 ff. BGB als rechtsgeschäftliches Handeln werten will, greift der Befreiungstatbestand des § 181 a.E. BGB.[824]

Im Übrigen ist die Situation mit derjenigen vergleichbar, in der ein minderjähriges Kind gegen den überlebenden Elternteil einen Pflichtteilsanspruch hat.[825] Hier judizierte die Rechtsprechung zurückhaltend.[826] Eine erhöhte Gefahr

---

821 Sie wird nach einhelliger Ansicht verneint, § 1640 Rn. 8: RGRK-BGB/*Adelmann*, BGB, 11. A. (1959), § 1640 Rn. 3; Palandt/*Götz*, BGB, 77. A. (2017), § 1640 Rn. 2 f.; MüKoBGB/*Huber*, 7. A. (2017) § 1640 Rn. 8; BeckOK-BGB/*Veit*, 46. Ed. 01.05.2018, BGB § 1640 Rn. 3. Stets beachtet werden muss, dass die Inventarisierungspflicht das Innenverhältnis zwischen Eltern und Kind betrifft und damit auch Auswirkungen auf das Innenverhältnis zwischen dem Eltern-Testamentsvollstrecker und dem minderjährigen Erben hat. Denn eine klare Abgrenzung der Ämter und Aufgaben ist nur möglich, wenn der jeweilige Verwaltungsgegenstand genau bezeichnet werden kann.

822 Im Innenverhältnis kommt es deshalb auch nicht darauf an, ob ein Elternteil, der neben den gemeinsamen Kindern als Miterbe berufen ist und zugleich das Amt des Testamentsvollstreckers für die Erbteile der Kinder übertragen bekommen hat, im Außenverhältnis für genehmigungspflichtige Geschäfte einer familiengerichtlichen Genehmigung bedarf. Wegen der Verfügungsmacht aus § 2205 S. 2 BGB ist ein Testamentsvollstrecker nach allgemeiner Meinung grundsätzlich unbeschränkt verfügungsbefugt und bedarf keiner familiengerichtlichen Genehmigung, auch nicht im Hinblick auf einen in seiner Geschäftsfähigkeit beschränkten Erben, vgl. *RGZ* 61, 139 (144); *BGH*, ZEV 2006, 262; *OLG Celle*, OLGZ 1967, 483; *OLG Hamburg*, DNotZ 1983, 381; *KG*, OLGE 38, 259 (260); *Damrau*, ZEV 1994, 1, 2.

823 *Muscheler*, ZEV 2008, 330 (332 f.).

824 *Muscheler*, ZEV 2008, 330 (332 f.).

825 Zu Recht *Muscheler*, ZEV 2008, 330 (332).

826 Ausführlich *Muscheler*, Universalsukzession und Vonselbsterwerb, 2002, S. 214 Fn. 198; s.a. *BayObLG*, FamRZ 2004, 1991; MüKoBGB/*Schwab*, 7. A. (2017), § 1909 Rn. 23.

der Verjährung besteht nicht.[827] Denn § 207 Abs. 1 S. 2 Nr. 2 BGB konserviert die Ansprüche aus §§ 2215 ff. BGB.[828] Spätestens mit Erreichen der Volljährigkeit kann der Erbe seine Ansprüche gegen den Testamentsvollstrecker selbst geltend machen.[829] Die Bezifferung der Ansprüche sichert das Vermögensverzeichnis nach § 1640 BGB, das dem Familiengericht vorgelegt werden muss.[830] Insoweit ist der Erbe sogar besser geschützt als beim Nachlassverzeichnis nach § 2215 BGB, da dieses dem Nachlassgericht nicht vorgelegt wird.

Auch der Vormund ist dazu verpflichtet, das bei der Anordnung der Vormundschaft vorhandene Vermögen zu verzeichnen und das Verzeichnis, nachdem er es mit der Versicherung der Richtigkeit und Vollständigkeit versehen hat, dem Familiengericht einzureichen (§ 1802 Abs. 1 S. 1 BGB). Das sollte wie im Fall des § 1640 BGB zum Schutz des minderjährigen Erben reichen.

In vermögensschützender Hinsicht kommt Folgendes hinzu: Das Familiengericht hat die Möglichkeit, neben dem Vormund einen Gegenvormund zu bestellen (§ 1792 Abs. 1 S. 1 BGB). Das Gesetz ordnet an, dass ein Gegenvormund bestellt werden soll, wenn mit der Vormundschaft eine Vermögensverwaltung verbunden ist, was bei der Verwaltungsvollstreckung der Fall ist. Der Gegenvormund hat im Gegensatz zum Mitvormund, der die übrigen Vormünder in der Führung der Vormundschaft unterstützen soll, eine reine Kontrollfunktion. Er hat insbesondere darauf zu achten, dass der Vormund die Vormundschaft pflichtgemäß führt (§ 1799 Abs. 1 S. 1 BGB). Der Gegenvormund hat dem Familiengericht Pflichtwidrigkeiten des Vormunds sowie jeden Fall unverzüglich anzuzeigen, in welchem das Familiengericht zum Einschreiten berufen ist. Dazu können auch die Geltendmachung der Rechte und Ansprüche aus dem Innenverhältnis zwischen Erbe und Testamentsvollstrecker sowie die Stellung des Antrags auf Entlassung des Testamentsvollstreckers nach § 2227 BGB gehören. Die Befugnisse des Gegenvormunds beschränken sich jedoch allein auf das Innenverhältnis. Die Bestellung des Gegenvormunds darf nicht zu einer (indirekten) Aufsicht des (Nachlass-)Gerichts oder zu einer Entlassung des Testamentsvollstreckers von Amts wegen führen.[831] Eine Entlassung aufgrund der Personenidentität wird daher nur als Ultima Ratio in Betracht kommen.

827 *Muscheler*, ZEV 2008, 330 (332 f.).
828 *Muscheler*, ZEV 2008, 330 (332 f.).
829 *Muscheler*, ZEV 2008, 330 (332 f.).
830 *Muscheler*, ZEV 2008, 330 (332 f.).
831 *Muscheler*, ZEV 2008, 332 (333).

(ii) Entlassungsantrag (§ 2227 Abs. 1 BGB)

Der nach § 1638 Abs. 1 BGB ausgeschlossene Elternteil bzw. der nach § 1803 Abs. 1 BGB ausgeschlossene Vormund kann keinen Antrag auf Entlassung des Testamentsvollstreckers nach § 2227 BGB stellen.[832] Ihnen sind die gesetzliche Vertretung und die Verwaltungsbefugnis für das Zugewendete insgesamt genommen.[833] Zum gleichen Ergebnis gelangt man über § 1795 Abs. 1 Nr. 3 BGB, wenn die gesetzlichen Vertreter nicht nach §§ 1638, 1803 BGB ausgeschlossen sind: Da es sich bei dem Entlassungsverfahren um ein kontradiktorisches Verfahren[834] handelt und nicht um ein reines Verwaltungsverfahren (wie beispielsweise beim Erbscheinsverfahren), ist es vom Begriff des „Rechtsstreits" erfasst. Zwar gilt § 1795 Abs. 1 Nr. 3 BGB nicht für Verfahren zwischen Eltern und Kind. *Muscheler*[835] weist jedoch zu Recht darauf hin, dass das, was für die Interessenkollision des § 1795 Abs. 1 Nr. 3 BGB gilt, erst recht bei einem noch schwerer wiegenden Interessengegensatz gelten muss.[836]

Für die Frage der Zulässigkeit einer Personenidentität von Testamentsvollstrecker, Eltern und Vormund bedeutet das, dass für den Entlassungsantrag nach § 2227 BGB ein Ergänzungspfleger bestellt werden muss. Dies führt aber nicht zur Unvereinbarkeit beider Ämter, denn bei der Überwindung der geschilderten rechtlichen Hürden kann die Pflegschaft Abhilfe schaffen.

Hinsichtlich des materiellen Prüfungsumfangs des Familiengerichts zum Zwecke der Antragstellung nach § 2227 BGB ist die Grundsatzentscheidung des Erbrechtsgesetzgebers zu beachten, dass der Testamentsvollstrecker nicht unter die Aufsicht des (Nachlass-)Gerichts gestellt oder von Amts wegen aus seinem Amt entlassen werden darf.[837] Damit diese Entscheidung nicht umgangen wird, darf das Familiengericht nicht selbst die Frage prüfen, ob tatsächlich ein wichtiger Grund i.S.d. § 2227 BGB vorliegt. Dies muss dem ernannten Pfleger überlassen werden, der streng zu beachten hat, dass das objektive Vorliegen eines wichtigen Grundes allein nicht ausreicht, um einen Antrag nach § 2227

---

832 *BGHZ* 106, 96; *BGH*, NJW 1989, 984; *KG*, JFG 13, 98.

833 *BGH*, NJW 1989, 984.

834 Für streitige Verfahren der freiwilligen Gerichtsbarkeit *BayObLGZ*, 1961, 277; Palandt/*Götz*, BGB, 78. A. (2019), § 1795 Rn. 6; MüKoBGB/*Spickhoff*, 7. A. (2017), § 1795 Rn. 35; a.A. noch RGRK-BGB/*Scheffler*, 11. A. (1959), § 1795 Anm. 12.

835 ZEV 2008, 332 (333).

836 ZEV 2008, 332 (333).

837 *Muscheler*, Erbrecht (2010), Bd. II, Rn. 2712; *ders.*, ZEV 2008, 332 (333).

BGB zu stellen.[838] Entscheidend ist die Frage, ob ein solcher Antrag im Interesse des Minderjährigen liegt.[839]

(iii) Zeitpunkt der Bestellung eines Ergänzungspflegers

Hinsichtlich der Bestimmung des Zeitpunkts der Bestellung des Pflegers ist zu beachten, dass die Verhinderung zu einem Zeitpunkt bestehen muss, in dem ein *gegenwärtiges Bedürfnis* zur Besorgung der betreffenden Angelegenheit besteht.[840] Es stellt sich die Frage, ob für dieses gegenwärtige Bedürfnis bereits die abstrakte Möglichkeit eines Antrags nach § 2227 BGB ausreicht, die letztlich mit dem Beginn der Testamentsvollstreckung gegeben ist, oder ob die Pflegschaft erst dann angeordnet werden können soll, wenn der konkrete Verdacht eines wichtigen Grundes im Sinne von § 2227 BGB vorliegt.

Legt man den Maßstab der neueren Rechtsprechung des BGH[841] zum Interessenwiderstreit zwischen gesetzlichem Vertreter und Testamentsvollstrecker zugrunde, dann reicht die bloße Möglichkeit eines Antrags nach § 2227 BGB nicht aus. Erforderlich ist, dass objektiv der konkrete Verdacht eines wichtigen Grundes vorliegt. Die Pflegschaft kann daher nur ad hoc angeordnet werden.

Die Möglichkeit eines Entlassungsantrags droht demgegenüber ins Leere zu laufen, wenn das Gericht nichts von dem Bedürfnis einer Pflegschaft wegen eines Entlassungsantrags beim Nachlassgericht erfährt. Grundsätzlich sind die teilweise aus der Vermögenssorge verdrängten Eltern verpflichtet, die Erforderlichkeit einer Pflegschaft nach § 1909 Abs. 2 BGB dem Gericht unverzüglich anzuzeigen, und sie können das Verfahren beim Nachlassgericht nach § 24 Abs. 1 FamFG anregen. Das Bedürfnis für die Anordnung einer Ergänzungspflegschaft ist vom Familiengericht von Amts wegen zu prüfen und festzustellen (§ 26 FamFG). Leben die Eltern nicht mehr, dann besteht tatsächlich die Gefahr der Verdunkelung des Entlassungsgrundes. In diesem Fall ist eine Dauerpflegschaft angezeigt.[842] Dadurch wird die freie Stellung des Testamentsvollstreckers nicht berührt oder über das gesetzliche Maß hinaus eingeschränkt. Denn der Möglichkeit eines Entlassungsantrags sieht sich der Testamentsvollstrecker bei einem volljährigen Erben gleichermaßen ausgesetzt.

---

838 *Muscheler*, ZEV 2008, 332 (333).

839 *Muscheler*, ZEV 2008, 332 (333).

840 MüKoBGB/*Schwab*, 7. A. (2017), § 1909 Rn. 11; *Muscheler*, ZEV 2008, 332.

841 Siehe zuvor unter lit. c).

842 *Muscheler* plädiert insgesamt für eine Dauerpflegschaft mit dem Geschäftskreis „Verwaltung des dem Minderjährigen zugewendeten Vermögens, soweit diese nicht dem Testamentsvollstrecker zusteht“ (siehe Erbrecht (2010), Bd. II, Rn. 2702).

Eine gerichtliche Kontrolle des Testamentsvollstreckers ist damit ebenfalls nicht verbunden, da allein der Pfleger über das Vorliegen eines Entlassungsgrundes zu befinden und ein Entlassungsverfahren beim Nachlassgericht einzuleiten hat. Aus diesem Grund handelt es sich auch nicht um eine unzulässige Überwachungspflegschaft (Vigilanzpflegschaft)[843] zur vorsorglichen Kontrolle des gesetzlichen Vertreters. Der Wirkungskreis des Ergänzungspflegers muss sich auf das Innenverhältnis des Testamentsvollstreckers zum Erben beschränken.[844]

IV. Testamentsvollstrecker als Ergänzungspfleger bei Entzug der Vermögenssorge nach § 1909 Abs. 1 S. 2 i.V.m. § 1638 Abs. 1 oder § 1803 Abs. 1 BGB

Fraglich ist, ob ein Erblasser die gesetzlichen Vertreter gemäß § 1638 BGB bzw. § 1803 BGB von der Verwaltung des Nachlasses ausschließen und zugleich den zum Testamentsvollstrecker Ernannten als Ergänzungspfleger im Sinne von §§ 1917, 1909 Abs. 1 S. 2 BGB bestimmen kann (Fallkonstellation 2 und 3, Personenidentität von Testamentsvollstrecker und Ergänzungspfleger)[845].

Nach § 1909 Abs. 1 S. 2 BGB erhält, wer unter elterlicher Sorge oder unter Vormundschaft steht, einen Pfleger zur Verwaltung des Vermögens, das er von Todes wegen erwirbt oder das ihm unter Lebenden unentgeltlich zugewendet wird, wenn der Erblasser durch letztwillige Verfügung, der Zuwendende bei der Zuwendung bestimmt hat, dass die Eltern oder der Vormund das Vermögen nicht verwalten sollen (§ 1638 Abs. 1 BGB bzw. § 1803 BGB). § 1917 Abs. 1 BGB ordnet an, dass als Pfleger berufen ist, wer durch letztwillige Verfügung oder bei der Zuwendung benannt worden ist, es sei denn, dass die Vorschrift des § 1778 BGB entgegensteht. Nach § 1917 Abs. 1 BGB kann der Erblasser bzw.

---

843 *BGHZ* 65, 93 (101); *BayObLGZ* 1982, 86 (88); 1981, 62 (67); *OLG Hamm*, RPfleger 1984, 270 (271 und 414 f.); Soergel/*Zimmermann*, BGB, 13. A. (2002), § 1909 Rn. 10; Staudinger/*Bienwald*, BGB (Bearb. 2013), § 1909 Rn. 76; MüKoBGB/*Schwab*, 7. A. (2017), § 1909 Rn. 38.

844 So z.B. *„Wahrnehmung der Rechte des Erben, die der Minderjährige von Todes wegen nach dem Erblasser X erhalten hat zur Vorbereitung und Stellung eines Antrags nach § 2227 BGB. Verwaltung des Vermögens, das der Minderjährige von Todes wegen nach dem Erblasser X erhalten hat"*, s. OLG Schleswig NJW-RR 2007, 1597; *„Verwaltung des dem Minderjährigen zugewendeten Vermögens, soweit dieses nicht dem Testamentsvollstrecker zusteht"*, s. *Muscheler* Erbrecht (2010), Bd. II, Rn. 2702; *„Wahrnehmung der Rechte gegenüber dem Testamentsvollstrecker"*, s. BeckRS 2017, 113582.

845 Siehe oben Kapitel 6 § 4 I.

der Zuwendende – vorbehaltlich § 1778 BGB – ein und dieselbe Person zum Testamentsvollstrecker ernennen und zum Ergänzungspfleger (Zuwendungspfleger) bestimmen.[846]

Entsprechend § 1778 BGB kann der vom Erblasser als Zuwendungspfleger Benannte nur in den in § 1778 Abs. 1 Nr. 1 bis 5 BGB ausdrücklich geregelten Fällen übergangen werden.[847] Das ist beispielsweise der Fall, wenn seine Bestellung das Wohl des Mündels gefährden würde (§ 1778 Abs. 1 Nr. 4 BGB), oder bei Widerspruch des Mündels, wenn dieser das 14. Lebensjahr vollendet hat (§ 1778 Abs. 1 Nr. 5 BGB).[848]

Nach *Reimann* soll die Prüfung der Frage, ob die Bestellung des Testamentsvollstreckers zum Zuwendungspfleger das Wohl des Mündels gefährden würde, nach den vom BGH in seinem Beschluss vom 5. März 2008 (Az. XII ZB 2/07)[849] aufgestellten Grundsätzen beurteilt werden.[850]

Auch das OLG Brandenburg verwies in seiner Entscheidung vom 28. November 2018 (Az. 15 WF 196/18)[851] auf die vom BGH in seinem Beschluss vom 5. März 2008 (Az. XII ZB 2/07)[852] aufgestellten Grundsätze, jedoch ohne klarzustellen, dass es in der angeführten Entscheidung des BGH um eine Personenidentität des Testamentsvollstreckers mit dem gesetzlichen Vertreter und nicht des Testamentsvollstreckers mit dem Ergänzungspfleger ging.

Der Ansicht von *Reimann* und dem OLG Brandenburg ist zuzustimmen. Es handelt sich um eine konsequente Umsetzung der Grundsätze, die der 12. Senat des BGH im Jahre 2008 aufgestellt hat. Die Anwendung der konkret-individuellen Betrachtungsweise auf den Fall der Personenidentität von Testamentsvollstrecker und Ergänzungspfleger ist aus den oben genannten Gründen[853] sachgerecht. Sollte das Familiengericht aufgrund tatrichterlicher Würdigung des Einzelfalls zu dem Ergebnis kommen, dass bereits zum Zeitpunkt der Bestellung des Zuwendungspflegers ein erheblicher Interessenwiderstreit besteht, darf es die Bestimmung des Pflegers durch den Erblasser bzw. Zuwendenden nicht lediglich ablehnen, es hat sich vielmehr auf den geringstmöglichen Eingriff in den Willen des Erblassers bzw. Zuwendenden zu beschränken

---

846 *OLG Brandenburg*, ZEV 2019, 151; Bengel/*Reimann*, HbTV, 6. A. (2017), § 2 Rn. 216.
847 Bengel/*Reimann*, HbTV, 6. A. (2017), § 2 Rn. 216.
848 Bengel/*Reimann*, HbTV, 6. A. (2017), § 2 Rn. 216.
849 ZEV 2008, 330.
850 Bengel/*Reimann*, HbTV, 6. A. (2017), § 2 Rn. 216.
851 ZEV 2019, 151 m. Anm. *Litzenburger*.
852 ZEV 2008, 330.
853 Siehe oben unter III. 1. d).

und einen Ergänzungs-Zuwendungspfleger zu bestellen.[854] Dessen Wirkungskreis muss die Funktionen des gesetzlichen Vertreters wahrnehmen, an deren Ausübung der Testamentsvollstrecker wegen des Interessenwiderstreits gehindert wäre.[855] Es handelt sich hier im Wesentlichen um die Wahrnehmung der Rechte aus dem Rechtsverhältnis des Testamentsvollstreckers zum Erben (§ 2218 BGB).[856]

V. Bedürfnis für eine gestufte Testamentsvollstreckung?

Zunächst kann festgehalten werden, dass das Amt des Testamentsvollstreckers mit der gesetzlichen Vertretung sowie der Pflegschaft vereinbar und eine Personenidentität nicht von vornherein unzulässig ist. Entscheidend ist eine individuell-konkrete Beurteilung des potenziellen Interessenwiderstreits. Die teilweise geübte Kritik beschränkt sich allein auf die Geltendmachung von Rechten im Innenverhältnis zwischen Testamentsvollstrecker und Erbe (§ 2218 BGB). Diesbezüglich hat sich gezeigt, dass die Rechte des Erben in jedem Fall gewahrt werden können.

Geht man – wie hier vertreten – davon aus, dass Testamentsvollstreckung, gesetzliche Vertretung sowie Pflegschaft ungestört in einer Person funktionieren können, so besteht für eine gestufte Testamentsvollstreckung[857] kein Bedürfnis, da der Nachlass bereits über die reguläre Testamentsvollstreckung gesichert ist. Das heißt, der Testamentsvollstrecker agiert zeitlich uneingeschränkt, die Testamentsvollstreckung ruht also zu keiner Zeit.

Geht man demgegenüber davon aus, dass sich Testamentsvollstreckung und gesetzliche Vertretung und Pflegschaft gegenseitig stören bzw. ausschließen, so gewinnt die gestufte Testamentsvollstreckung wiederum an Bedeutung. Die gestufte Testamentsvollstreckung ist geeignet, die Konkurrenz zwischen Testamentsvollstreckung und gesetzlicher Vertretung einerseits und Pflegschaft andererseits aufzulösen. Denn bis zum Eintritt der Bedingung kann die Rechtsmacht des Testamentsvollstreckers nach § 2208 Abs. 1 S. 1 i.V.m. § 2205 BGB beschränkt werden. Beispielsweise könnte die verwaltende Person im Rahmen der Testamentsvollstreckung lediglich mit der Ausübung des Besitzes der Nachlassgegenstände beauftragt werden. In diesem Rahmen steht ihr ein Verwaltungsrecht zu, welches die allgemeinen Wirkungen der

---

854 Siehe auch Bengel/*Reimann*, HbTV, 6. A. (2017), § 2 Rn. 216.
855 Siehe auch Bengel/*Reimann*, HbTV, 6. A. (2017), § 2 Rn. 216.
856 Siehe auch Bengel/*Reimann*, HbTV, 6. A. (2017), § 2 Rn. 216.
857 Siehe hierzu unter Kapitel 5 § 4.

Testamentsvollstreckung auslöst. Gleichwohl könnte der Ernannte aufgrund der inhaltlich beschränkten Testamentsvollstreckung nicht substanziell auf den Nachlass einwirken und die gesetzliche Vertretung bzw. die Pflegschaft könnten sich jeweils voll entfalten. Dabei reicht die Rechtsmacht aufgrund der gesetzlichen Vertretung bzw. der Pflegschaft nicht weiter als im Falle einer Personenverschiedenheit oder im Falle fehlender Zuschaltung eines Testamentsvollstreckers. Die Lage entspricht der „normalen" Vormundschaft bzw. Pflegschaft. Sollte wegen § 2211 Abs. 1 BGB zur Verfügung über einen Nachlassgegenstand die Zustimmung des Erben, vertreten durch den gesetzlichen Vertreter bzw. Pfleger, erforderlich sein, dann kann diese nur innerhalb des jeweiligen Befugnisrahmens abgegeben werden, d.h. unter Vorbehalt einer familiengerichtlichen Genehmigung.

§ 5 Nachlasspflegschaft und Testamentsvollstreckung

I. Die Fälle der Nachlasspflegschaft

Mit dem Tod des Erblassers geht die Erbschaft unmittelbar auf den Erben über (§ 1922 Abs. 1 BGB). Das hinterlassene Vermögen hat immer einen Eigentümer. Dennoch kann eine Situation entstehen, in der der Nachlass zeitweise ohne tatsächliche Verwaltung ist (Interregnum)[858]. Der Zweck der Nachlasspflegschaft ist es, in einem solchen Fall dem Erben den Nachlass in seinem ursprünglichen Zustand zu erhalten (vgl. § 1960 BGB). Beispielsweise ist die Erbenstellung bis zur Annahme der Erbschaft (§ 1943 BGB) nur eine vorläufige und der Erbe so lange nicht verpflichtet, für die Erbschaft zu sorgen. Der Erbe kann auch unbekannt sein, zum Beispiel weil die Erbfolge noch nicht abschließend geklärt ist.

Das Nachlassgericht kann bei Eintreten eines Erbfalls nicht generell nachlasssichernd eingreifen, sondern nur dann, wenn ein besonderes Bedürfnis hierfür vorliegt (§ 1960 BGB).[859] Die Ernennung eines Testamentsvollstreckers schließt ein solches Bedürfnis nicht von vornherein aus.[860] Die Ziele der

---

858 *Muscheler*, Erbrecht (2010), Bd. II, Rn. 2715.

859 MüKoBGB/*Leipold*, 7. A. (2017), § 1960 Rn. 1.

860 Staudinger/*Reimann*, BGB (Bearb. 2016), Vorbem. zu §§ 2197 ff. BGB Rn. 38. Grundsätzlich besteht die Möglichkeit, dass der Testamentsvollstrecker zugleich der Nachlasspfleger ist, vgl. *Zimmermann*, Die Testamentsvollstreckung, 4. A. (2014), Rn. 199, der jedoch darauf hinweist, dass eine Personenidentität nicht zweckdienlich ist. Personenidentität ist bei gleichzeitiger Anordnung der Testamentsvollstreckung unwahrscheinlich. Denn sofern ein Testamentsvollstrecker vorhanden ist, fehlt in der Regel das Fürsorgebedürfnis. Im Übrigen verhält sich die Problematik

Nachlasspflegschaft und der Testamentsvollstreckung sind nicht deckungsgleich. Die Nachlasspflegschaft ist keine Vermögenspflegschaft, sondern eine Personalpflegschaft.[861] Die Sicherung und Erhaltung des Nachlassvermögens ist – anders als bei der Verwaltungsvollstreckung (§ 2209 BGB) – nicht Selbstzweck. Das Nachlassvermögen soll nicht um seiner selbst willen, sondern für diejenigen Personen, die sich als Erben herausstellen, gesichert und erhalten werden.[862] Der Nachlasspfleger hat daher die Interessen der Erben in Bezug auf den Nachlass bzw. die Nachlasssicherung wahrzunehmen.[863] Demgegenüber handelt der Testamentsvollstrecker nach den Vorgaben des Erblassers, welche nicht zwangsläufig mit den Interessen des Erben übereinstimmen müssen.[864] Rechtlich handelt es sich bei der Nachlasspflegschaft um eine Pflegschaft, so dass die Vorschriften über die Vormundschaft gemäß § 1915 Abs. 1 BGB angewendet werden, soweit sich nicht daraus etwas anderes ergibt, dass die Pflegschaft einen Nachlass betrifft und der Pflegling unbekannt ist.[865]

Pflegschaften belassen dem Pflegling seine Geschäftsfähigkeit.[866] Der Nachlasspfleger hat daher gegenüber dem endgültigen Erben keine verdrängende Rechtsmacht, so dass der endgültige Erbe seine Rechtsmacht in Form der Verpflichtungsfähigkeit und Verfügungsmacht behält.[867] Die Rechtsstellung des Nachlasspflegers gegenüber dem Testamentsvollstrecker kann daher nicht weiter gehen als gegenüber dem Erben. Gegenüber diesem hat er keine verdrängende Rechtsmacht.[868] Insbesondere die Verfügungsbefugnis desjenigen, der

---

entsprechend den Fällen der Personenidentität des Testamentsvollstreckers beim Vormund.

861 *Mugdan*, Motive, V, S. 293; Staudinger/*Marotzke*, BGB (Bearb. 2008), § 1960 Rn. 23; Staudinger/*Reimann*, BGB (Bearb. 2016), Vorbem. § 2197 ff. Rn. 39.

862 *KG*, OLGZ 1971, 210 (214).

863 *KG*, OLGZ 1971, 210; Staudinger/*Reimann*, BGB (Bearb. 2016), Vorbem. § 2197 ff. Rn. 39.

864 Siehe zu den Interessen der im Rahmen einer Testamentsvollstreckung Beteiligten: Kapitel 1.

865 Palandt/*Weidlich*, BGB, 78. A. (2019), § 1960 Rn. 9.

866 *Gernhuber/Coester-Waltjen*, Familienrecht, 6. A. (2010), § 75 Rn. 11.

867 Motive, V, S. 553; *Riezler*, AcP 98 (1906), 372 (374); *Lange/Kuchinke*, Erbrecht, 5. A. (2001), § 38 IV 5e; *Leipold*, Erbrecht, 21. A. (2016), Rn. 627; *v. Lübtow*, Erbrecht (1971), S. 758; MüKoBGB/*Leipold*, 7. A. (2017), § 1960 Rn. 51, Palandt/*Weidlich*, BGB, 78. A. (2019), § 1960 Rn. 9; *OLG Bremen*, NJOZ 2012, 1913; *AG Starnberg*, FamRZ 1983, 1280 (1281); a.A. *Hellwig*, Lehrbuch des Deutschen Civilprozessrechts Band 1, 1903, S. 296.

868 *OLG Bremen*, NJOZ 2012, 1913; Palandt/*Weidlich*, BGB, 78. A. (2019), § 1960 Rn. 9; *Muscheler*, ZEV 2018, 270 (271).

sich als wirklicher Erbe erweist, wird durch die Bestellung des Nachlasspflegers nicht berührt.[869] Das gilt selbst für die dem vorläufigen Erben nach § 1959 BGB zustehenden Verwaltungsrechte.[870] Folgerichtig verdrängt er auch nicht den Testamentsvollstrecker aus dessen Befugnissen. Zudem wird ein Bedürfnis für eine Pflegschaft fehlen, wenn ein Testamentsvollstrecker vorhanden ist.[871] Sofern man dennoch ein Fürsorgebedürfnis bejahen möchte, gehört die Sicherung des Nachlasses nicht zu den Aufgaben des Nachlasspflegers.[872]

Es ist daher festzuhalten, dass das Verwaltungsrecht des Testamentsvollstreckers durch die Nachlasspflegschaft nicht eingeschränkt wird. Auch die Wirkungen der Testamentsvollstreckung bleiben unberührt.

II. Nachlasspflegschaft in der Zeit der Amtsvakanz

1. Meinungsstand

Ein verwaltungsloser Zustand kann auch in der Zeit entstehen, in der das Amt des Testamentsvollstreckers vakant ist,[873] weshalb nach allgemeiner Meinung ein Bedürfnis für eine Interimslösung besteht.[874] In der Literatur werden drei Ansätze vertreten:

---

869 Palandt/*Weidlich*, BGB, 78. A. (2019), § 1960 Rn. 11.

870 Erman/*J. Schmidt*, BGB, 15. A. (2017), § 1960 Rn. 16; Staudinger/*Marotzke*, BGB (Bearb. 2008), § 1960 Rn. 42; MüKoBGB/*Leipold*, 7. A. (2017), § 1960 Rn. 52; a.A. *Hörle*, ZBlFG 1909, 711 (717); *Siber*, JherJb 67 (1917), 81 (126); *v. Lübtow*, Erbrecht (1971), S. 758; *Ziegltrum*, Sicherungs- und Prozesspflegschaft (§§ 1960, 1961 BGB), Diss. (1986), S. 186ff.

871 Vgl. *KG*, OLGZ 1973, 106; *OLG Düsseldorf*, ZEV 2001, 366 (368); *Zimmermann*, Die Testamentsvollstreckung, 4. A. (2014), Rn. 199; Staudinger/*Marotzke*, BGB (Bearb. 2008), § 1960 Rn. 14.

872 *Zimmermann*, Die Testamentsvollstreckung, 4. A. (2014), Rn. 199.

873 Eine anfängliche Amtsvakanz liegt vor in der Zeit zwischen dem Erbfall und der Annahme des Amtes durch den vom Erblasser (§ 2197 BGB) oder einem Dritten (§ 2198 BGB) ernannten Testamentsvollstrecker. Das Amt des Testamentsvollstreckers kann auch deshalb unbesetzt sein, weil das Amt des Amtsvorgängers zwischenzeitlich erloschen ist (§ 2225 BGB), der Amtsvorgänger das Amt gekündigt hat (§ 2226 BGB) oder der Amtsvorgänger vom Nachlassgericht (§ 2227 BGB) entlassen wurde (nachträgliche Amtsvakanz).

874 MüKoBGB/*Zimmermann*, 7. A. (2017), § 2202 Rn. 4; *Zimmermann*, Die Testamentsvollstreckung, 4. A. (2014), Rn. 199; Staudinger/*Reimann*, BGB (Bearb. 2016), § 2197 Rn. 8 ff.; jurisPK-BGB/*Heilmann*, 8. A. (2017), § 2202 BGB, Rn. 6; *Damrau*, ZEV 1996, 81; *Damrau*, FS Hermann Lange (1992), S. 797 ff; Soergel/*Damrau*, BGB, 13.

- *Damrau*[875] und *Zimmermann*[876] befürworten eine Nachlasspflegschaft für den Testamentsvollstrecker analog § 1913 BGB (Pflegschaft für unbekannte Beteiligte).
- *Bengel* befürwortet ebenfalls eine Pflegschaft für den Testamentsvollstrecker, sieht die Analogiebasis jedoch in § 1960 BGB (Nachlasspflegschaft).[877]
- *Schild*[878] plädiert für eine Pflegschaft für den Erben, die über eine doppelte Analogie zu § 1960 BGB angeordnet werden soll.

Einigkeit besteht darüber, dass § 1960 BGB nicht direkt anwendbar ist, weil ein Fürsorgebedürfnis für den Nachlass nicht daher rührt, dass der Erbe unbekannt ist. *Damrau* möchte § 1913 BGB direkt anwenden.[879] Seiner Meinung nach erfasst der Begriff des Beteiligten in § 1913 BGB auch den Testamentsvollstrecker.[880] *Bengel* lehnt dies mangels ausdrücklicher Regelung ab.[881] Nach *Bengel* geht es vielmehr um eine rechtsmethodische Begründung eines Nachlassschutzes. Eine Regelungslücke liege vor, denn der Gesetzgeber habe das Schutzbedürfnis des Nachlasses durchaus erkannt,[882] jedoch keine Regelung getroffen. Nach *Schild* scheidet eine Pflegschaft für den Testamentsvollstrecker, egal ob über § 1913 BGB oder § 1960 BGB, aus, weil vor Amtsannahme des Testamentsvollstreckers keine Rechte oder Pflichten für den Testamentsvollstrecker bestünden, die der Pfleger wahrnehmen könnte, da diese erst mit der Annahme des Amts entstünden. Nach dem Ansatz *Schilds* soll der tatbestandliche Anwendungsbereich des § 1960 Abs. 1 BGB über den Zeitpunkt der Annahme der Erbschaft hinaus ausgedehnt werden und das Bedürfnis im Sinne von § 1960 BGB nicht wegen eines unbekannten oder untätigen Erben, sondern wegen der Vakanz des Testamentsvollstreckeramtes zugelassen werden.[883]

A. (2002), § 2202 BGB Rn. 10; Jauernig/*Berger/Mansel*, BGB, 16. A. (2015), § 1913 Rn. 1; Bengel/Reimann/*Bengel/Dietz*, HbTV, 6. A. (2017), § 1 Rn. 14 ff.

875 *Damrau*, ZEV 1996, 81; *Damrau*, FS Hermann Lange (1992), S. 797 ff.

876 MüKoBGB/*Zimmermann*, 7. A. (2017), § 2202 Rn. 4; *Zimmermann*, Die Testamentsvollstreckung, 4. A. (2014), Rn. 140.

877 Bengel/Reimann/*Bengel/Dietz*, HbTV, 6. A. (2017), § 1 Rn. 14 ff; ihm folgend Palandt/*Weidlich*, 77. A. (2018), § 2197 Rn. 1; Bamberger/Roth/*J. Mayer*, BGB, 3. A. (2012), § 2197 Rn. 36.

878 Das unbesetzte Testamentsvollstreckeramt, Diss. (1998), S. 192 ff.

879 Ihm folgend Jauernig/*Berger/Mansel*, BGB, 16. A. (2012), § 1913 Rn. 1 und Staudinger/*Marotzke*, BGB (Bearb. 1994), § 1960 Rn. 7 und 25.

880 ZEV 1996, 81 (83).

881 HbTV, 6. A. (2017), § 1 Rn. 15.

882 Protokolle, V, S. 252 f.

883 *Schild*, Das unbesetzte Testamentsvollstreckeramt, S. 192 f.

Die Rechtsprechung hat bislang zu dem Literaturstreit keine Stellung genommen. Es finden sich – soweit ersichtlich – nur zwei Entscheidungen des BGH aus dem Verfahren Az. IV ZB 23/11 vom 17. Juli 2012[884] sowie vom 13. September 2012[885]. In beiden Entscheidungen ging es um den Fall einer nachträglichen Amtsvakanz.[886] Der BGH hat in beiden Entscheidungen das Bedürfnis für eine Nachlasspflegschaft gemäß § 1960 BGB angenommen, allerdings ohne sich mit der Problematik auseinanderzusetzen oder klarzustellen, ob die Nachlasspflegschaft wegen der Ungewissheit über die Erbfolge und/oder wegen der Amtsvakanz erfolgt ist.[887] Der BGH hat lediglich festgehalten, dass das Bedürfnis für eine gerichtliche Fürsorge in der Regel fehlt, wenn ein Testamentsvollstrecker vorhanden ist.[888] Es ist daher unklar, ob der BGH die Nachlasspflegschaft nach § 1960 BGB damit begründet hat, dass der Erbe unbekannt und eine Pflegschaft nicht entbehrlich sei, weil die Wirksamkeit der Ernennung des Testamentsvollstreckers fraglich ist, oder ob die Nachlasspflegschaft auch wegen der Amtsvakanz erfolgt ist. Die Vorinstanz, das OLG Frankfurt a.M., sprach von der „Gesamtsituation“, welche die Anordnung der Nachlasspflegschaft gerechtfertigt habe.[889] Gleichwohl setzte sich das OLG mit den Tatbestandsvoraussetzungen des § 1960 BGB nur hinsichtlich der Ungewissheit über die Erbenstellung auseinander, nicht jedoch mit der Problematik der Amtsvakanz. Ob hieraus gefolgert werden kann, dass die Nachlasspflegschaft ausschließlich wegen der Ungewissheit über die Erben angeordnet wurde, ist unklar. Einzig das Nachlassgericht stützte sich explizit auch darauf, dass die Wirksamkeit der Ernennung des Testamentsvollstreckers ungewiss sei.

884 ZEV 2013, 36; Vorinstanz OLG Frankfurt a.M. ZEV 2012, 417.

885 ZEV 2013, 39; Vorinstanz OLG Frankfurt a.M. ZEV 2012, 417.

886 Der BGH musste darüber entscheiden, ob das Bedürfnis einer Pflegschaft vorlag, weil darüber gestritten wurde, ob der Testamentsvollstrecker wirksam ernannt worden war. Hintergrund war die Frage, ob die Auswechselung eines Testamentsvollstreckers einen erbvertraglich Bedachten im Sinne von § 2289 Abs. 1 S. 1 BGB beeinträchtigt. Wäre das der Fall, dann lag keine wirksame Ernennung des Testamentsvollstreckers vor. Das Amt wäre vakant. Zur Frage der Wirksamkeit der Ernennung des Testamentsvollstreckers trat ein Erbprätendentenstreit hinzu.

887 In diese Richtung geht auch der Beschluss des *BayObLG* v. 09.03.2001, Az. 1Z BR 142/00, NJWE-FER 2001, 237. Das Gericht hielt eine Nachlasspflegschaft für zulässig, da Streit über die Wirksamkeit der letztwilligen Verfügung und damit über die Wirksamkeit der Anordnung der Testamentsvollstreckung bestand, ohne sich mit der Thematik näher auseinanderzusetzen.

888 *BGH*, ZEV 2013, 36 (38).

889 ZEV 2012, 417 (419).

Ob der Gesetzgeber für die Zeit des vakanten Amtes unbewusst keine Regelung getroffen hat, also eine planwidrige Regelungslücke vorliegt, kann bezweifelt werden. Der historische Gesetzgeber kannte die Thematik des vakanten Amts aufgrund von Verzögerungen beim Amtsantritt. Die Zweite BGB-Kommission betonte im Zusammenhang mit der Annahmeerklärung des Ernannten, dass bei Erbfällen regelmäßig dringliche Geschäfte zu erledigen sind und deswegen ein möglichst rasches Einschreiten des Testamentsvollstreckers erwünscht ist.[890] Ferner wies die Zweite BGB-Kommission darauf hin, dass in manchen Fällen die Grundsätze der Geschäftsführung ohne Auftrag[891] vor Unzuträglichkeiten schützen könnten.[892] Im Lichte dessen wird man nicht sagen können, dass der Gesetzgeber das Problem der Verwaltung in der Schwebezeit der Amtsvakanz ungewollt nicht gelöst habe. Eine Regelungslücke mag daher zwar vorliegen. Als planwidrig kann diese aber nicht bezeichnet werden, so dass die Voraussetzungen einer Analogie nicht vorliegen.

Ungeachtet dessen und unabhängig von der Frage nach der Analogiebasis, steht fest, dass die Wirkungen der Testamentsvollstreckung bereits mit dem Erbfall eintreten.[893] Klar ist auch, dass es in der Zeit der Amtsvakanz zu keiner Ämterkonkurrenz kommt, dass also stets nur eine Person für den Nachlass handelt. Das heißt, eine Nachlasspflegschaft, auch wenn man sie annähme und egal, ob für den Testamentsvollstrecker oder den Erben, führt nicht zu einem Ruhen des Amtes des Testamentsvollstreckers. Daher erübrigt sich eine Abgrenzung der jeweiligen Machtbereiche.

2. *Exkurs: Das Modell der Geschäftsführung ohne Auftrag als Alternative zur Nachlasspflegschaft?*

Die Grundsätze der Geschäftsführung ohne Auftrag könnten eine Alternative zur Nachlasspflegschaft sein. Die §§ 677 ff. BGB regeln die Interessenkollision zwischen uneigennützigem (insbesondere auch erwünschtem und hilfreichem) Handeln in fremden Angelegenheiten einerseits und der aufdringlichen (unerwünschten) Einmischung in fremde Angelegenheiten andererseits. Derjenige, der handelt, wird Geschäftsführer genannt, derjenige, für den gehandelt wird oder werden soll, Geschäftsherr. Das uneigennützige und rechtmäßige Tätigwerden des Geschäftsführers wird durch das Gesetz insbesondere dadurch

---

890 *Mugdan*, Protokolle, V, S. 646.
891 Siehe hierzu sogleich unter Ziffer 2.
892 *Mugdan*, Protokolle, V, S. 646.
893 Siehe unter Kapitel 2 § 6 I.

gefördert, dass dem Geschäftsführer nach § 670 i.V.m. §§ 683 S. 1, 677 BGB ein Anspruch auf Aufwendungsersatz gewährt und seine Haftung beschränkt wird. Vor aufdringlicher oder eigennütziger Einmischung wird der Geschäftsherr dagegen geschützt (§§ 677 bis 681, 687 Abs. 2 BGB). Nach den §§ 677 ff. BGB kann man folgende Fallgruppen und Untergruppen unterscheiden, für die jeweils unterschiedliche Rechtsfolgen gelten:

- berechtigte bzw. rechtmäßige Geschäftsführung ohne Auftrag (§§ 677, 683 BGB)
- unberechtigte bzw. rechtswidrige Geschäftsführung ohne Auftrag (§ 684 S. 1 BGB)
- irrtümliche Eigengeschäftsführung (§ 687 Abs. 1 BGB)
- angemaßte Eigengeschäftsführung (§ 687 Abs. 2 BGB).

a) *Erbe als Geschäftsführer?*

Hinsichtlich der Einschlägigkeit der vorgenannten Fallgruppen in Zeiten des vakanten Amtes bestehen Unsicherheiten. In der Literatur wird von *Johannsen*[894], *Zimmermann*[895], *Weidlich*[896] und *Damrau*[897] die Ansicht vertreten, dass der im Interregnum als Geschäftsführer ohne Auftrag handelnde Erbe gegen den Testamentsvollstrecker einen Anspruch auf Befreiung von der Verbindlichkeit geltend machen kann. Damit bejahen die Vorgenannten das Vorliegen einer berechtigten Geschäftsführung ohne Auftrag (§§ 677, 683 BGB). In keinem anderen Fall wäre die von *Johannsen*, *Zimmermann*, *Weidlich* und *Damrau* gezogene Rechtsfolge sonst denkbar. Die Vorgenannten gehen damit weiter davon aus, dass der Erbe der Geschäftsführer und der Testamentsvollstrecker der Geschäftsherr ist. Dieses Ergebnis bedarf einer tatbestandsmäßigen Überprüfung.

Die berechtigte Geschäftsführung ohne Auftrag (§ 677, 683 BGB) hat folgende Voraussetzungen: (a) die Anwendbarkeit der § 677 ff. BGB, (b) die Geschäftsbesorgung, (c) für einen anderen, (d) ohne Auftrag oder sonstige Berechtigung sowie (d) dass die Übernahme der Geschäftsführung gerechtfertigt sein muss.

---

894 LM § 2205 BGB Nr. 2.
895 MüKoBGB/*Zimmermann*, 7. A. (2017), § 2211 Rn. 8.
896 Palandt/*Weidlich*, 77. A. (2018), § 2211 Rn. 3.
897 ZEV 1996, 81 (92).

Gegen die Anwendbarkeit der §§ 677 ff. BGB bestehen keine Bedenken.[898] Fraglich ist allerdings, wer Geschäftsherr und wer Geschäftsführer sein kann. Der Erblasser kann nach seinem Ableben nicht Geschäftsherr sein. Der Erbe kann zwar ein Geschäft im Sinne der §§ 677 ff. BGB[899] besorgen, allerdings wird der Erbe nicht für einen anderen tätig. Das Handeln für einen anderen setzt voraus, dass er im Bewusstsein handelt, dass ein fremdes Geschäft vorliegt, und mit dem Willen, es als fremdes zu führen.[900] Der Gesetzgeber hat von einer Definition des objektiv fremden Geschäfts abgesehen. Rechtsprechung und Literatur konkretisieren ein objektiv fremdes Geschäft dahin gehend, dass der Geschäftsführer dem Inhalt des Geschäfts nach in einen fremden Rechts- und Interessenkreis eingreifen müsse.[901] Bei angeordneter Testamentsvollstreckung ist der Erbe zwar aus seiner Verwaltungszuständigkeit verdrängt. Unter dem Gesichtspunkt der Handlungszuständigkeit könnte man aber ein objektiv fremdes Geschäft bejahen. In der Regel handelt der Erbe allerdings in der Zeit

898 Nach *Schild* ist deren Anwendbarkeit bestreitbar, da die Grundsätze der Geschäftsführung ohne Auftrag nach der ihr immanenten Terminologie und der Systematik des BGB nur als subsidiärer oder zusätzlicher, aber niemals als ausschließlicher Rechtsgüterschutz in Betracht kommen können (siehe *Schild*, Das unbesetzte Testamentsvollstreckeramt, Diss. (1998), S. 66). Dem könnte man entgegengehalten, dass der Charakter eines Auffangtatbestandes gewahrt bleibt, da eine Geschäftsführung bzw. ein Verwaltungsrecht in den Zeiten der Amtsvakanz nicht anderweitig im Gesetz geregelt ist. Zudem bezweckt die Geschäftsführung ohne Auftrag grundsätzlich keinen ausschließlichen Rechtsgüterschutz. Der Geschäftsherr wird lediglich zum Schutz seiner Privatautonomie vor aufdringlichen oder eigennützigen Eingriffen in seine Sphäre geschützt (Palandt/*Weidlich*, BGB, 78. A. (2019), Einf. v. § 677 Rn. 3). Seine Rechtsgüter sind nicht schlechthin durch die §§ 677 ff. BGB geschützt. Die Vorschriften über die auftragslose Geschäftsführung gewähren keinen absoluten Schutz. Diesen gewährt das Deliktsrecht (§§ 823 ff. BGB). Auch die Ernennung eines Testamentsvollstreckers gewährt keinen unmittelbaren und absoluten Rechtsgüterschutz.

899 Der Begriff der Geschäftsbesorgung im Sinne von § 677 BGB ist wie in § 622 BGB weit zu verstehen. Er umfasst jedes (neben rechtsgeschäftlichem also auch ein rein tatsächliches) Verhalten, s. Palandt/*Weidlich*, 78. A. (2019), § 677 Rn. 2; Staudinger/*A. Bergmann*, BGB (Bearb. 2015), Vorbemerkungen zu §§ 677 ff. Rn. 107; Erman/*Dornis*, BGB, 15. A. (2017), § 677 Rn. 2.

900 *BGH*, NJW 2000, 72; Staudinger/*A. Bergmann*, BGB (Bearb. 2015), Vorbemerkungen zu §§ 677 ff., Rn. 161; Erman/*Dornis*, BGB, 15. A. (2017), § 677 Rn. 8.

901 *BGHZ* 181, 188; *RGZ* 138, 45 (48); 97, 61 (65f.); Soergel/*Beuthien*, BGB, 13. A. (2012), § 677 Rn. 7; Palandt/*Sprau*, BGB, 78. A. (2019), § 677 Rn. 4; Erman/*Dornis*, BGB, 15. A. (2017), § 677 BGB Rn. 12; MüKoBGB/*Schäfer*, 7. A. (2017), § 677 Rn. 36.

der Amtsvakanz für den Nachlass. Allein der Erbe ist zudem der am Nachlass materiell Berechtigte. Deshalb scheitert die Annahme eines objektiv fremden oder neutralen Geschäfts. Mangels objektiv fremden Geschäfts scheitert auch die Kategorie des auch-fremden Geschäfts. Denn ein eigenes Geschäft ist nur dann unschädlich, wenn es mit einem objektiv fremden Geschäft zusammenfällt.[902] Damit liegt seitens des Erben keine Geschäftsführung ohne Auftrag vor. Zudem ist ein Fremdgeschäftsführungswille bei objektiv eigenen Geschäften kategorisch ausgeschlossen. Der von *Johannsen*[903], *Zimmermann*[904], *Weidlich*[905] und *Damrau*[906] vertretenen Auffassung kann daher nicht zugestimmt werden.

Neben den genannten Argumenten, die sich aus den tatbestandlichen Voraussetzungen der Geschäftsführung ohne Auftrag ergeben, ist auch folgende Überlegung beachtlich: Allein der Erbe ist am Nachlass wirtschaftlich berechtigt. Ein Freistellungsanspruch gegen den Testamentsvollstrecker hätte allerdings zur Folge, dass der Erbe die Freistellung nicht vom Testamentsvollstrecker, sondern letztlich aus seiner Vermögensmasse „Nachlass" erhält. Damit würde der Erbe ohne den Umweg des § 2217 BGB an den Nachlass gelangen. Die Aufwendungen des Erben müssen allerdings unvergütet bleiben, da der Erbe auch bei bereits begonnener Testamentsvollstreckung den Nachlass nicht verpflichten kann. Ein Freistellungsanspruch würde jedoch wirtschaftlich zu diesem Ergebnis führen. Während der Amtsvakanz kann nichts anderes gelten als während der Zeit nach der Annahme des Amtes. Es bleibt festzuhalten, dass der Erbe nicht Geschäftsführer sein kann.

b) Erbe als Geschäftsherr?

Dem Erben kann jedoch die Rolle des Geschäftsherrn zukommen.[907] Geschäftsherr ist, wessen Angelegenheit im konkreten Fall geführt wird. Die noch in der frühen Kommentarliteratur vertretene Ansicht, dass der noch nicht im Amt befindliche Testamentsvollstrecker der Geschäftsherr sei,[908] hat sich zu Recht

902 St. Rspr., siehe nur *BGHZ* 140, 102 (109); 110, 313 (314 f.); 16, 12 (16); siehe auch Enneccerus/*H. Lehmann*, SchuldR, § 165 III 2 a; jurisPK-BGB/*Lange*, 8. A. (2017), § 677 Rn. 14; RGRK-BGB/*Steffen*, 11. A. (1959), Vor § 677 Rn. 10.

903 LM § 2205 BGB Nr. 2.

904 MüKoBGB/*Zimmermann*, 7. A. (2017), § 2211 Rn. 8.

905 Palandt/*Weidlich*, BGB, 78. A. (2019), § 2211 Rn. 3.

906 ZEV 1996, 81 (92).

907 Staudinger/*Reimann*, BGB (Bearb. 2016), § 2202 Rn. 34.

908 Planck/*Flad*, BGB, 4. A. (1930), § 2202 Rn. 12; *Dernburg*, Deutsches Erbrecht (1905), S. 33; so auch Staudinger/*Reimann*, BGB (Bearb. 2016), § 2202 Rn. 34, jedoch nur für die Fallgruppe des vermeintlichen Testamentsvollstreckers.

nicht durchgesetzt. Wird der Ernannte vor Amtsbeginn für den Nachlass tätig, dann handelt es sich um die Angelegenheiten des Erben, nicht um die des Testamentsvollstreckers.[909] Um dessen Angelegenheiten kann es sich (noch) nicht handeln, denn sein Amt hat noch nicht begonnen. Vorgelagerte Amtspflichten kennt das Gesetz nicht. Solche würden den Ernannten zu Maßnahmen zwingen, obwohl ungewiss ist, ob dieser sein Amt annimmt. Zumal eine Pflicht zur Annahme des Amtes nicht besteht.[910] Ferner wäre fraglich, welche Folgen sich bei Verstößen gegen vorgelagerte Amtspflichten knüpfen sollen. Damit kann der Erbe nur Geschäftsherr und nicht etwa Geschäftsführer sein.[911] Als Geschäftsführer kommt vielmehr der Testamentsvollstrecker in Betracht.

c) *Testamentsvollstrecker als Geschäftsführer?*

Auch beim Testamentsvollstrecker ist das Bewusstsein erforderlich, das Geschäft als Fremdes zu besorgen. Das heißt, der Testamentsvollstrecker muss in dem Bewusstsein handeln, dass ein fremdes Geschäft vorliegt, und mit dem Willen, es als fremdes zu führen. Dies wird von der Literatur im Falle des vermeintlichen Testamentsvollstreckers abgelehnt.[912] Von einem vermeintlichen Testamentsvollstrecker spricht man, wenn sich nachträglich herausstellt, dass sich die ursprüngliche Anordnung des Erblassers nach § 2197 BGB entweder von einem bestimmten Zeitpunkt oder Ereignis an (ganz oder teilweise) erledigt hatte oder von Anfang an unwirksam war.[913] In diesen Fällen handelt der Ernannte in jedem Fall „als Testamentsvollstrecker" mit der eindeutigen Folge, dass der (vermeintliche) Testamentsvollstrecker eigene und keine fremden Angelegenheiten besorgen will. In der Zeit der Amtsvakanz ist es jedoch

---

909 *Schild*, Das unbesetzte Testamentsvollstreckeramt, Diss. (1998), S. 83; Staudinger/*Herzberg*, BGB (Bearb. 1906), § 2202 Rn. 6.

910 Palandt/*Weidlich*, BGB, 78. A. (2019), § 2202 Rn. 2; Staudinger/*Reimann*, BGB (Bearb. 2016), § 2202 Rn. 25; Erman/*M. Schmidt*, BGB, 15. A. (2017), § 2202 BGB Rn. 2; MüKoBGB/*Zimmermann*, 7. A. (2017), § 2202 Rn. 2. In diesem Kontext ist strittig, ob der Testamentsvollstrecker zur Annahme verurteilt werden kann. Die Frage ist allerdings theoretischer Natur, da ein zur Annahme Verurteilter nach § 2226 BGB jederzeit wieder kündigen kann. Im Übrigen verträgt sich ein Amtsantritt wider Willen nicht mit der künftigen Stellung des Testamentsvollstreckers als Vertrauensperson. Wenn die Klagbarkeit vereinzelt bejaht wird (RGRK-BGB/*Kregel*, 11. A. (1959), § 2202 Rn. 3), bleibt sie in jedem Fall unzweckmäßig. Zur vertragsmäßigen Verpflichtung s. Staudinger/*Reimann*, BGB (Bearb. 2016), § 2202 Rn. 26.

911 *Schild*, Das unbesetzte Testamentsvollstreckeramt, Diss. (1998), S. 85.

912 Bengel/Reimann/*Bengel*/*Dietz*, HbTV, 6. A. (2017), § 1 Rn. 236.

913 *Muscheler*, Erbrecht (2010), Bd. II, Rn. 2743.

möglich, dass der Ernannte nicht „als" Testamentsvollstrecker, sondern wie ein Dritter für den Nachlass tätig wird. Dass er sich dabei an dem vom Erblasser auferlegten Aufgabenbereich orientiert, macht das jeweilige Geschäft noch nicht zu einem Eigengeschäft. Denn ein Eigengeschäft kann nicht vorliegen, da das Amt noch nicht begonnen hat und den Testamentsvollstrecker daher weder das Recht noch die Pflicht zum Handeln trifft. Der Testamentsvollstrecker kann auch freiwillig handeln. Für die Annahme eines Geschäftsführungsrechts muss er allerdings dann zwingend in dem Bewusstsein handeln, dass er das Geschäft nicht in seiner vermeintlichen Funktion als Testamentsvollstrecker führt. Trifft dies zu, dann handelt der Ernannte in dem Bewusstsein, dass ein fremdes Geschäft vorliegt, und mit dem Willen, es als fremdes zu führen.

Es bleibt das Problem, dass die Übernahme der Geschäftsführung gerechtfertigt sein muss (§ 683 S. 1 BGB). Die Rechtfertigung der Übernahme setzt nach § 683 S. 1 BGB voraus, dass die Übernahme dem Interesse des Geschäftsherrn sowie seinem wirklichen oder mutmaßlichen Willen entspricht. In erster Linie ist der wirklich geäußerte Wille des Geschäftsherrn maßgeblich. Da dies der Erbe ist, ist es denkbar, dass der Erbe den Handlungen des ernannten, aber noch nicht im Amt befindlichen Vollstreckers widerspricht, mit der Folge, dass die Übernahme der Geschäftsführung nicht gerechtfertigt wäre. Das ist jedoch nicht der Fall. Durch die wirksame Ernennung des Testamentsvollstreckers ist der Erbe mit dem Eintritt des Erbfalls von jeglicher Verwaltung der Nachlassgegenstände ausgeschlossen.[914] Hierunter fällt auch die Möglichkeit zum Widerspruch im Sinne des § 683 BGB. Der Erbe wird durch diese Betrachtung nicht schlechter gestellt. Die Beschränkung seiner Rechtsmacht gilt ohnehin. Anders wäre es nur, wenn sich später herausstellte, dass der Testamentsvollstrecker im Zeitpunkt der Geschäftsbesorgung nicht wirksam ernannt worden wäre. In diesem Fall wäre der Erbe in seiner Rechtsmacht nicht beschränkt gewesen. Sein entgegenstehender Wille wäre dann nach § 683 BGB beachtlich.

Es kann festgehalten werden, dass der ernannte Testamentsvollstrecker in der Zeit des Interregnums Geschäftsführer sein kann. Er handelt dabei nicht in seiner Funktion „als Testamentsvollstrecker", sondern wie ein Dritter.

Die Ausübung der Geschäftsführung beurteilt sich nach § 677 BGB. Danach ist der Geschäftsführer ohne Auftrag verpflichtet, das übernommene Geschäft so zu führen, wie es das Interesse des Geschäftsherrn mit Rücksicht auf dessen wirklichen oder mutmaßlichen Willen erfordert. Die Beurteilung, welche

914 Siehe hierzu Kapitel 1 und Kapitel 2 § 2 sowie *Schild*, Das unbesetzte Testamentsvollstreckeramt, Diss. (1998), S. 89.

Maßnahmen danach notwendig sind, steht im pflichtgemäßen Ermessen des Geschäftsführers, da die berechtigte Geschäftsführung ohne Auftrag mit dem Fall vergleichbar ist, dass der Geschäftsherr einen Auftrag erteilt hat, ohne nähere Weisungen gegeben zu haben.[915] In der Zeit der Amtsvakanz ist zwar der Erbe als Geschäftsherr anzusehen. Sein Wille wird jedoch von dem Willen des Erblassers kraft angeordneter Testamentsvollstreckung überlagert, so dass sich die Ausführung der Geschäftsführung nach dem Willen des Erblassers richtet. Der für die Ordnungsmäßigkeit maßgebliche Wille des Erblassers ist damit vorgreiflich für die Rechtmäßigkeit der Geschäftsführung im Vorfeld des Amtsbeginns. Handelt der noch nicht im Amt befindliche Testamentsvollstrecker als berechtigter Geschäftsführer, so geben ihm die §§ 677 ff. BGB ein Recht zum Besitz.[916]

d) Fazit

Dem noch nicht im Amt befindlichen Testamentsvollstrecker ist mit den Regeln über die Geschäftsführung ohne Auftrag ein rechtliches Mittel an die Hand gegeben, in der Zeit der Amtsvakanz für den Nachlass zu handeln. Die Lage entspricht der des § 1959 BGB. Der noch nicht im Amt befindliche Testamentsvollstrecker ist dabei berechtigt, nicht jedoch verpflichtet, für den Nachlass zu handeln. Denn eine dem Amtsbeginn vorgelagerte Pflicht zum Handeln würde eine faktische Pflicht zur Annahme des Amtes bedeuten, bevor es überhaupt begonnen hat.

Hat der Testamentsvollstrecker die Annahme des Amtes bedingungslos erklärt, fehlt in aller Regel ein Fürsorgebedürfnis und damit das Erfordernis einer Pflegschaft.[917] Dies gilt freilich nicht, wenn die Wirksamkeit der Einsetzung des Testamentsvollstreckers von der noch nicht geklärten Wirksamkeit des Testaments abhängt.[918] In diesem Fall sind die Erbfolge und damit auch der Erbe unbekannt im Sinne des § 1960 BGB. Sofern der zukünftige

915 *BGH*, NJW-RR 2008, 759, 760; Staudinger/*Bergmann*, BGB (Bearb. 2006), § 677 Rn. 17.

916 Palandt/*Weidlich*, BGB, 78. A. (2019), Einf. v. § 677 Rn. 12.

917 Bereits *KG*, RJA 15, 28 (31); *OLG Colmar*, OLGRspr 32, 47 (48); *KG*, OLGZ 1973, 106 (108); *LG Stuttgart*, ZEV 2009, 396 (397) m. Anm. *Storz*; MüKoBGB/*Leipold*, 7. A. (2017), § 1960 Rn. 27; Staudinger/*Marotzke*, BGB (Bearb. 2008), § 1960 Rn. 14; Erman/*Schlüter*, BGB, 12. A. (2008), § 1960 Rn. 5; Palandt/*Weidlich*, BGB, 78. A. (2019), § 1960 Rn. 1.

918 *BayObLG*, FamRZ 2002, 109 (110); *OLG Düsseldorf*, FGPrax 2012, 260; *OLG Stuttgart*, BeckRS 2015, 15271; MüKoBGB/*Leipold*, 7. A. (2017), § 1960 Rn. 27.

Testamentsvollstrecker die Amtsannahme noch nicht erklärt hat und ihm darüber hinaus noch die Handlungsbereitschaft fehlt oder die Person des Vollstreckers erst noch bestimmt werden muss (§§ 2198, 2199, 2200 BGB), fehlt es wiederum an dem Erfordernis einer Pflegschaft.

§ 6 Nachlassverwaltung und Testamentsvollstreckung

Im Erbfall geht die Erbschaft als Ganzes auf den Erben über (§ 1922 Abs. 1 BGB). Das heißt, der Erbe übernimmt nicht nur die Aktiva, sondern auch die Passiva des Erblassers. Sofern der Erbe die Erbschaft nicht ausgeschlagen hat (§ 1942 Abs. 1 BGB) oder die Annahme der Erbschaft unanfechtbar ist (§§ 1954 ff., 119 ff. BGB), haftet er für die Nachlassverbindlichkeiten mit seinem gesamten Vermögen (§ 1967 Abs. 1 BGB). Gegenüber den einzelnen Nachlassgläubigern kann der Erbe versuchen, seine Haftung mithilfe der Ausschlusseinrede (§ 1973 BGB), der Verschweigungseinrede (§ 1974 BGB) oder der Überschwerungseinrede (§ 1992 BGB) zu beschränken. Gegenüber der Gesamtheit der Nachlassgläubiger bleiben dem Erben die haftungsbeschränkenden Möglichkeiten der Nachlassverwaltung (§§ 1975, 1981 BGB) oder des Nachlassinsolvenzverfahrens (§§ 1975, 1980 BGB).

Die Anordnung der Nachlassverwaltung bewirkt, dass sich die Haftung des Erben für die Nachlassverbindlichkeiten auf den Bestand des Nachlasses beschränkt (§ 1975 BGB).[919] Mit der Anordnung der Nachlassverwaltung verliert der Erbe die Befugnis, den Nachlass zu verwalten und über ihn zu verfügen (§ 1984 Abs. 1 S. 1 BGB).[920]

Aus diesem Grund wurde teilweise angenommen, dass die Nachlassverwaltung die Testamentsvollstreckung verdränge.[921] Denn die Verdrängungswirkung nach § 1984 BGB könne bei angeordneter Testamentsvollstreckung nie eintreten, da hier dem Erben die Rechtsmacht mit dem Eintritt des Erbfalls entzogen sei, so die damalige Auffassung. Nach der nunmehr herrschenden Meinung wird die Testamentsvollstreckung durch die Anordnung der Nachlassverwaltung nicht aufgehoben. Das Amt des Testamentsvollstreckers ruht jedoch in dem Umfang, wie die Rechtsmacht des Nachlassverwalters reicht.[922]

919 Ausführlich zur Nachlassverwaltung *Muscheler*, Erbrecht (2010), Bd. II, Rn. 3544 ff.
920 *Muscheler*, Erbrecht (2010), Bd. II, Rn. 3578.
921 Siehe hierzu die Nachweise bei *Muscheler*, Die Haftungsordnung der Testamentsvollstreckung, Habil. (1994), S. 106 Fn. 27 sowie S. 129 Rn. 40, sowie bei *dems.*, Erbrecht (2010), Bd. II, Rn. 3590 Fn. 318.
922 *Muscheler*, Die Haftungsordnung der Testamentsvollstreckung, Habil. (1994), S. 129 ff., sowie *ders.*, Erbrecht (2010), Bd. II, Rn. 3590 ff.; Staudinger/*Reimann*, BGB (Bearb.

Der Testamentsvollstrecker kann daher bei angeordneter Testamentsvollstreckung den Nachlass nicht verpflichten und nicht über Nachlassgegenstände verfügen. Er hat auch keinen Besitz an den Nachlassgegenständen.[923] Ihm bleiben jedoch die Befugnisse, die sonst der Erbe hätte.[924] Während der Nachlassverwaltung bleibt der Testamentsvollstrecker insbesondere berechtigt und aufgrund der ihm obliegenden Sorgfalt verpflichtet, den Nachlassverwalter zu überwachen und Mängel der Verwaltung durch geeignete Anträge beim Nachlassgericht zu bekämpfen.[925] Ferner bleibt dem Testamentsvollstrecker die Befugnis, die Schlussabrechnung des Nachlassverwalters entgegenzunehmen.[926] Nach Beendigung der Nachlassverwaltung lebt die bis dahin lediglich latente Rechtsmacht des Testamentsvollstreckers wieder auf.[927]

Sofern man eine Personenidentität von Testamentsvollstrecker und Nachlassverwalter für zulässig hält,[928] muss beachtet werden, dass die Rechtsmacht des Testamentsvollstreckers ruht und nur die Verwaltungsrechte aufgrund der Nachlassverwaltung ausgeübt werden können.

2016), § 2205 Rn. 220; MüKoBGB/*Zimmermann*, 7. A. (2017), § 2205 Rn. 95; Bengel/Reimann/*Schaub*, 6. A. (2017), § 4 Rn. 278; *Zimmermann*, Die Testamentsvollstreckung, 4. A. (2014), Rn. 200; Staudinger/*Marotzke*, BGB (Bearb. 2010), § 1984 Rn. 4; MüKoBGB/*Küpper*, 7. A. (2017); § 1984 Rn. 1; Palandt/*Weidlich*, BGB, 78. A. (2019), § 1984 Rn. 2 und § 2205 Rn. 3; Burandt/Rojahn/*Joachim*, Erbrecht 2. A. (2014), § 1984 Rn. 2; *KG*, OLGE 18, 316 (317).

923 *Zimmermann*, Die Testamentsvollstreckung, 4. A. (2014), Rn. 200.

924 Siehe hierzu *Muscheler*, Die Haftungsordnung der Testamentsvollstreckung, Habil. (1994), S. 130, sowie *ders.*, Erbrecht (2010), Bd. II, Rn. 3592.

925 RGZ 72, 262 (263); *Muscheler*, Die Haftungsordnung der Testamentsvollstreckung, Habil. (1994), S. 130; MüKoBGB/*Zimmermann*, 7. A. (2017), § 2205 Rn. 96.

926 Soergel/*Damrau*, 13. A. (2002), § 2197 Rn. 23; *Zimmermann*, Die Testamentsvollstreckung, 4. A. (2014), Rn. 200.

927 *Muscheler* Die Haftungsordnung der Testamentsvollstreckung, Habil. (1994), S. 131, sowie *ders.*, Erbrecht (2010), Bd. II, Rn. 3592; Staudinger/*Reimann*, BGB (Bearb. 2016), § 2205 Rn. 220.

928 Ablehnend mit dem Argument der „Zweckdienlichkeit" *Zimmermann*, Die Testamentsvollstreckung, 4. A. (2014), Rn. 220; bejahend Palandt/*Weidlich*, BGB, 78. A. (2019), § 1981 Rn. 5; bejahend, sofern keine – zum Nachlass gehörenden – Ersatzansprüche gegen den Testamentsvollstrecker nach § 2219 BGB in Betracht kommen, Staudinger/*Dobler*, BGB (Bearb. 2016), § 1981 Rn. 14, 30; Planck/*Flad*, 4. A. (1930), Vor § 2197 Anm. 5c; MüKoInsO/*Siegmann*, 3. A. (2014), Anh. § 315 Rn. 37; MüKoBGB/*Küpper*, 7. A. (2017), § 1981 Rn. 4.

§ 7 Insolvenz und Testamentsvollstreckung

I. Nachlassinsolvenz

Das Nachlassinsolvenzverfahren (§ 1980 BGB, §§ 315–331 InsO) ist – wie die Nachlassverwaltung – ein Instrument zur Beschränkung der Haftung des Erben für Nachlassverbindlichkeiten. Gründe für die Eröffnung des Insolvenzverfahrens über den Nachlass sind die Zahlungsunfähigkeit und die Überschuldung (§ 320 S. 1 InsO). Während des Nachlassinsolvenzverfahrens sind der Nachlass und das Eigenvermögen[929] des Erben zu trennen (Sonderinsolvenzverfahren)[930]. Bei der Nachlassinsolvenz gehört zur Insolvenzmasse der gesamte Nachlass, der dem Erben zur Zeit der Eröffnung des Nachlassinsolvenzverfahrens gehört, und dasjenige Vermögen, das er während des Verfahrens für den Nachlass erlangt.[931] Schuldner im Nachlassinsolvenzverfahren ist der Erbe und nicht der Nachlass, da insoweit auf den Rechtsträger abzustellen ist.[932] Mit Eröffnung des Insolvenzverfahrens geht das Recht des Erben, das zur Insolvenzmasse gehörende Vermögen zu verwalten und darüber zu verfügen, auf den Insolvenzverwalter über (§ 80 InsO). Trotz der weitreichenden Verdrängungswirkung ist der Erbe verpflichtet, dem Insolvenzgericht Auskünfte zu erteilen und es bei der Erfüllung seiner Aufgaben zu unterstützen (§ 20 InsO).

Die Testamentsvollstreckung besteht während des Nachlassinsolvenzverfahrens latent fort. Das Amt des Testamentsvollstreckers wird nicht beendet.[933] Das Verwaltungsrecht des Testamentsvollstreckers (§ 2205 BGB) ruht stattdessen aufgrund der §§ 20, 80 InsO in weiten Teilen. Die Rechtsmacht des Insolvenzverwalters ist gegenüber derjenigen des Testamentsvollstreckers vorrangig. Im Hinblick auf das Innenverhältnis des Erben zum Insolvenzverwalter besteht die Verwaltungsbefugnis des Testamentsvollstreckers als latentes Verwaltungsrecht fort. Der Testamentsvollstrecker erfüllt die Auskunfts- und Beteiligungspflichten des Erben, da das Verdrängungsprinzip[934] der Testamentsvollstreckung

---

929 Siehe *Muscheler*, Die Haftungsordnung der Testamentsvollstreckung, Habil. (1994), S. 6.

930 Siehe Staudinger/*Marotzke*, BGB (Bearb. 2010), § 1975 Rn. 29.

931 *Muscheler*, Erbrecht (2010), Bd. II, Rn. 3635.

932 MüKoInsO/*Siegmann*, 3. A. (2014), Anh. § 315 Rn. 1; Nerlich/Römermann/*Tiering*, InsO, 34. EL (2017), § 315 Rn. 12; *Lange/Kuchinke*, Erbrecht, 5. A. 2001, § 27 IV 4; Bengel/Reimann/*Klumpp*, HbTV, 6. A. (2017), § 5 Rn. 486.

933 *Zimmermann*, Die Testamentsvollstreckung, 4. A. (2014), Rn. 201; Gottwald/*Döbereiner*, Insolvenzrechtshandbuch, 5. A. (2015), § 111 Rn. 13.

934 Siehe unter Kapitel 1 und Kapitel 2 § 2.

auch hier gilt. Ferner kann der Testamentsvollstrecker für den Erben gegen den Beschluss über die Eröffnung des Insolvenzverfahrens sofortige Beschwerde (§ 27 InsO) einlegen. Das Rechtsschutzbedürfnis des Testamentsvollstreckers ergibt sich dabei aus der Beschränkung seiner Rechtsmacht gemäß § 80 InsO. Darüber hinaus kann der Testamentsvollstrecker Nachlassforderungen im Rahmen der Forderungsprüfung (§ 178 InsO) bestreiten. Nur das Bestreiten des Testamentsvollstreckers bewirkt, dass nach Abschluss der Nachlassinsolvenz wegen der bestrittenen Forderungen nicht in Nachlassgegenstände vollstreckt werden kann, auch wenn die Forderung in die Insolvenztabelle eingetragen ist.[935] Der Erbe ist hierzu wegen § 2213 BGB i.V.m. § 748 ZPO nicht in der Lage.[936] Letztlich ist der Testamentsvollstrecker nach § 317 Abs. 1 InsO berechtigt, den Antrag auf Eröffnung des Insolvenzverfahrens über den Nachlass zu stellen. Etwas anderes gilt nur dann, wenn die Testamentsvollstreckung nach § 2208 Abs. 1 S. 2 BGB gegenständlich beschränkt ist.[937]

Die Verwaltung des insolvenzfreien Vermögens bleibt ohnehin beim Testamentsvollstrecker. Erfasst davon sind die Vermögensgegenstände und die Rechte, die nicht der Zwangsvollstreckung unterliegen.[938]

II. Erbeneigeninsolvenz

Von dem Nachlassinsolvenzverfahren ist das Insolvenzverfahren über das Gesamtvermögen des Erben (Erbeneigeninsolvenz) zu unterscheiden. Im ersteren Fall gehört nur der Nachlass zur Masse, im zweiteren Fall gehört das gesamte Vermögen des Erben (einschließlich des Nachlasses) zur Masse. Im ersteren Fall liegt der Eröffnungsgrund bezüglich des Nachlasses vor (§ 320 S. 1 InsO), im zweiteren Fall liegt der Eröffnungsgrund bezüglich des Gesamtvermögens vor (§§ 16 ff. InsO). Ist der Schuldner vor der Eröffnung des Insolvenzverfahrens oder während des Verfahrens Erbe geworden, fällt der Nachlass vorläufig in die (Gesamt-)Masse.[939] Die Annahme oder Ausschlagung der Erbschaft steht weiterhin ausschließlich dem Schuldner zu (§ 83 Abs. 1 InsO). Hat er die Erbschaft angenommen, kann er sie gemäß § 1943 BGB nicht mehr ausschlagen, es tritt hinsichtlich der Erbschaft ein Vollerwerb ein.[940] Mit der Eröffnung des

935 Staudinger/*Reimann*, BGB (Bearb. 2016), § 2205 Rn. 222.
936 Gottwald/*Döbereiner*, Insolvenzrechtshandbuch, 5. A. (2015), § 111 Rn. 14.
937 Staudinger/*Reimann*, BGB (Bearb. 2016), § 2205 Rn. 222.
938 *BGH*, NJW 2011, 2296; NJW-RR 2012, 18.
939 Siehe *BGH*, ZEV 2006, 405.
940 Palandt/*Weidlich*, BGB, 78. A. (2019), § 1942 Rn. 2.

Insolvenzverfahrens kann der Erbe das zur Insolvenzmasse gehörende Vermögen nicht mehr verwalten und auch nicht mehr hierüber verfügen (§§ 20, 80 InsO).

Ist ein Nachlass Bestandteil des Gesamtvermögens des Erben geworden, fragt sich, welche Wirkungen von einem Insolvenzverfahren über das Gesamtvermögen des Erben für einen Nachlass ausgehen, für den weder der Eröffnungsgrund der Überschuldung noch der Eröffnungsgrund der Zahlungsunfähigkeit (§ 320 InsO) vorliegt, für den aber Testamentsvollstreckung angeordnet ist.

Fraglich ist zunächst, ob der Schuldner das Recht zur Annahme oder Ausschlagung der Erbschaft aufgrund des Insolvenzverfahrens verliert. Der Gesetzgeber hat wegen des höchstpersönlichen Charakters des Ausschlagungsrechts in § 83 InsO klargestellt, dass der Erbe sein Recht zur Annahme oder Ausschlagung der Erbschaft durch die Eröffnung des Insolvenzverfahrens nicht verliert. Der Insolvenzverwalter hat daher keinen rechtlichen Einfluss auf die Entscheidung des Schuldners, ob der Vollrechtserwerb eintritt.[941]

Die Frage, ob der Nachlass in die Masse der Erbeneigeninsolvenz fällt, hat *Muscheler* geklärt.[942] Er stellt hierzu fest, dass die Insolvenzmasse das Vermögen des Gemeinschuldners, wenn überhaupt, nur so erfassen vermag, wie es dem Gemeinschuldner selbst zur Zeit der Insolvenzeröffnung zustand.[943] Die Wirkungen der Testamentsvollstreckung, insbesondere die Verdrängungs- und Abschirmwirkungen (§§ 2211 Abs. 1, 2214 BGB) müssen den Insolvenzverwalter und die Eigengläubiger in gleicher Weise treffen wie den Erben. Dies würde jedoch voraussetzen, dass der vom Erben angenommene Nachlass mit den der Testamentsvollstreckung immanenten Beschränkungen überhaupt zur Masse des über das Vermögen des Erben eröffneten Insolvenzverfahrens gehört.[944] Die bereits zur Konkursordnung entwickelte herrschende Meinung bejaht dies.[945] *Muscheler* hat allerdings die Argumente der vormals herrschenden Meinung widerlegt.[946] Der BGH hat die umstrittenen Rechtsfragen in seiner Grundsatzentscheidung vom 11. Mai 2016 Az. IX ZR 42/05[947] wie folgt

941 *Vallender*, NZI 2005, 318.

942 Siehe ausführlich *Muscheler*, Die Haftungsordnung der Testamentsvollstreckung, Habil. (1994), S. 100 ff.

943 *Muscheler*, Die Haftungsordnung der Testamentsvollstreckung, Habil. (1994), S. 100.

944 *Muscheler*, Die Haftungsordnung der Testamentsvollstreckung, Habil. (1994), S. 100.

945 Siehe etwa *LG Aachen*, NJW 1960, 46 (48); umfassende Nachweise in Fn. 14 bei *Muscheler*, Die Haftungsordnung der Testamentsvollstreckung, Habil. (1994), S. 101 ff.

946 *Muscheler*, Die Haftungsordnung der Testamentsvollstreckung, Habil. (1994), S. 100.

947 *BGHZ* 167, 352.

entschieden: Der Nachlass fällt trotz der Ernennung des Testamentsvollstreckers (§ 2197 Abs. 1 BGB) in die Insolvenzmasse. Die Testamentsvollstreckung besteht ohne Unterbrechung auch während des Insolvenzverfahrens fort. Die Verfügungsbeschränkung des Erben nach § 2211 Abs. 1 BGB gilt auch für den Insolvenzverwalter. Die Privatgläubiger des Erben können keine Befriedigung aus den der Testamentsvollstreckung unterliegenden Gegenständen verlangen (§ 2214 BGB). Der Testamentsvollstrecker kann den Nachlass im Rahmen seiner Befugnisse verwalten und über Nachlassgegenstände verfügen (§ 2205 S. 2 BGB). Bis zur Beendigung der Testamentsvollstreckung kann daher der Insolvenzverwalter den Nachlass nicht verwerten. Danach unterliegt der Nachlass seinem Verwertungsrecht. Der unter Testamentsvollstreckung stehende Nachlass bildet im Insolvenzverfahren eine Sondermasse, aus der nur die Nachlassgläubiger zu befriedigen sind, während den anderen Gläubigern nur die übrige Masse haftet.[948]

Die von *Muscheler* aufgestellte Prämisse, dass die Insolvenzmasse das Vermögen des Gemeinschuldners nur so zu erfassen vermag, wie es dem Gemeinschuldner selbst zur Zeit der Insolvenzeröffnung zustand[949], ist daher erfüllt, so dass die Wirkungen der Testamentsvollstreckung insoweit unstreitig sind.

Die Frage, ob dies auch für eine nach § 2208 Abs. 1 S. 1 BGB beschränkte Testamentsvollstreckung gilt, musste der BGH bislang nicht entscheiden. Diese Untersuchung hat gezeigt, dass der Erblasser den Erben in der Weise bei der Verwaltung des Nachlasses beteiligen kann, dass die Wirkungen der Testamentsvollstreckung uneingeschränkt eintreten.[950] Dennoch müssten die dem Erben zustehenden Rechte vom Insolvenzverwalter wahrgenommen werden (§§ 20, 80 InsO).

Das wäre nach der Ansicht *Muschelers*[951] nicht der Fall. Der Nachlass würde nicht zur Insolvenzmasse gehören. Der Insolvenzverwalter wäre bei der Verwaltung des Nachlasses nicht beteiligt. Dieses Ergebnis verdient Zustimmung, denn es entspricht regelmäßig dem Willen des Erblassers, dass der Nachlass gerade nur von der von ihm auserwählten Vertrauensperson verwaltet wird. Der Insolvenzverwalter wird in aller Regel keine vom Erblasser auserwählte Vertrauensperson sein. Der Erblasser kann die Beteiligung des Insolvenzverwalters

948 *BGHZ* 167, 352.
949 *Muscheler*, Die Haftungsordnung der Testamentsvollstreckung, Habil. (1994), S. 100.
950 Siehe hierzu Kapitel 4 § 5.
951 *Muscheler*, Die Haftungsordnung der Testamentsvollstreckung, Habil. (1994), S. 100 ff.

auch bei entgegengesetzter Rechtsauffassung jedoch verhindern, indem er die Eröffnung des Insolvenzverfahrens als Ereignis bestimmt, aufgrund dessen eine zunächst beschränkte Rechtsmacht des Testamentsvollstreckers (§ 2208 Abs. 1 S. 1 i.V.m. § 2205 S. 2 BGB)[952] in eine vollständige Rechtsmacht erwächst (gestufte Testamentsvollstreckung)[953].

§ 8 Exkurs: Ruhen des Amtes bei Aufgabenerledigung

Die Frage nach dem Ruhen des Testamentsvollstreckeramtes stellt sich auch, wenn der Testamentsvollstrecker meint, sämtliche Verwaltungsaufgaben erledigt zu haben. Es stellt sich dann die Frage, ob das Amt des Testamentsvollstreckers latent für so lange fortbestehen kann, bis sich neue Verwaltungsaufgaben ergeben.

Die Testamentsvollstreckung als solche kann unabhängig von der zeitlichen Schranke des § 2210 BGB kraft Natur der Sache enden.[954] Ein gesetzlicher Fall der Beendigung der Testamentsvollstreckung kraft Natur der Sache wird von der herrschenden Meinung bei der aufgabenbezogenen Abwicklungs- und Vermächtnisvollstreckung bei vollständiger Erledigung aller dem Testamentsvollstrecker zugewiesenen Aufgaben angenommen.[955]

Zimmermann[956] vertritt die Ansicht, das Amt des Testamentsvollstreckers bestehe auch nach Aufgabenerledigung fort und erlösche endgültig erst mit dem Tod des Testamentsvollstreckers.[957] Würde es nach der Aufgabenerledigung erlöschen, könnte es ohne neue Annahmeerklärung nicht einfach wieder beginnen, wenn weitere Aufgaben aufkommen würden.[958] Ergäben sich für den Nachlass nachträglich neue Aufgaben, beispielsweise weil Rückerstattungsansprüche möglich seien, die zu verfolgen seien und deren Erlös aufzuteilen sei, lebe die Testamentsvollstreckung wieder auf. In diesem Kontext nennt er die Entscheidung des OLG München vom 25. Juli 1950, Az. 2 W 167/50[959]. Wäre

---

952 Siehe hierzu Kapitel 4.

953 Siehe hierzu Kapitel 4 § 4.

954 Staudinger/*Reimann*, BGB (Berb. 2016), § 2210 Rn. 5.

955 *RGZ* 81, 166; *BGH*, NJW 1964, 1316; *BayObLGZ*, 1953, 357 (360); *BayObLG*, ZEV 1995, 370; Staudinger/*Reimann*, BGB (Berb. 2016), § 2210 Rn. 5; BeckOK-BGB/*Lange*, 49. Ed. 01.02.2019, § 2225 Rn. 2; *Muscheler*, Erbrecht (2010), Bd. II, Rn. 2761 („*Kaltes Ende*").

956 Die Testamentsvollstreckung, 4. A. (2014), Rn. 837.

957 *Zimmermann*, Die Testamentsvollstreckung, 4. A. (2014), Rn. 837.

958 *Zimmermann*, Die Testamentsvollstreckung, 4. A. (2014), Rn. 837.

959 NJW 1951, 74.

Zimmermann zuzustimmen, dann würde es in zahlreichen Fällen ein latentes Testamentsvollstreckeramt geben, und zwar ohne Aufgabe und ohne Rechtsmacht.

Dagegen spricht jedoch zunächst, dass es sich bei den von *Zimmermann* geschilderten Fällen nur um eine vermeintliche Aufgabenerledigung handelt.[960] Sofern noch Aufgaben vorhanden sind, sind eben noch nicht alle Aufgaben erledigt.[961]

Im Übrigen ist zwischen der Beendigung der Testamentsvollstreckung an sich und dem Erlöschen des konkreten Testamentsvollstreckeramtes zu unterscheiden.[962] Die Aufgabenerledigung führt bei der Abwicklungsvollstreckung zur Beendigung der Testamentsvollstreckung als solcher und nicht lediglich zu einem Erlöschen des konkreten Amtes. Die im Rahmen der Testamentsvollstreckung zu erledigenden Aufgaben haften der Testamentsvollstreckung als solcher an und nicht dem Amt.[963] Die Abwicklungs- und die Vermächtnisvollstreckung sind streng aufgabenbezogen. Sie enden erst und automatisch, wenn alle Aufgaben der Nachlassabwicklung erledigt sind, selbst wenn sich eine Aufgabe erst zu einem späteren Zeitpunkt offenbart. Die bislang verborgen gebliebene Aufgabe war – wenn auch versteckt – Teil der zu erledigenden Aufgaben.[964] Dagegen erlischt das Amt des Testamentsvollstreckers kraft Natur der Sache erst, wenn die Testamentsvollstreckung beendet ist. Von einem

960 *BGH*, NJW 1962, 912 (913).

961 Keine Aufgabenerledigung ist anzunehmen, wenn im Rahmen einer Verwaltungsvollstreckung nicht die volle Rechtsmacht des Testamentsvollstreckers, sondern lediglich Teilbereiche fortdauern sollen (z.B. Ermittlung eines Bedachten, Ausführung einer Auflage), s. Staudinger/*Reimann*, BGB (Bearb. 2016), § 2210 Rn. 60. In diesen Fällen sind noch Aufgaben zu erledigen, die Rechtsmacht des Testamentsvollstreckers ist jedoch nach § 2208 Abs. 1 S. 1 BGB beschränkt.

962 Auf diese allgemeine Missverständlichkeit weist *Reimann* in NJW 2005, 789 (790) hin.

963 Ausnahmsweise kann beides zusammenfallen, wenn die Testamentsvollstreckung streng personenbezogen ist und nur eine Vertrauensperson Testamentsvollstrecker sein soll. Die Testamentsvollstreckung endet in einem solchen Fall, wenn der Ernannte sein Amt wegen Tod, Geschäftsfähigkeit usw. nicht mehr ausüben kann, selbst wenn noch nicht alle Aufgaben erledigt sind. Diese Konstellation setzt einen entsprechenden Willen des Erblassers voraus. Siehe hierzu Bengel/*Reimann*/*J. Klinger*, HbTV, 6. A. (2017), § 7 Rn. 46 ff.

964 S. hierzu BGH NJW 1964, 1316, 1319.

„Wiederaufleben“[965] der Testamentsvollstreckung oder des Testamentsvollstreckeramtes bei der Abwicklungs- und der Vermächtnisvollstreckung kann daher keine Rede sein, weil weder die Testamentsvollstreckung beendet noch das Amt erloschen ist.[966] Aus diesem Grund bleibt auch ein wegen angenommener Aufgabenerledigung zurückgegebenes Testamentsvollstreckerzeugnis wirksam.[967] Bei der Verwaltungsvollstreckung (§ 2209 BGB) ist eine Aufgabenerledigung ohnehin nicht denkbar.

Auf dieser Linie liegt auch die vorerwähnte Entscheidung des OLG München[968]. Dort lag vordergründig im Streit, ob eine Abwicklungsvollstreckung beendet wurde, weil der Erbe gestorben war. Das OLG München konstatierte, dass die Testamentsvollstreckung grundsätzlich nur dann ende, wenn der Erblasser die Vollstreckung gerade für den Erben oder für dessen Lebenszeit angeordnet habe.

Sei der Nachlass mangels vollständiger Aufgabenerledigung noch nicht auseinandergesetzt, so gehe er, falls die ersten Erben wieder von mehreren Erben beerbt würden und ein anderer Wille des Erblassers nicht anzunehmen sei, mit der gleichen Beschwerung auf die Erben der Erben über. Die Aufgaben des Testamentsvollstreckers, die letztwilligen Anordnungen auszuführen und die Auseinandersetzung unter mehreren Erben zu bewirken, blieben damit bestehen.[969] Das Gleiche muss gelten, wenn jeweils nur ein Erbe vorhanden ist.

Auch der BGH geht davon aus, dass das Amt des Testamentsvollstreckers nicht von selbst erlischt, wenn der Testamentsvollstrecker der irrigen Meinung

---

965 Ein echtes Wiedraufleben könnte es nur geben, wenn aufgrund späterer Ereignisse nachträglich neue oder wieder unerfüllte Aufgaben entstehen, s. hierzu *Wendt*, ErbR 2018, 242 (246). Bei BGH NJW 1964, 1316 war dies nicht der Fall.

966 Es ist jedoch denkbar, dass die Rückgabe des Testamentsvollstreckerzeugnisses als Kündigungserklärung ausgelegt werden kann. In diesem Fall gelangt der Erlöschensgrund des § 2226 BGB zur Anwendung. Die Testamentsvollstreckung wird jedoch nur dann beendet, wenn ein darauf gerichteter Wille des Erblassers festgestellt werden kann.

967 *OLG München*, NJW 1951, 74.

968 NJW 1951, 74.

969 *OLG München*, NJW 1951, 74. Deutlich ist das OLG München im Hinblick auf die Folgen des Testamentsvollstreckerzeugnisses: „Daraus folgt, daß nach Ablieferung oder ‚Einziehung‘ eines Testamentsvollstreckerzeugnisses wegen *angenommener* Beendigung des Amtes dann, wenn die Aufgaben *tatsächlich noch nicht erledigt sind*, nicht die Erteilung eines neuen, sondern lediglich die Rückgabe des bisherigen Zeugnisses an den Testamentsvollstrecker in Frage kommt.“ [Hervorhebung durch Verf.].

ist, seine Aufgaben seien erledigt, und sich lange Zeit nicht mehr um sein Amt gekümmert hat.[970]

Die Annahme eines latenten Fortbestands der Testamentsvollstreckung bzw. des Testamentsvollstreckeramtes nach Aufgabenerledigung ist daher abzulehnen.

970 Hat sich der Testamentsvollstrecker in der irrigen Meinung, seine Aufgaben seien erledigt, lange Zeit nicht mehr um sein Amt gekümmert, kann eine Verpflichtung des Testamentsvollstreckers bestehen, sein Amt niederzulegen, s. *BGH*, NJW 1962, 912 (913).

Schlussbetrachtung

In dieser Arbeit wurde untersucht, ob die wesentlichen Wirkungen der Testamentsvollstreckung in den Zeiten der Latenz gelten und, wenn ja, auf welcher Grundlage. Im Folgenden werden die Ergebnisse der Untersuchung zusammengefasst, und es wird versucht, ein Gerüst der theoretischen Prämissen und Prinzipien einer latenten Testamentsvollstreckung aufzustellen, das die Bewehrung für das Fundament einer kautelarjuristischen Gestaltung der latenten Testamentsvollstreckung sein könnte.

I. Zu den Grundsätzen und Wirkungen der Testamentsvollstreckung:

1. Das zentrale Tatbestandsmerkmal
   - der Verdrängungswirkung nach § 2211 Abs. 1 BGB
   - der Abschirmwirkung nach § 2214 BGB
   - der (Kompetenz-)Surrogation (§ 1638 Abs. 2 BGB analog) sowie
   - der Entstehung von Sondervermögen in Form der Rechtsmachtsonderung

   ist das Bestehen von Verwaltungsmacht aufseiten des Testamentsvollstreckers. Ohne Verwaltungsmacht des Testamentsvollstreckers kann es keine Wirkungen der Testamentsvollstreckung geben.
2. Das Tatbestandsmerkmal „Verwaltung des Testamentsvollstreckers" (vgl. §§ 2211 Abs. 1 und 2214 BGB) ist rechtsmachtbezogen als „Verwaltungsrechtsmacht des Testamentsvollstreckers" zu verstehen. Das Verwaltungsrecht des Testamentsvollstreckers erfasst alle Formen der Rechtsmacht:
   - die Verpflichtungsmacht
   - die Verfügungsmacht
   - das Recht zum Besitz und
   - die reinen Verwaltungsmaßnahmen.
3. Die Zuweisung der Rechtsmacht an den Testamentsvollstrecker (§§ 2205, 2209 BGB), die Verdrängung des Erben aus seiner Rechtsmacht (§ 2211 Abs. 1 BGB) und die Abschirmung des Nachlasses gemäß § 2214 BGB führen zu einer Vermögenssonderung in Form der Rechtsmachtsonderung.
4. Hauptzweck der wesentlichen Wirkungen der Testamentsvollstreckung ist der Schutz des Verwaltungsrechts des Testamentsvollstreckers (§§ 2205, 2209 BGB). In der Praxis können und werden die wesentlichen Wirkungen der Testamentsvollstreckung über diesen primären Zweck

hinaus zum Schutz des Nachlasses vor der Verwaltung durch den Erben und dessen Privatgläubigern nutzbar gemacht.

II. Die Latenzfälle:

Im Rahmen dieser Untersuchung wurden zwei Fallgruppen gebildet, in denen das Amt des Testamentsvollstreckers latent in Erscheinung tritt.

1. In der ersten Fallgruppe ist der Testamentsvollstrecker aufschiebend bedingt ernannt (§§ 2197 Abs. 1, 158 Abs. 1 BGB).
2. Die zweite Fallgruppe hat Konkurrenz- bzw. konkurrenzähnliche Situationen zum Gegenstand, in denen der Testamentsvollstrecker auf einen anderen Amtsträger trifft, der ebenfalls mit einer auf den Nachlass bezogenen Rechtsmacht ausgestattet ist, oder der zum Testamentsvollstrecker Ernannte übt eine Doppelfunktion aus.
3. In beiden Fallgruppen ist die Testamentsvollstreckung angeordnet. Hinsichtlich des Testamentsvollstreckeramtes entstehen jedoch Zeiten der Latenz, in denen die Wirkungen der Testamentsvollstreckung fraglich sind.
4. Die Latenzfälle sind abzugrenzen von
   - dem Fall des unbesetzten Testamentsvollstreckeramtes (Amtsvakanz)
   - dem Fall des vermeintlichen Testamentsvollstreckers (anfängliche Unwirksamkeit der Ernennung bzw. nachträgliche Unwirksamkeit der Ernennung mit Rückwirkung auf den Todesfall) und
   - dem Fall der potenziellen Rechtsmacht.
5. Sofern der Erblasser bezüglich der Latenz nichts anordnet, insbesondere den Latenzfall nicht benennt, ist der Wille des Erblassers – wie gewohnt – durch Auslegung zu ermitteln. Hierbei nimmt die Motivation des Erblassers bezüglich der Zweckbindung und der Einschränkung der Verwaltungsteilhabe des Erben eine besondere Stellung ein. Die Ausdruckweise der letztwilligen Verfügung ist auf die Verträglichkeit der nachlassbezogenen Gesamtkonzeption zu überprüfen.

III. Zur aufschiebend bedingten Testamentsvollstreckung (Latenzfallgruppe 1):

1. Die Ernennung des Testamentsvollstreckers (§ 2197 Abs. 1 BGB) kann aufschiebend bedingt sein (§ 158 Abs. 1 BGB). Auch kann für die Testamentsvollstreckung insgesamt ein Anfangstermin bestimmt werden (§ 163 BGB). Die für aufschiebende Bedingungen (§ 158 Abs. 1 BGB) gefundenen Ergebnisse gelten wegen § 163 BGB für Zeitbestimmungen entsprechend.

2. Eine (echte) aufschiebend bedingte Ernennung des Testamentsvollstreckers (§§ 2197 Abs. 1, 158 Abs. 1 BGB) ist von einer zeitweise gestuften Testamentsvollstreckung zu unterscheiden.
3. Bei einer echten aufschiebenden Bedingung sind sämtliche Wirkungen der Testamentsvollstreckung bis zum Eintritt der Bedingung suspendiert (§ 158 Abs. 1 BGB). Von der zukünftigen Testamentsvollstreckung gehen keine Vorwirkungen aus.
   Der Erbe kann, sofern er nicht den Beschränkungen eines Vor- oder Miterben unterliegt, frei über die Nachlassgegenstände verfügen (§ 2211 Abs. 1 BGB). Der Nachlass ist auch nicht vor den Privatgläubigern des Erben abgeschirmt (§ 2214 BGB). Bei Eintritt der Bedingung übernimmt der Testamentsvollstrecker den Nachlass in dem Umfang, wie ihn der Erbe bis dahin selbst verwaltet hat. In der Zeit der Latenz sind die Grundsätze der Surrogation nicht anwendbar.
   Der Testamentsvollstrecker hat jedoch gegen den Erben einen vorbereitenden Auskunftsanspruch gemäß § 2218 Abs. 1 i.V.m. § 666 i.V.m. §§ 269, 260 BGB. Erst mit dem Eintritt der Bedingung kann er den Nachlass vom Erben herausverlangen.
   Die Frist des § 2210 S. 1 BGB beginnt mit dem Eintritt des Erbfalls und nicht mit dem Eintritt der Bedingung. In der Latenzzeit der Fallgruppe 1 wird die Testamentsvollstreckung nicht nach außen verlautbart.
4. Alternativ zu einer echten aufschiebenden Bedingung, kann der Erblasser die Rechtsmacht des Testamentsvollstreckers zeitweise begrenzen und damit die Testamentsvollstreckung insgesamt zeitweise abstufen. Es sind zwei Willensrichtungen des Erblassers denkbar:
   - In der ersten Variante möchte der Erblasser, dass der Erbe als Testamentsvollstrecker dinglich bei der Verwaltung des Nachlasses mitwirkt.
   - In der zweiten Variante soll der Erbe nur hinsichtlich der Verfügungsbefugnis mitwirkungsberechtigt sein, jedoch nicht bei sonstigen Verwaltungsmaßnahmen. Die Sphäre des Testamentsvollstreckers ist in dieser Variante von der Sphäre des Erben getrennt.
5. Variante 1: Erben-Mittestamentsvollstrecker-Lösung:
   a) Die Rechtsgrundlage der ersten Variante ist § 2224 BGB. Der Erblasser kann den Erben in der Zeit der Latenz zum Mittestamentsvollstrecker ernennen (§ 2224 BGB). Der Erbe kann dann gemeinsam mit den Mittestamentsvollstreckern über Nachlassgegenstände

verfügen (§ 2224 Abs. 1 S. 1 BGB). In dieser Variante ist der Erbe auch bei den reinen Verwaltungsmaßnahmen mitwirkungsberechtigt.

b) Die Wirkungen der Erben-Mittestamentsvollstreckung und der Testamentsvollstreckung nach dem Regelungsmodell der §§ 2197 ff. BGB unterscheiden sich nicht. Das heißt, dass
   - die Verdrängungswirkung nach § 2211 Abs. 1 BGB
   - die Abschirmwirkung nach § 2214 BGB und
   - die Grundsätze über die Kompetenzsurrogation

   bereits in der Latenzzeit zur Anwendung kommen. Der Erblasser kann insbesondere den Umfang der Kompetenzsurrogation frei bestimmen (§ 1638 Abs. 2 BGB). Der Nachlass ist bereits ab dem Erbfall ein Sondervermögen.

6. Variante 2: Zustimmungs-Lösung.
   a) Die Rechtsgrundlage für die Beschränkungen der Rechtsmacht in der Variante 2 ist § 2208 Abs. 1 S. 1 i.V.m. § 2205 BGB. Der Erblasser kann insbesondere die Verfügungsmacht des Testamentsvollstreckers beschränken (§ 2208 Abs. 1 S. 1 i.V.m. § 2205 S. 2 BGB). In diesem Fall lebt die Verfügungsmacht nicht automatisch beim Erben auf. Denn § 2211 Abs. 1 BGB setzt nur voraus, dass dem Testamentsvollstrecker ein irgendwie geartetes Verwaltungsrecht hat.
   b) Es entsteht vielmehr eine Pattsituation:
      - Einerseits kann der Erbe wegen § 2211 Abs. 1 BGB nicht (allein) verfügen.
      - Andererseits kann auch der Testamentsvollstrecker wegen § 2208 Abs. 1 S. 1 i.V.m. § 2205 S. 2 BGB nicht allein verfügen.
   c) Die Auflösung des Patts kann – sofern sich der Wille des Erblassers nicht mit der Erben-Mittestamentsvollstrecker-Lösung deckt – über die Zustimmungs-Lösung erfolgen:
   Die Anordnung des Erblassers nach § 2208 Abs. 1 S. 1 i.V.m. § 2205 S. 2 BGB (Beschränkung der Verfügungsmacht) führt während der Zeit der Latenz zu einer kooperativen Verwaltungszuständigkeit, das heißt zu einer Bindung der Verfügungen des Testamentsvollstreckers an die Zustimmung des Erben. Die Rechtsgrundlage für das Zusammenwirken von Erbe und Testamentsvollstrecker ist nach der hier entwickelten Ansicht die analoge Anwendung der §§ 177, 180, 182 ff. BGB. Danach kann ein in der Verfügungsmacht beschränkter Testamentsvollstrecker (§ 2208 Abs. 1 S. 1 i.V.m. § 2205 S. 2 BGB) über einen Nachlassgegenstand verfügen, wenn

der Erbe gemäß §§ 177 Abs. 1, 180 BGB analog einwilligt. Der Erbe kann seine Zustimmung als Einwilligung (§§ 182, 183 BGB) oder als Genehmigung (§§ 182, 184 BGB) erteilen.

Aus der Möglichkeit einer kooperativen Verwaltung des Nachlasses durch den Erben und den Testamentsvollstrecker ergibt sich eine weitere Konsequenz: Die Verfügungsmacht des Testamentsvollstreckers ist im Verhältnis zum Erben nur ausschließlich (§ 2211 Abs. 1 BGB), wenn der Erblasser keine Beschränkung der Rechte des Testamentsvollstreckers nach § 2208 Abs. 1 BGB angeordnet hat.

d) In der Zeit der Latenz sollte der Bestand des Nachlasses durch ein Anfangs- und Schlussnachlassverzeichnis dokumentiert werden.

e) Die Beschränkungen gemäß § 2208 Abs. 1 S. 1 i.V.m. § 2205 S. 2 BGB sind im Testamentsvollstreckerzeugnis, im Erbschein und im Europäischen Nachlasszeugnis zu vermerken.

IV. Zu den Konkurrenz- bzw. konkurrenzähnlichen Situationen (Latenzfallgruppe 2):

1. Konkurrenz- und konkurrenzähnliche Situationen können entstehen, wenn der Testamentsvollstrecker
   - auf einen vom Erblasser Bevollmächtigten
   - die Eltern des Erben
   - einen Vormund des Erben
   - einen Betreuer des Erben
   - einen Nachlasspfleger
   - einen Nachlassverwalter oder
   - einen Insolvenzverwalter trifft.
2. Für die Konkurrenzsituation zwischen *Bevollmächtigung* und Testamentsvollstreckung gilt das Folgende: Die Rechtsmacht des trans- oder postmortal Bevollmächtigen wird durch die Verdrängungswirkung der Testamentsvollstreckung (§ 2211 Abs. 1 BGB) nicht eingeschränkt wird. Umgekehrt wird die Rechtsmacht des Testamentsvollstreckers grundsätzlich durch die trans- oder postmortale Vollmacht nicht eingeschränkt. Dies führt zu einem Nebeneinander von Bevollmächtigung und Testamentsvollstreckung, mithin zu einer echten Rechtsmachtkonkurrenz zwischen dem Bevollmächtigten und dem Testamentsvollstrecker.

   Der Erblasser kann von dem aufgestellten Grundsatz abweichen, indem er einerseits Regeln zur Ausübung und zum Umfang der Vollmacht aufstellt oder andererseits die Rechte des Testamentsvollstreckers einschränkt.

Bei der Auslegung der Erblasseranordnungen ist zu berücksichtigen, dass ein Erblasser regelmäßig keine voneinander unabhängigen Machtbefugnisse des Testamentsvollstreckers einerseits und des Bevollmächtigten andererseits mit gegenseitiger Störungsmöglichkeit schaffen möchte.

3. Das Verwaltungsrecht des Testamentsvollstreckers wird auch durch die Personen- und Vermögenssorge der *Eltern* (§ 1629 Abs. 1 S. 1 und 2 BGB) nicht eingeschränkt.
4. Sofern der minderjährige Erbe unter *Vormundschaft* steht (§ 1773 BGB) und Testamentsvollstreckung bezüglich des ganzen Nachlasses oder bezüglich des Erbteils des Kindes angeordnet ist, beschränkt die Vormundschaft das Verwaltungsrecht des Testamentsvollstreckers nicht. Der Testamentsvollstrecker bedarf für die Geschäfte, für die ein Vormund der Genehmigung des Familiengerichts bedürfte (§§ 1806 ff., 1821 f. BGB), keiner Genehmigung.
5. Eine der Vormundschaft vergleichbare Situation ergibt sich bei der *Betreuung*. Steht der Erbe unter Betreuung (§ 1896 BGB) und ist Testamentsvollstreckung angeordnet, dann nimmt der Betreuer die Rechte des unter Testamentsvollstreckung stehenden Erben wahr. Der Betreuer ist grundsätzlich für das Eigenvermögen[971] des Betreuten und das der Testamentsvollstreckung unterliegenden Vermögen zuständig. Das Eigenvermögen[972] verwaltet er nach den §§ 1908i Abs. 1, 1806 ff. BGB. Trotz der doppelten Zuständigkeit steht ihm bezüglich des der Testamentsvollstreckung unterliegenden Vermögens kein Verwaltungsrecht zu. Der Testamentsvollstrecker bedarf für die Geschäfte, für die ein Betreuer der Genehmigung des Betreuungsgerichts bedürfte (§§ 1806 ff., 1821 f. BGB), keiner Genehmigung. Die Betreuung schränkt das Verwaltungsrecht des Testamentsvollstreckers nicht ein.
6. Der *Nachlasspfleger* verdrängt den endgültigen Erben nicht aus seiner Rechtsmacht. Im Hinblick auf den Testamentsvollstrecker kann die Rechtsstellung des Nachlasspflegers daher nicht weiter sein als gegenüber dem Erben. Gegenüber diesem hat er ebenfalls keine verdrängende Rechtsmacht. Insbesondere die Verfügungsbefugnis desjenigen, der sich dann als wirklicher Erbe erweist, wird daher durch die Bestellung

---

971 Siehe *Muscheler*, Die Haftungsordnung der Testamentsvollstreckung, Habil. (1994), S. 6.

972 Siehe *Muscheler*, Die Haftungsordnung der Testamentsvollstreckung, Habil. (1994), S. 6.

des Nachlasspflegers nicht berührt. Das gilt für die dem vorläufigen Erben nach § 1959 BGB zustehenden Verwaltungsrechte wie auch für die Befugnisse des Testamentsvollstreckers. Zudem wird ein Bedürfnis für eine Pflegschaft fehlen, wenn ein Testamentsvollstrecker vorhanden ist. Sofern man dennoch ein Fürsorgebedürfnis bejahen möchte, gehört die Sicherung des Nachlasses nicht zu den Aufgaben des Nachlasspflegers. Das Verwaltungsrecht des Testamentsvollstreckers wird durch die Nachlasspflegschaft nicht eingeschränkt.

7. Die Testamentsvollstreckung wird durch die Anordnung der *Nachlassverwaltung* grundsätzlich nicht berührt. Während der Dauer der Nachlassverwaltung ruht jedoch die Rechtsmacht des Testamentsvollstreckers, soweit diese dem Nachlassverwalter im Rahmen des § 1984 BGB zusteht (Modifizierung des Amtes bzw. der Rechtsmacht). Die Rechtsmacht des Testamentsvollstreckers wird durch die Nachlassverwaltung modifiziert, aber nicht aufgehoben. Teile des Verwaltungsrechts bleiben beim Testamentsvollstrecker. In diesem Umfang bleibt auch die Sorgfaltspflicht des insoweit mit latenter Rechtsmacht ausgestatteten Testamentsvollstreckers bestehen.
8. Bei den *Insolvenzverfahren* ist zwischen dem Insolvenzverfahren über den Nachlass und demjenigen über das Eigenvermögen des Erben zu unterscheiden:
   a) Die Testamentsvollstreckung besteht während des Nachlassinsolvenzverfahrens latent fort. Das Amt des Testamentsvollstreckers wird nicht beendet. Das Verwaltungsrecht des Testamentsvollstreckers (§ 2205 BGB) ruht jedoch wegen der §§ 20, 80 InsO in weiten Teilen. Die Rechtsmacht des Insolvenzverwalters ist gegenüber derjenigen des Testamentsvollstreckers vorrangig. Das Verwaltungsrecht des Testamentsvollstreckers besteht im Hinblick auf das Verhältnis des Erben zum Insolvenzverwalter als latentes Verwaltungsrecht fort. Der Testamentsvollstrecker erfüllt die Auskunfts- und Beteiligungspflichten des Erben, da das Verdrängungsprinzip der Testamentsvollstreckung auch hier gilt.
   b) Beim Insolvenzverfahren über das Gesamtvermögen des Erben fällt der Nachlass trotz angeordneter Testamentsvollstreckung in die Insolvenzmasse.

      Die Testamentsvollstreckung besteht aber ohne Unterbrechung auch während des Insolvenzverfahrens fort. Die Verfügungsbeschränkung des Erben nach § 2211 Abs. 1 BGB gilt auch für den

Insolvenzverwalter. Die Privatgläubiger des Erben können keine Befriedigung aus den der Testamentsvollstreckung unterliegenden Gegenständen verlangen (§ 2214 BGB). Der Testamentsvollstrecker kann den Nachlass im Rahmen seiner Befugnisse verwalten und über Nachlassgegenstände verfügen (§ 2205 S. 2 BGB). Bis zur Beendigung der Testamentsvollstreckung kann daher der Insolvenzverwalter den Nachlass nicht verwerten.

V. Zur Personenidentität:

1. Der zum Testamentsvollstrecker Ernannte kann zugleich
   - ein Elternteil des Erben
   - Vormund des Erben
   - Betreuer des Erben sowie
   - der Ergänzungspfleger des Erben sein.
2. Das Dogma der abstrakt-generellen Verhinderung der Testamentsvollstreckung aufgrund eines Interessenwiderstreits gilt nur noch eingeschränkt. Eine Personenidentität ist nicht mehr von vornherein unzulässig. Die vom BGH in seinem Beschluss vom 5. März 2008 (Az. XII ZB 2/07)[973] entwickelten Grundsätze lassen sich auf sämtliche Bereiche der gesetzlichen Vertretung des Erben durch den Testamentsvollstrecker sowie auf die Bestellung des Testamentsvollstreckers zum Ergänzungspfleger übertragen. Ausschlaggebend ist nunmehr eine individuell-konkrete Beurteilung des potenziellen Interessenwiderstreits.
3. Geht man – wie hier vertreten – davon aus, dass Testamentsvollstreckung und gesetzliche Vertretung sowie Testamentsvollstreckung und Ergänzungspflegschaft ungestört in einer Person funktionieren können, so besteht für eine gestufte Testamentsvollstreckung kein Bedürfnis, da der Nachlassschutz bereits über die reguläre Testamentsvollstreckung gesichert ist.

   Geht man demgegenüber davon aus, dass Testamentsvollstreckung und gesetzliche Vertretung einerseits und Pflegschaft andererseits inkompatibel sind, so kann die gestufte Testamentsvollstreckung die Konkurrenz zwischen Testamentsvollstreckung und gesetzlicher Vertretung einerseits und Pflegschaft andererseits auflösen.

   Beispielsweise könnte die verwaltende Person während der Zeit der Personenidentität aufgrund der Stellung als Testamentsvollstrecker lediglich mit

973 ZEV 2008, 330.

der Ausübung des Besitzes der Nachlassgegenstände beauftragt werden. In diesem Rahmen stünde ihr ein Verwaltungsrecht zu, welches die allgemeinen Wirkungen der Testamentsvollstreckung auslöst. Gleichwohl könnte der Ernannte aufgrund der inhaltlich beschränkten Testamentsvollstreckung nicht substanziell auf den Nachlass einwirken und die gesetzliche Vertretung bzw. die Pflegschaft könnten sich jeweils voll entfalten. Dabei würde die Rechtsmacht aufgrund der gesetzlichen Vertretung bzw. der Pflegschaft nicht weiter reichen als im Falle einer Personenverschiedenheit oder im Falle fehlender Zuschaltung eines Testamentsvollstreckers. Die Lage entspricht der „normalen" Vormundschaft bzw. Pflegschaft.
Sollte zur Verfügung über einen Nachlassgegenstand im Rahmen der Erben-Zustimmungs-Lösung wegen § 2211 Abs. 1 BGB die Zustimmung des Erben, vertreten durch den gesetzlichen Vertreter bzw. Pfleger, erforderlich sein, dann kann diese nur innerhalb des jeweiligen Befugnisrahmens abgeben werden, d.h. unter Vorbehalt einer familiengerichtlichen Genehmigung.

Die Arbeit hat gezeigt, dass die Testamentsvollstreckung latent in Erscheinung treten kann. Die Zeiten der Latenz sind geprägt durch Rechtsmachtkonkurrenzen. In der Latenzfallgruppe 1, der aufschiebend bedingten Testamentsvollstreckung, wird die ohnehin schon bestehende Rechtsmachtkonkurrenz zwischen Erbe und Testamentsvollstrecker, die aus der Spaltung zwischen materieller Berechtigung und rechtlicher Zuständigkeit resultiert, verschärft, weil der Erblasser in die Verteilung der in den §§ 2197 ff. BGB geregelten Rechtsmacht eingreift. In der Latenzfallgruppe 2 geht es um Rechtsmachtkonkurrenzen, die daraus resultieren, dass der Testamentsvollstrecker auf einen anderen Funktionsträger mit einer auf den Nachlass bezogenen Rechtsmacht trifft oder mit dem Funktionsträger personenidentisch ist. Bei der Auflösung der Konkurrenzverhältnisse ist besonderes Augenmerk auf die Ausgestaltung des Innenverhältnisses zwischen Testamentsvollstrecker und Erbe zu legen.

Die eingangs zitierte Gestaltung[974] von *Reimann*[975] ist daher wie folgt aufzulösen:

- Entweder der Erblasser möchte den Testamentsvollstrecker erst für den Fall ernennen, dass ein Minderjähriger Erbe wird. Dann sind die Wirkungen der Testamentsvollstreckung in der Zeit, in der kein minderjähriger Erbe

974 Siehe Kapitel 1 § 1.
975 Bengel/*Reimann*, HbTV, 6. A. (2017), § 2 Rn. 92.

vorhanden ist, suspendiert. Der Testamentsvollstrecker übernimmt den Nachlass in der Form, wie ihn gegebenenfalls ein Vorerbe verwaltet hat.

- Soll der Nachlass demgegenüber bereits ab dem Eintritt des Erbfalls der Verwaltung des Testamentsvollstreckers unterliegen, damit der Nachlass in der Zeit der Latenz durch die Wirkungen der Testamentsvollstreckung geschützt ist und damit sich die Kompetenz des Testamentsvollstreckers für den Erbteil des Minderjährigen bei Eintritt der Bedingung fortsetzt, dann muss eine gestufte Testamentsvollstreckung angeordnet werden. Dabei kann der Vorerbe entweder zum Mittestamentsvollstrecker ernannt werden oder der Testamentsvollstrecker wird in seiner Verfügungsmacht gemäß § 2208 Abs. 1 S. 1 i.V.m. § 2205 S. 2 BGB beschränkt. Verfügungen über die Nachlassgegenstände wären dann nur mit Zustimmung des Vorerben analog §§ 177, 180, 182 ff. BGB möglich. Der Erblasser kann den gesetzlichen Vertreter von jeglicher Verwaltung des Erbteils des Minderjährigen ausschließen (§ 1638 Abs. 1, § 1803 BGB) und den Testamentsvollstrecker zum Ergänzungspfleger ernennen.

Literaturverzeichnis

Adams, Stephani: Interessenkonflikte des Testamentsvollstreckers, Bochum, Univ., Diss., 1997.

- Der Alleinerbe als Testamentsvollstrecker, ZEV 1998, 321 – 325.

Arnold, Florian: Logik des Entwerfens: eine designphilosophische Grundlegung, Paderborn 2018.

Bamberger, Heinz Georg/Roth, Herbert/Hau, Wolfgang/Poseck, Roman: Beck Online Kommentar zum BGB, 36./39./46./49. Edition Stand 01.02.2015/ 01.08.2015/01.05.2018/01.02.2019, München (zit.: BeckOK-BGB/*Bearbeiter*).

Bamberger, Heinz Georg/Roth, Herbert/Hau, Wolfgang/Poseck, Roman: Kommentar zum Bürgerlichen Gesetzbuch Gesamtwerk: In 4 Bänden, 3. Auflage München 2012 (zit.: Bamberger/Roth/*Bearbeiter*, BGB).

Bauer, Hans-Joachim: Grundbuchordnung: GBO, 3. Auflage, München 2013 (zit.: Bauer/*Bearbeiter*, GBO).

Baumbach, Adolf/Hopt, Klaus J.: Handelsgesetzbuch: HGB, 38. Auflage, München 2018.

Becker, Peter: Regelung für das Spannungsverhältnis von Testamentsvollstreckung und General- bzw. Vorsorgevollmacht, ZEV 2018, 692 – 695.

Bengel, Manfred/Reimann, Wolfgang: Handbuch der Testamentsvollstreckung, 6. Auflage, München 2017 (zit.: Bengel/Reimann/*Bearbeiter*, HbTV).

- Testament und Erbvertrag, 6. Auflage, Köln 2015 (zit.: Reimann/Bengel/ *Bearbeiter*, Testament und Erbvertrag).

Berger, Christian: Rechtsgeschäftliche Verfügungsbeschränkungen, Habil. Tübingen 1997.

Bergschneider, Ludwig: Verträge in Familiensachen: Eheverträge, Trennungs- und Scheidungsvereinbarungen, 5. Auflage, Bielefeld 2014 (zit: *Bergschneider*, Verträge in Familiensachen).

Blomeyer, Arwed: Studien zur Bedingungslehre, Teil 1, Beiträge zum ausländischen und internationalen Privatrecht, Berlin/Leipzig 1938.

Boehm, Jakob: Das Erbrecht nach dem Bürgerlichen Gesetzbuch. Systematisch dargestellt und erläutert, 2. Auflage Hannover 1900 (zit.: *Boehm*, Erbrecht).

Bonefeld, Michael: Auskunftsanspruch des Erben gegenüber Banken bei Testamentsvollstreckung, in: ZErB 2007, 142 – 145.

Brox, Hans/Walker, Wolf-Dietrich: Erbrecht, 27. Auflage, München 2016.

Burandt, Wolfgang/Rojahn, Dieter: Erbrecht, 2. Auflage, München 2014 (zit.: Burandt/Rojahn/*Bearbeiter*, Erbrecht).

Canaris, Claus-Wilhelm: Die Feststellung von Lücken im Gesetz, 2. Auflage, Berlin 1982.

Coing, Helmut: Die Treuhand kraft privaten Rechtsgeschäfts, München 1973.

Damrau, Jürgen: Anm. zum Urteil des BGH vom 09. Mai 1984 – IVa ZR 234/82, in: JR 1985, 106 – 108.

- Pflegschaft für den unbekannten Testamentsvollstrecker, Festschrift für Hermann Lange, Stuttgart 1992, 797 – 803.
- Auswirkungen des Testamentsvollstreckeramtes auf elterliche Sorge, Vormundsamt und Betreuung, in: ZEV 1994, 1 – 6.
- Der Nachlaß vor Beginn des Testamentsvollstreckeramtes, in: ZEV 1996, 81 – 84.

Damrau, Jürgen/Tanck, Manuel: Praxiskommentar Erbrecht, 3. Auflage, Bonn 2014 (zit.: Damrau/Tanck/*Bearbeiter*, Erbrecht).

Dauner-Lieb, Barbara: Unternehmen in Sondervermögen, Haftung und Haftungsbeschränkung, Zugleich ein Beitrag zum Unternehmen im Erbgang, Habil. Tübingen 1998.

Demharter, Johann: Grundbuchordnung GBO: mit dem Text der Grundbuchverfügung und weiterer Vorschriften, 30. Auflage, München 2016 (zit.: *Demharter*, GBO).

Dernburg, Heinrich: Das bürgerliche Recht des Deutschen Reichs und Preußens, Band 5 Erbrecht, Halle a.S. 1905 (zit.: *Dernburg*, Deutsches Erbrecht).

Dölle, Hans: Darstellung des deutschen Familienrechts mit rechtsvergleichenden Hinweisen, 2 Bände, Karlsruhe 1964/1965.

Endemann, Friedrich: Lehrbuch des Bürgerlichen Rechts, Band 3: Erbrecht (2 Halbbände), 8./9. Auflage, Berlin 1919/1920 (zit.: *Endemann*, Erbrecht, 1. Hälfte).

Enneccerus, Ludwig/Lehmann, Heinrich: Recht der Schuldverhältnisse, 15. Bearb. Tübingen 1958.

Erman, Walter: Handkommentar zum Bürgerlichen Gesetzbuch, 12./15. Auflage, Münster 2008/2017 (zit.: Erman/*Bearbeiter*, BGB).

Festschrift für Friedrich Weber zum 70. Geburtstag am 19. Mai 1975, Berlin 1975 (zit.: *Bearbeiter*, FS F. Weber (1975).

Festschrift für Günter Brambring zum 70. Geburtstag, München 2011 (zit.: *Bearbeiter*, FS Brambring).

Festschrift für Hermann Lange zum 70. Geburtstag am 24. Januar 1992, Stuttgart u.a. 1992 (zit.: *Bearbeiter*, FS Hermann Lange).

Festschrift für Richard Lange zum 70. Geburtstag, Berlin 1976 (zit.: *Bearbeiter*, FS Richard Lange).

Frieser, Andreas: Fachanwaltskommentar Erbrecht, 2. Auflage, Köln 2008 (FAKommErbrecht/*Bearbeiter*).

Firsching, Karl/Graf, Hans Lothar: Nachlassrecht: Erbfolge, Testament, Erbvertrag, Pflichtteilsrecht, Rechtspflege, Insolvenz, Verfahren, Erbschaftsteuer und IPR, 10. Auflage, München 2014 (zit.: *Firsching/Graf*, NachlassR-HdB).

Gernhuber, Joachim/Coester-Waltjen, Dagmar: Familienrecht, 6. Auflage, München 2010.

v. Gierke, Otto: Deutsches Privatrecht, Berlin 1895.

Gottwald, Peter: Insolvenzrechtshandbuch, 5. Auflage, München 2015 (zit.: Gottwald/*Bearbeiter*, Insolvenzrechtshandbuch).

Greiser: Ueber einige Fragen aus dem Recht des Testamentsvollstreckers, in: DFG 1936, 245 – 249.

Gsell, Beate/Krüger, Wolfgang/Lorenz, Stephan/Reymann, Christoph: Beck Online Großkommentar zum BGB, Stand 19.06.2016/01.05.2018, München (zit.: BeckOGK-BGB/*Bearbeiter*).

Harder, Manfred: Unentgeltliche Verfügungen und ordnungsmäßige Nachlaßverwaltung des Vorerben, zur mißglückten Fassung des § 2120 Satz 1 BGB und zur Zustimmungspflicht des Nacherben bei der Mitwirkung des Vorerben an der Änderung von Gesellschaftsverträgen, DNotZ 1994, 822 – 844.

Hartmann, Christian: Aufschiebend bedingte Testamentsvollstreckung, in: RNotZ 2008, 150 – 153.

Heider, Karsten: Die Befugnis des Vorerben zu unentgeltlichen Verfügungen über Nachlaßgegenstände, in: ZEV 1995, 1 – 5.

Hellwig, Konrad: Lehrbuch des Deutschen Civilprozessrechts Band 1, Leipzig 1903.

Holtz, Michael: Gestaltungen einer Testamentsvollstreckung vor und nach dem Tod des Erblassers, Bochum, Univ., Diss., 2010.

Hörle: Die Nachlaßpflegschaft nach §§ 1960, 1961 BGB, in: ZBlFG 9, 711 – 724.

Horn, Claus-Henrik/Kroiß, Ludwig: Testamentsauslegung, München 2012.

Hügel, Stefan: Grundbuchordnung: GBO, 3. Auflage, München 2015.

- Beck Online Kommentar zur GBO, 35. Edition Stand 01.03.2019, München (zit.: BeckOK-GBO/*Bearbeiter*).

Jauernig Bürgerliches Gesetzbuch: mit Rom-I-, Rom-II-VO, EuUnthVO/HUntProt und EuErbVO, 16. Auflage, München 2016 (zit.: Jauernig/*Bearbeiter*, BGB).

Joachim, Norbert/Lange, Niels: Trans- und postmortale Vollmachten als Mittel der Nachlassabwicklung, in: ZEV 2019, 62 – 66.

juris Praxiskommentar BGB, Band 5 Erbrecht, 8. Auflage, Saarbrücken 2017 (zit.: jurisPKBGB/Bearbeiter).

Kant, Immanuel: Werke in zwölf Bänden, Band 11, Frankfurt am Main 1977.

Kegel, Gerhard: Nemo minus iuris transferre potest, quam ipse habet, oder warum Erbteilungsverbote so kraftlos sind, in: Festschrift für Richard Lange zum 70. Geburtstag, Berlin u.a. 1976, 927 – 942.

Keidel, Theodor: FamFG: Gesetz über das Verfahren in Familiensachen und in den Angelegenheiten der freiwilligen Gerichtsbarkeit: Kommentar, 19. Auflage, München 2017 (zit.: Keidel/*Bearbeiter*, FamFG).

Keim, Christopher: Teilung der Verfügungsbefugnis zwischen Testamentsvollstrecker und Erben durch den Willen des Erblassers?, in: ZEV 2002, 132 – 137.

- Die Vollmacht über den Tod hinaus bei Vor- und Nacherbschaft, in: DNotZ 2008, 175 – 186.

- Anm. zum Beschluss des OLG Köln vom 03.11.2014 – 2 Wx 304/14, in: MittBayNot 2016, 235 – 237.

Kipp, Theodor/Coing, Helmut: Erbrecht, 14. Bearbeitung, Tübingen 1990 (zit: *Kipp/Coing*, Erbrecht).

Kohler, Jürgen: Das Verfügungsverbot gemäss § 938 Abs. 2 ZPO im Liegenschaftsrecht, Köln, Univ., Diss., 1983.

Kopp, Ferdinand O./Schenke, Wolf-Rüdiger: Verwaltungsgerichtsordnung: VwGO, 23. Auflage, München 2017 (zit.: *Kopp/Schenke*, VwGO).

Kroiß Ludwig/Ann, Christoph/Mayer, Jörg: Bürgerliches Gesetzbuch, 4. Auflage, Baden-Baden 2014 (zit.: *Kroiß/Ann/Mayer*, Erbrecht).

Kühn, Michael: Entgeltliche Amtsbeendigungsvereinbarungen bei Dauertestamentsvollstreckung, in: ZErb 2009, 140 – 145.

Lange, Heinrich/Kuchinke, Kurt: Lehrbuch des Erbrechts, 5. Auflage, München 2001 (zit.: *Lange/Kuchinke*, Erbrecht).

Lange, Knut Werner: Lehrbuch des Erbrechts, 2. Auflage, München 2017 (zit.: *Lange*, Erbrecht).

Larenz, Karl: Allgemeiner Teil des deutschen Bürgerlichen Rechts, 7. Auflage, München 1989 (zit.: *Larenz*, Allgemeiner Teil).

Larenz, Karl/Canaris, Claus-Wilhelm: Methode der Rechtswissenschaft, 3. Auflage, Berlin 1995.

Lehmann, Hannes: Die unbeschränkte Verfügungsbefugnis des Testamentsvollstreckers, AcP 188 (1988), 1 – 23.

Leipold, Dieter: Erbrecht: Ein Lehrbuch mit Fällen und Kontrollfragen, 21. Auflage, Tübingen 2016 (zit.: *Leipold*, Erbrecht).

Leonhard, Franz: Kommentar zum 5. Buch des BGB, 2. Auflage, Berlin 1912 (zit.: *Leonhard*, Erbrecht).

Liebs, Rüdiger: Die unbeschränkbare Verfügungsbefugnis, in: AcP 175 (1975), 1 – 43

Litzenburger, Wolfgang, Anm. zum Beschluss des BGH vom 05.03.2008, XII ZB 2/07, in: FD-ErbR 2008, 261034, beck-online.

- Anm. zum Beschluss des OLG Köln vom 03.11.2014, 2 Wx 304/1, in: ZEV 2015, 279 – 280.

- Anm. zum Beschluss des OLG Brandenburg vom 28.11.2018, 15 WF 196/18, in: ZEV 2019, 152.

v. Lübtow, Ulrich: Erbrecht, 2 Bände, Berlin 1971.

Lutz, Timo: Die Ernennung mehrerer Testamentsvollstrecker als Gestaltungsmittel der Unternehmensnachfolge, in: NotBZ 2016, 16 – 26.

Martin, Rudolph: Kritische Betrachtungen zur Lehre vom Sondervermögen, in: AcP 102 (1907), 444 – 459.

Mayer, Jörg/Bonefeld, Michael: Testamentsvollstreckung, 4. Auflage, Bonn 2014.

Medicus, Dieter/Petersen, Jens: Bürgerliches Recht: Eine nach Anspruchsgrundlagen geordnete Darstellung zur Examensvorbereitung, 26. Auflage, Köln 2017 (zit.: *Medicus/Petersen*, Bürgerliches Recht).

Meikel, Georg: GBO - Grundbuchordnung, 11. Auflage, Köln 2014 (zit.: Meikel/*Bearbeiter*, GBO).

Merkel, Helmut: Die Anordnung der Testamentsvollstreckung – Auswirkungen auf eine postmortale Bankvollmacht?, in: WM 1987, 1001 – 1006.

Motive zu dem Entwurfe eines Bürgerlichen Gesetzbuches für das Deutsche Reich. 5 Bde. Berlin-Leipzig 1888 (zit.: Motive).

Mugdan, Benno: Die gesammelten Materialien zum Bürgerlichen Gesetzbuch für das Deutsche Reich, Band 4: Familienrecht / Band 5: Erbrecht, Berlin 1899 (zit.: *Mugdan*, Motive/Protokolle/Denkschrift, IV/V).

Müller-Freienfels, Wolfram: Die Vertretung beim Rechtsgeschäft, Diss. Tübingen 1955.

Münchener Kommentar zum Bürgerlichen Gesetzbuch, 7. Auflage, München 2017 (zit.: MüKoBGB/*Bearbeiter*).

Münchener Kommentar zur Insolvenzordnung, 3. Auflage, München 2014 (zit.: MüKoInsO/*Bearbeiter*).

Muscheler, Karlheinz: Die Haftungsordnung der Testamentsvollstreckung, Tübingen, Habil., 1994 (zit.: *Muscheler*, Haftungsordnung).

- Testamentsvollstreckung über Erbteile; in: AcP 195 (1995), 35 – 73.
- Universalsukzession und Vonselbsterwerb: die rechtstechnischen Grundlagen des deutschen Erbrechts, Tübingen 2002.
- Die unselbstständige Stiftung, in: Die Stiftung: Jahreshefte zum Stiftungswesen 2007, 59 – 86.
- Anm. zum Beschluss des BGH vom 05.03.2008 - XII ZB 2/07, in: ZEV 2008, 332 – 333.
- Erbrecht, Band 2, Tübingen 2010 (zit.: Erbrecht (2010), Bd. II).
- Ausschluss der Erbauseinandersetzung durch den Erblasser, in: ZEV 2010, 340 –347.
- Testamentsvollstreckung und Nachlassnutzungen, in: ZEV 2017, 65 – 67.
- Anm. zum Beschluss des OLG Nürnberg vom 22.09.2016 – 15 W 509/16, in: ZEV 2018, 270 – 271.

Musielak, Hans-Joachim/Voit, Wolfgang: Zivilprozessordnung mit Gerichtsverfassungsgesetz: Kommentar, 15. Auflage, München 2018 (zit.: Musielak/Voit/*Bearbeiter*, ZPO).

Nerlich, Jörg/Römermann, Volker: Insolvenzordnung (InsO), Stand 34. EL, München 12/2017 (zit.: Nerlich/Römermann/*Bearbeiter*, InsO).

Nieder, Heinrich/Kössinger, Reinhard: Handbuch der Testamentsgestaltung, 5. Auflage München 2015 (zit.: *Nieder/Kössinger*, HbTg).

Nomos Kommentar Bürgerliches Gesetzbuch: Erbrecht: Band 5, 5. Auflage, Baden-Baden 2018 (zit.: NK-BGB/*Bearbeiter*, BGB).

Offergeld, Astrid: Die Rechtsstellung des Testamentsvollstreckers, Diss, Berlin 1995.

Palandt, Otto: Bürgerliches Gesetzbuch, 78. Auflage, München 2019 (zit.: Palandt/*Bearbeiter*, BGB).

Pikalo, Alfred: § 137 BGB in der Praxis des Rechtslebens, in: DNotZ 1972, 644 - 663.

Planck, Gottlieb: Planck´s Kommentar zum Bürgerlichen Gesetzbuch nebst Einführungsgesetz, 4. Auflage, Band 5: Erbrecht, Berlin/Leipzig 1913 (zit.: Planck/*Bearbeiter*, BGB).

Protokolle der Kommission für die zweite Lesung des Entwurfs des Bürgerlichen Gesetzbuches. Im Auftrage des Reichsjustizamts bearbeitet von Achilles, Gebhard, Spahn. 7 Bde. Berlin 1897 – 1899 (zit.: Protokolle).

Raape, Leo: Das gesetzliche Veräußerungsverbot des Bürgerlichen Gesetzbuchs, 1. Auflage, Berlin u.a. 1908, Reprint 2018.

Raible, Adalbert Camillo: Vertragliche Beschränkung der Übertragung von Rechten – eine Untersuchung zum Verhältnis von §§ 413, 399 2. Alt. BGB zu § 137 Satz 1 BGB, Diss. Tübingen 1969.

Raiser, Ludwig: Dingliche Anwartschaften, Diss. Tübingen 1961.

Reimann, Wolfgang: Die Kontrolle des Testamentsvollstreckers, in: FamRZ 1995, 588 – 593.

- Angebot und Vollmacht in der erbrechtlichen Gestaltung, in: ZEV 1996, 420 – 422.
- Wirtschaftsprüfer und vereidigte Buchprüfer als Testamentsvollstrecker, in: WPK-Mitteilungen, Sonderheft 7/1996, 1 – 48.
- Die "rules against perpetuities" im deutschen Erbrecht, in: NJW 2007, 3034 – 3037.
- Muss der Testamentsvollstrecker die Erträge des Nachlasses an die Erben ausschütten?, in: ZEV 2010, 8 – 12.
- Ein Dauerbrenner: Die Dauer der Testamentsvollstreckung; in: Festschrift für Günter Brambring, 2011, 319 – 334.
- Die Nachlassauseinandersetzung durch Testamentsvollstrecker bei Erbteilungsverbot und Dauervollstreckung, in: DNotZ 2016, 769 – 779.

RGRK: Das Bürgerliche Gesetzbuch mit besonderer Berücksichtigung der Rechtsprechung des Reichsgerichts und des Bundesgerichtshofes. Kommentar herausgegeben von Mitgliedern des Bundesgerichtshofes, 12. Auflage, Berlin u.a. 1974 ff. (zit.: RGRK/*Bearbeiter*).

Riezler, Erwin: Konkurrierendes und kollidierendes Handeln des Vertreters und des Vertretenen, in: AcP 98 (1906), 372 – 419.

Röthel, Anne: Erbrecht. Ein Studienbuch, 17. Auflage, München 2015 (zit: *Schlüter/Röthel*, Erbrecht).

Ruby, Gerhard/Schindler, Andreas: Das Behindertentestament, 3. Auflage, Bonn 2018.

Ruby, Gerhard: „Der Miterben Zähmung" durch ein Testament mit „drei Zügeln", in: ZEV 2007, 18 – 22.

v. Savigny, Friedrich Carl: System des heutigen römischen Rechts, Band 3, Aalen 1840.

Scheuren-Brandes, Christoph: Auseinandersetzungsverbot und Dauertestamentsvollstreckung gemäß § 2209 ff. BGB, in: ZEV 2007, 306 – 309.

Schild, Christian: Das unbesetzte Testamentsvollstreckeramt, Regensburg, Univ., Diss., 1998.

Schlegelberger, Franz: Rechtsvergleichendes Handwörterbuch für das Zivil- und Handelsrecht des In- und Auslandes, Band 6, Reprint Frankfurt a.M. 1970 (Zit. Schlegelberger/*Bearbeiter*, Rvgl. Hwb. VI).

Schlosser, Hans: Außenwirkungen verfügungshindernder Abreden bei der rechtsgeschäftlichen Treuhand, in: NJW 1970, 681 – 687.

Schlüter, Wilfried, Anm. zum Beschluss des OLG Nürnberg vom 29.06.2001, 11 UF 1441/01, in: ZEV 2002, 158 – 160.

Schmenger, Wolfgang: Testamentsvollstreckung im Grundbuchverkehr, BWNotZ 2004, 97 – 120.

Schöner, Hartmut/Stöber, Kurt: Grundbuchrecht, 15. Auflage, München 2012.

Schröder, Jan: Zum Übergang inhaltlich variabler Verpflichtungen auf den Erben, in: JZ 1978, 379 – 385.

Schuck, Stephan: Anm. zum Beschluss des OLG Köln vom 03.11.2014 – 2 Wx 304/14, in: RNotZ 2015, 177.

Siber, Heinrich: Das Verwaltungsrecht an fremdem Vermögen im Deutschen BGB, in: JherJb 67 (1917), 81 – 210.

Soergel, Hans Theodor: Bürgerliches Gesetzbuch mit Einführungsgesetz und Nebengesetzen, 13. Auflage, Stuttgart u.a. 2002 (zit.: Soergel/*Bearbeiter*, BGB).

Spernath, Valentin: Testamentsvollstreckung und Interessenskonflikt - Vorerbe und gesetzlicher Vertreter als Testamentsvollstrecker, in: ZErb 2016, 1 – 7.

v. Staudinger, Josef: Kommentar zum Bürgerlichen Gesetzbuch, Berlin (zit.: Staudinger/*Bearbeiter*, BGB, Bearb. Jahr).

Strauch, Dieter: Mehrheitlicher Rechtsersatz – Ein Beitrag zur „dinglichen Surrogation" im Privatrecht, Bielefeld 1972.

Strohal, Emil: Das deutsche Erbrecht auf Grundlage des Bürgerlichen Gesetzbuchs, Band 1, 3. Auflage, Berlin 1903 (zit.: *Strohal*, Erbrecht).

v. Schwander, Bernd: Ausgewählte Rechtsfragen der transmortalen und der postmortalen Vollmacht insbesondere bei Grundstücksgeschäften, in: RNotZ 2019, 57 – 76.

Tanck, Manuel/Krug, Walter: Notar Formulare Testamente: Muster - Verträge - Erläuterungen, 5. Auflage, Bonn 2015 (zit.: Tanck/Krug/Bearbeiter, Testamente).

Timm, Wolfram: Außenwirkung vertraglicher Verfügungsverbote, in JZ 1989, 13 – 24.

Tschernoster, Katharina: Der Minderjährige als Erbe und Vermächtnisnehmer – unter Berücksichtigung der Besonderheiten bei Testamentsvollstreckung, in: RNotZ 2017, 125 – 149.

Ulmer, Peter: Probleme der Vererbung von Personengesellschaftsanteilen - BGH NJW 1986, 2431, in: JuS 1986, 856 – 862.

Vallender, Heinz: Doppelinsolvenz: Erben- und Nachlassinsolvenz, in: NZI 2005, 318 – 320.

Wagner, Eberhard: Rechtsgeschäftliche Unübertragbarkeit und § 137 S. 1 BGB: Zur Teleologie einer „Fundamentalnorm“, in: AcP 194 (1994), 451 – 478.

Weidlich, Dietmar: Das Verhältnis von Testamentsvollstreckung und Vollmacht über den Tod hinaus und seine Behandlung im Grundbuchverfahren – zugleich Anm. zu den Beschlüssen des OLG München vom 15.11.2011, 34 Wx 388/11 und vom 26.7.2012, 34 Wx 248/12–, in: MittBayNot 2013, 196 – 199.

- Grundstücksverfügungen mittels Vollmachten über den Tod hinaus, in: ZEV 2016, 57 – 64.

Weitnauer, Hermann: Die unverzichtbare Handlungsfreiheit, in: Festschrift für Friedrich Weber zum 70. Geburtstag, Berlin 1975, 429 – 440.

Wendt, Roland: Der Regent und sein Vollstrecker: Regieren aus dem Grab - unbegrenzt? Beschränkungen des Testamentsvollstreckers (Teil 2): Ersetzung und Bedingung, in ErbR 2018, 242 – 248.

Werner, Rüdiger: Wie man einen Testamentsvollstrecker los wird, in: ZEV 2010, 126 – 130.

Westermann, Harry/Westermann, Harm Peter/Gursky, Karl H.: Sachenrecht, 8. Auflage, Heidelberg u.a. 2011.

Winkler, Karl: Der Testamentsvollstrecker: nach bürgerlichem, Handels- und Steuerrecht, 22. Auflage, Regensburg 2016 (zit.: *Winkler*, Der Testamentsvollstrecker).

Zawar, Rolf: Gedanken zum bedingten oder befristeten Rechtserwerb im Erbrecht, in: NJW 2007, 2353 – 2356.

Ziegltrum, Albert: Sicherungs- und Prozesspflegschaft (§§ 1960, 1961 BGB), Berlin 1986.

Zimmermann, Walter: Anm. zum Beschluss des OLG München vom 08.09.2005 Az. 32 Wx 58/05, in: ZEV 2006, 173 – 175.

- Die Testamentsvollstreckung, 4. Auflage, Berlin 2014.

www.ingramcontent.com/pod-product-compliance
Ingram Content Group UK Ltd.
Pitfield, Milton Keynes, MK11 3LW, UK
UKHW021935290926
8980IPUK00016B/1632

9 783631 833605